AI 실전 마스터 칼릭스의

프롬프트 디테일

일러두기

1. 본 도서는 특정 도구 사용법보다 AI를 효과적으로 활용하기 위한 사고 방식과 프레임워크를 중심으로 구성되어 있습니다.

2. 본문 속 생성형 AI의 답변은 매번 달라질 수 있으므로 책의 결과물과 일치하지 않을 수 있습니다.
   동일한 프롬프트를 사용하더라도 사용자 환경, 입력 방식, 모델 버전에 따라 결과는 달라질 수 있습니다.

3. 생성형 AI 관련 서비스는 지속적으로 업데이트되므로 이 책에서 설명한 메뉴 구조나 기능 이름이 실제 화면과 다를 수 있습니다.
   각 AI 서비스의 이용 정책 및 플랫폼 가이드는 수시로 변경될 수 있으며, 계정 사용 및 콘텐츠 생성에 따른 책임은 사용자 본인에게 있습니다.

4. 본 도서의 일부 결과물은 특정 시점의 유료 버전(예: 챗GPT Plus 등)을 기준으로 생성되었습니다.
   무료 버전 또는 다른 모델에서는 동일한 결과가 나오지 않을 수 있습니다.

5. AI가 생성한 콘텐츠는 저작권, 초상권, 개인정보 보호 등 법적 규제를 받을 수 있습니다.
   상업적 활용이나 배포 전 반드시 관련 법규를 검토해야 합니다.

6. AI가 제공하는 정보는 참고용이며, 사실 오류나 부정확한 부분이 있을 수 있습니다.
   중요한 의사결정이나 자료 작성 시에는 반드시 추가 검증 과정을 거쳐야 합니다.

7. 본 도서의 내용을 활용한 결과에 대한 최종 책임은 사용자에게 있으며,
   저자와 출판사는 이에 따른 직접적·간접적 손해에 대해 책임을 지지 않습니다.

AI 실전 마스터 칼릭스의 프롬프트 디테일

초판 1쇄 발행 2026년 4월 28일

지은이 칼릭스(손윤석)

펴낸이 조기흠
총괄 이수동 / **책임편집** 최진 / **기획편집** 박의성, 유지윤, 이지은
마케팅 박태규, 임은희, 김예인, 김선영 / **제작** 박성우, 김정우
디자인 이슬기

펴낸곳 한빛비즈(주) / **주소** 서울시 서대문구 연희로2길 76 5층
전화 02-325-5506 / **팩스** 02-326-1566
등록 2008년 1월 14일 제 25100-2017-000062호

ISBN 979-11-5784-875-1 13300

이 책에 대한 의견이나 오탈자 및 잘못된 내용은 출판사 홈페이지나 아래 이메일로 알려주십시오.
파본은 구매처에서 교환하실 수 있습니다. 책값은 뒤표지에 표시되어 있습니다.

⌂ hanbitbiz.com ✉ hanbitbiz@hanbit.co.kr ▪ facebook.com/hanbitbiz
Ⓝ blog.naver.com/hanbit_biz ▶ youtube.com/한빛비즈 ⊙ instagram.com/hanbitbiz

지금 하지 않으면 할 수 없는 일이 있습니다.
책으로 펴내고 싶은 아이디어나 원고를 메일(hanbitbiz@hanbit.co.kr)로 보내주세요.
한빛비즈는 여러분의 소중한 경험과 지식을 기다리고 있습니다.

칼릭스(손윤석) 지음 

크리에이티브 프레임워크, 워크플로우, AI 에이전트, 바이브코딩
기획부터 코딩까지 바로 써먹는 **기적의 프롬프트 템플릿**

한빛비즈
Hanbit Biz, Inc

차례

들어가며

저는 더 많은 분들이 AI를 통해 자신의 한계를 뛰어넘고, 진짜 '나만의 AI 활용법'을 만드는 경험을 해보시길 바라는 마음으로 이 책을 집필했습니다.

물론, 시중에는 이미 훌륭한 프롬프트 예시집과 다양한 툴 사용법을 다룬 책이 넘쳐납니다. 하지만 정작 '나에게 딱 맞는 프롬프트'는 어떻게 설계해야 하는지, 더 나아가 AI를 나만의 업무 시스템으로 구축해서 워크플로우를 어떻게 최적화하는지에 대해 깊이 있게 다룬 책은 찾아보기 어렵습니다.

AI는 단순한 검색 엔진이나 대화형 심리 상담 챗봇이 아닙니다. 저는 여러분이 단순히 AI 툴이 주는 결과물을 소비하는 '사용자'에만 머물지 않으셨으면 좋겠습니다. 이 책을 통해 나만의 워크플로우를 개척하고 반복되는 업무를 자동화 시스템으로 탈바꿈시키는 '설계자'가 되셨으면 좋겠습니다. 그래서 업무와 일상에서 마주하는 복잡한 문제들을 AI와 함께 척척 해결해 나가는 쾌감, 이른바 '일 잘하는 사람'이 느끼는 그 짜릿함을 꼭 느끼셨으면 합니다.

저도 처음엔 여러분과 똑같았습니다. 2023년 말, 대형 언어 모델(LLM)과 생성형 AI가 폭발적으로 성장할 때 저 역시 그 거대한 트렌드에 휩쓸렸습니다. 좋다는 프롬프트는 닥치는 대로 수집해서 메모장에 복사해두기 바빴고, 해외에서 유행하는 AI 툴이 있다면 무작정 유료 구독부터 하고 봤습니다. 전형적인 포모(FOMO)▪ 증후군이었죠.

▪ FOMO(Fear Of Missing Out): 흐름을 놓치거나 자신만 소외되는 것에 대한 두려움을 뜻하는 용어. 타인의 경험이나 최신 유행을 놓칠까 봐 불안해하는 심리 상태.

'남들은 다 앞서가는데 나만 뒤처지는 거 아냐?'라는 불안감에 휩싸여 무작정 수집만 했습니다. 하지만 결과는 참담했습니다. 남들이 만든 '마법의 프롬프트'는 정작 제 구체적인 상황에 맞지 않았고, 저장해둔 수백 개의 프롬프트 중에서 실제로 업무에 써먹은 것은 거의 없었으니까요.

그때 비로소 깨달았습니다. 맛집에서 완성된 요리를 사 먹는 것에 만족할 것이 아니라, 직접 레시피를 개발하는 흑백요리사급 셰프가 되어야 한다는 사실을요. 남이 떠먹여주는 프롬프트는 결코 내 진짜 실력이 될 수 없습니다. 그래서 저는 그때부터 무의미한 수집을 멈추고 본격적으로 연구를 시작했습니다.

"이 프롬프트의 결과는 완벽한데, 왜 저건 엉뚱한 대답을 내놓을까?" "진짜 고수들은 AI에게 어떻게 일을 시키는 걸까?"

해답은 '프레임워크(framework)'와 '디테일'에 있었습니다. 일 잘하는 김 부장님이 명확하게 업무 지시를 내리듯, AI가 작동하는 논리 구조를 이해하고 그에 맞춰 질문을 설계하니 결과물의 수준이 완전히 달라졌습니다.

나아가 한 가지 툴에만 의존하지 않고 텍스트 작성은 LLM에게, 자료 조사는 딥서치 툴에게 맡기는 식으로 각 AI의 장점을 결합해 나만의 워크플로우를 만드니 업무 효율이 폭발적으로 좋아졌습니다. 저는 이 책에 바로 그 경험을 담았습니다. 제가 바닥부터 구르며 체득한 노하우와 시행착오 속에서 더 단단해진 스킬이 고스란히 담겼죠.

복잡한 프롬프트 기술이나 단순한 툴 사용법을 암기하는 일은 앞으로 무의미해질지도 모릅니다. 스스로 계획을 세우고 알아서 업무를 수행하는 'AI 에이전트(AI Agent)' 시대가 오고 있기 때문입니다. 하지만 역설적이게도 AI가 똑똑해질수록 인간 고유의 '취향'과 '판단력'은 훨씬 더 중요해질 것입니다.

AI는 지치지 않고 수천 개의 시안을 뚝딱 만들어낼 수 있습니다. 하지만 그 결과물들 사이에서 "이게 정말 우리 브랜드의 결에 맞는가?" "이게 내가 진짜 원했던 방향인가?"를 결정하는 건 오직 사람만이 할 수 있는 영역입니다. 즉, AI를 올바른 방향으로 이끄는 능력, 시스템을 설계하는 능력, 결과물을 날카롭게 검수할 수 있는 '나만의 안목'이 앞으로 핵심 경쟁력이 될 것입니다.

AI를 주체적으로 다루지 못하면, 결국 AI에게 끌려 다니게 됩니다. AI가 내놓은 그럴듯한 답변을 맹신하게 되고, 사람보다 내 말에 더 공감해주는 AI에게 의존하게 되며, 결국 AI가 짜준 전략대로만 움직이는 수동적인 존재가 될 수 있습니다.

여러분, AI에게 끌려다니지 마세요. 당당하게 AI를 리드하세요. 여러분이 디렉터(Director)가 되어 명확한 프레임워크로 지시한다면, AI는 여러분에게 최고의 조수가 되어줄 겁니다.

AI 툴의 기능은 매주 바뀝니다. 오늘 익혀둔 버튼의 위치가 내일이면 달라질 수 있고, 오늘 혁신적이라고 감탄했던 기능이 내일은 구식이 될 수도 있습니다. 그래서 이 책은 금방 휘발되어 버릴 기능 설명보다, 시간이 지나도 변하지 않는 '프레임워크'와 '본질'에 집중했습니다. 프롬프트의 뼈대를 세우는 공식부터 시작해, 나만의 워크플로우를 설계하고, 이를 내 자산으로 만드는 법까지 스텝 바이 스텝으로 친절히 안내합니다. 실제 AI 고수들이 검증하고 실무에서 매일 사용하는, 현시점에서 가장 강력하고 효과적인 툴도 엄선해서 담았습니다.

이 책의 마지막 장을 덮을 때쯤, 여러분은 더 이상 AI의 빠른 변화를 두려워하며 뒤쫓는 사람이 아닐 겁니다. 오히려 주변 동료에게 "AI는 이렇게 쓰는 거야!"라고 자신 있게 알려주는 AI 리더가 되어 있을 겁니다.

여러분, AI라는 거대한 파도에 휩쓸리지 마세요. 그 파도 위에 가볍게 올라타 짜릿하고 멋지게 서핑을 즐기시길 바랍니다.

— 칼릭스(손윤석) 드림

▣ Define ◇ Intend ⚡ Rule ⊞ Elaborate ⬚ Construct ⚡ Test ⊕ Optimize ⬒ Reinforce

대규모 언어 모델의 프롬프트 공식

AI를 제대로 활용하는 사람은 결국 '일을 잘하는 사람'입니다. 일을 잘하는 사람은 커뮤니케이션이 명확합니다. 그리고 커뮤니케이션이 명확한 사람이 AI도 가장 잘 다룹니다. 왜 그럴까요? 우리가 매일 쓰는 챗GPT(ChatGPT), 제미나이(Gemini), 클로드(Claude) 같은 AI 툴은 모두 LLM▪, 즉 대규모 언어 모델이기 때문입니다.

LLM은 언어 데이터인 '텍스트'를 기반으로 작동하는 AI입니다. LLM은 방대한 양의 언어 데이터를 학습해 사람이 말하듯 답변을 만들어냅니다. 여기서 우리가 반드시 기억해야 할 포인트가 있습니다. AI는 언어 데이터를 분석해서 답한다는 것입니다. 즉, 언어 데이터 입력이 없다면 AI는 스스로 생각해서 답변을 만들지 못한다는 뜻입니다.

사람처럼 대답을 하니 많은 분들이 'AI가 스스로 생각한다'고 오해합니다. 하지만 AI에게는 '지능'이 없습니다. AI가 스스로 판단하고 의사결정하는 것처럼 보이지만, 실제로는 학습된 데이터 안에서 질문에 가장 적합할 것 같은 답변을 만들기 위해 확률적으로 단어를 조합하는 것뿐입니다. 지금 우리가 쓰는 AI는 '인공지능'이라는 이름과 달리, 스스로 사고하는 지능이 없습니다. 이 점을 분명히 이해해야 AI를 올바로 활용할 수 있습니다.

여기 아주 적절한 비유가 하나 있습니다. 직장 생활을 하다 보면 두 유형의 상사를 만나게 되는데요.

일 잘하는 '김 부장님'은 업무 지시를 굉장히 디테일하게 합니다. "이번 프로젝트의 목적은 이거야! 최종 목표는 이것이고! 타깃 고객은 바로 이런 사람이지! 그러니 이런 요소를 반드시 고려해야 해. 이러이러한 건 법적으로 문제가 될 수 있으니 절대 하면 안 되고!" 이렇게 딱딱 끊어서 명확하게 가이드라인을 전달합니다. 이런 부장님과 일하면 정말 편하죠. 방향을 고민할

▪   LLM(Large Language Model): 대규모 언어 모델. 방대한 양의 텍스트 데이터를 학습해 인간의 언어를 이해하고 생성하는 인공지능 모델.

필요 없이 바로 실행하면 되고, 결과물도 기대한 대로 나옵니다.

반대로 우리가 가장 힘들어하는 유형, 대부분의 평범한 부장님들은 이렇게 지시합니다. "김 대리, 이거 알지? 알아서 센스 있게 작업하고 일주일 뒤에 보고해줘." 그래서 정말 내 나름대로 알잘딱깔센**으로 밤새워 준비해 보고를 드립니다. 그러면 어떤 일이 벌어지나요?

"김 대리, 내가 언제 이렇게 하랬어? 내 의도는 이게 아니잖아. 다시 해와." 결국 야근입니다. 디테일이 없으면 야근하게 되는 이유가 바로 이런 거죠. 필요한 기준과 방향이 처음부터 명확하지 않으니, 실무자는 상사의 머릿속을 '추측'해야 합니다. 그 추측이 빗나가면 다시 만들고, 수정하고, 또 수정하고… 비효율의 굴레에 빠집니다. 처음부터 디테일을 받지 못하면 필요한 결과물을 만드는 데 걸리는 시간이 두세 배 늘어납니다. 결국 마감에 쫓겨 촉박해지고 "처음부터 다시"라는 말 앞에서 우리는 상습적 야근자가 되고 맙니다.

AI와의 대화도 똑같습니다. AI는 알잘딱깔센을 못합니다. 우리의 생각을 읽지 못합니다. 우리가 말하지 않은 의도를 AI가 알아서 잘 파악해줄 거라 기대하면 안 됩니다. AI가 우리 생각을 잘 읽게 만들고 싶다면, 일 잘하는 김 부장님처럼 디테일하게 지시를 내려야 합니다.

여러분, 결국 '디테일'이 실력입니다. 일 잘하는 김 부장님처럼 우리가 AI에게 디테일한 지시를 내릴 수 있으면, AI는 그만큼 똑똑해집니다. 반대로 "그냥 좋은 결과물을 내줘" 하고 뭉뚱그려 지시하면, AI도 딱 그 수준의 평범하고 뻔한 대답만 내놓습니다.

많은 분들이 '프롬프트 엔지니어링'을 어렵게 생각합니다. 하지만 본질은 간단합니다. 내가 원하는 것을 명확하게 설명하는 능력입니다. 이 디테일이 프롬프트 실력을 갈라놓습니다.

자, 이제 초보와 고수가 어떻게 프롬프트를 다르게 작성하는지 구체적인 예시를 통해 비교해 보겠습니다. 이 흐름을 이해하면 여러분이 AI에게 끌려다니는 일은 사라집니다. AI를 리드할 수 있게 됩니다. AI를 활용하는 방법이 완전히 달라집니다.

■■　알잘딱깔센: '알아서 잘 딱 깔끔하고 센스 있게'의 줄임말. 구체적인 설명 없이도 의도를 정확히 파악해 원활하게 처리해달라는 의미의 신조어.

프롬프트를 잘 쓰는 사람들의 비밀

무엇을 도와드릴까요?

+ 무엇이든 물어보세요

챗GPT에 들어가 막상 업무를 시키려고 하면 막막함이 밀려옵니다. 흰 화면에 커서만 깜빡이고, 도대체 뭐라고 입력해야 할지 감이 안 잡힙니다. 누군가에게, 특히 AI에게 텍스트로만 명확하게 일을 지시해본 경험이 없기 때문입니다. 그래서 대부분 네이버나 구글에 검색하듯 단어 몇 개를 툭 던져보거나 재미 삼아 심리 상담, 사주, 타로 같은 가벼운 용도로 사용하고 마는 경우가 많습니다.

하지만 AI로 실제 성과를 내고, 업무 시간을 획기적으로 단축하는 '일 잘하는 사람들'은 다릅니다. 그들은 어떻게 프롬프트를 작성할까요? 초보와 고수의 결정적인 차이는 무엇일까요?

비밀은 '디테일'에 있습니다. 고수는 AI가 찰떡같이 알아들을 거라 기대하지 않습니다. AI는 스스로 생각하는 존재가 아니라는 사실을 잘 알기 때문입니다. 고수는 AI가 오해할 여지가 없도록 상황과 맥락, 조건을 아주 구체적으로 떠먹여줍니다. AI를 리드해서 AI가 가진 능력을 100% 이끌어냅니다.

지금부터 보여드릴 단계별 예시를 통해 현재 나의 프롬프트 수준은 어디쯤 와 있는지 냉정하게 점검해보세요. 똑같은 주제라도 초보, 중수, 고수, 마스터가 어떻게 다르게 명령하는지 확인해보세요. 그 차이를 깨닫는 순간, 여러분의 프롬프트 작성법도 완전히 달라질 겁니다.

PDRN 세럼 숏폼 영상 스크립트 작성해줘.

AI를 처음 접할 때 많은 사람들이 저지르는 실수가 있습니다. 검색창에 검색어를 입력하듯 아주 짧은 질문 하나만 툭 던져놓고는, AI가 내 마음속의 의도를 완벽하게 읽어줬으면 좋겠다 기대하는 겁니다.

하지만 결과는 어떤가요? 마음에 들지 않습니다. 그러면 우리는 이렇게 생각합니다. '에이, AI 아직 멀었네. 이거 별로 도움이 안 되는데?'

여기서 우리가 반드시 알아야 할 사실이 하나 있습니다. AI는 알잘딱깔센을 절대 하지 못합니다. AI는 우리가 입력한 데이터를 바탕으로 해서 다음 단어를 확률적으로 조합하는 언어 모델일 뿐입니다.

우리가 아무 맥락을 주지 않았는데 AI가 알아서 우리의 취향과 의도를 파악한다? 그건 불가능합니다. 그래서 고수들은 AI에게 막연한 기대를 하지 않습니다.

PDRN 세럼 숏폼 스크립트를 30초 분량으로 작성해. 영상 분위기는 밝고 트렌디하게 만들어줘. 피부 톤 개선과 잡티 완화 메시지가 자연스럽게 드러나게 만들어줘. 인스타 릴스용으로 만들어.

중수는 어떨까요? 초보보다는 낫습니다. 생각나는 대로 이것저것 지시를 하긴 합니다. 하지만 여전히 결정적인 디테일이 빠져 있습니다. 이렇게 지시를 내리면 챗GPT는 당황합니다. 우리의 취향, 콘텐츠의 목적, 우리 브랜드만의 톤앤매너… 그 무엇도 모르는 상태니까요.

결국 AI는 자기가 학습한 데이터 중에서 가장 일반적이고 뻔한 답을 내놓게 됩니다. 그때부터 지옥의 수정 루프가 시작됩니다. "톤이 너무 딱딱해, 바꿔줘." "후킹 멘트가 약해. 좀 더 자극적으로 수정해줘." "아니, 너무 가벼워. 조금 더 전문적으로 해봐."

결국 프롬프트 창에 계속 수정 요청을 입력하고 있는 자신을 발견하게 됩니다. AI로 시간을 아끼고 퇴근 시간을 당기려고 했는데, AI가 쓴 글을 내가 전부 뜯어고치고 있는 아이러니한 상황이 벌어집니다. 내가 직접 쓰는 것보다 시간이 더 걸리는 것 같은 느낌, 아마 잘 아실 겁니다.

실패의 원인은 딱 하나입니다. 디테일이 없기 때문입니다. 핵심 메시지는 던졌지만, 정작 중요한 정보들이 빠져 있습니다. 우리 브랜드에서 절대 쓰면 안 되는 금지 표현은 무엇인지, 이 글을 읽을 타깃 고객이 20대 사회초년생인지 40대 전문직인지, 제품이 가진 뾰족한 특장점은 무엇인지… 이런 디테일한 가이드라인이 없으면 AI는 길을 잃을 수밖에 없습니다.

프롬프트의 퀄리티는 디테일이 결정합니다. 알아서 잘 해오라고 시키는 꼰대 부장님이 될 것인지, 명확한 목표와 가이드를 주는 김 부장님이 될 것인지… 고수들은 바로 이 지점에서 프롬프트를 완전히 다르게 설계합니다.

고수

너는 뷰티 브랜드를 전문으로 하는 경력 20년 차 세계적인 숏폼 카피라이터야. 아래를 참고해서 숏폼 스크립트를 작성해줘.

- 타깃: 30대 여성, 기미, 잡티가 부각되기 시작해 물광 피부 케어에 관심이 많음.
- 제품: PDRN 세럼
- 플랫폼: 인스타그램 릴스
- 목적: 제품에 대한 즉각적인 관심을 이끌어서 링크 클릭 유도
- 톤&스타일: 밝은 톤, 스토리텔링 스타일로 구성
- 길이: 20초~30초
- 요구사항:

- 타임라인 기반 스크립트
- 과도한 '재생' 효과 강조 금지
- 제품 주요 성분을 자연스럽게 스크립트에 녹여줘.
- 고객의 피부 고민에 기반해서 후킹 멘트 3가지 버전을 만들어줘.

이제 디테일이 보이기 시작합니다. 역할과 목표, 구조, 금지 사항이 정확하게 정리되어 있습니다. 하지만 여기서 멈추면 안 됩니다. 미세한 수정이 필요합니다.

예를 들어볼까요? 브랜드의 전체적인 방향성이 럭셔리하고 고가 전략을 취하고 있는데, 이런 톤앤매너가 제대로 반영되지 않아 가벼운 유튜브 멘트처럼 나오는 경우가 있습니다. 혹은 화장품 광고 심의 규정 때문에 절대 들어가면 안 되는 효능 보장 표현(완치, 즉각 해결 같은 금지 문구)이 포함되는 경우도 있습니다.

프롬프트에 이런 제약 조건이 없으니 AI는 당연히 반영하지 못합니다. AI는 눈치껏 행동하지 않으니까요. 한 단계 더 나아가, 마스터 단계로 프롬프트를 개선한다면 어떤 모습일까요?

마스터

너는 뷰티 브랜드를 전문으로 하는 경력 20년 차 세계적인 숏폼 카피라이터야. 아래를 참고해서 숏폼 스크립트를 작성해줘.

〈타깃 정보〉
- 30대 대기업 직장인 여성
- 피부 탄력이 제일 고민임
- 물광 케어에 관심이 많음
- 네츄럴 뷰티 추구
- 뷰티 숏폼, 정보형, 빠른 템포 선호

〈제품 정보〉

• PDRN 세럼

• 피부의 재생을 도와주는 데일리 세럼

• 건강한 피부장벽으로 개선시켜 줌

〈콘텐츠 목표〉

• 구매 전환

〈브랜드 톤〉

• 고급, 미니멀, 깨끗함

〈콘텐츠 포맷〉

• HOOK - 결론 - 본론 - CTA

〈규칙〉

• 영상 길이는 1분 이하

• 대사는 밝고 자연스럽게

• 훅은 확실하게. "와…" "대박…" 같은 감탄사 포함

• 훅에는 자기인식 불안, 사회적 비교, 통제감 상실 등을 활용한 심리학 기반 도입부 후킹 멘트
  를 포함해주세요.

• 의학적, 효능 보장 표현 금지

• 금지 단어: "완치, 즉시, 확실, 무조건" 등 극단적 표현

• 브랜드 안전성을 위해 자극적 문구 금지

〈참고 사항〉

• 아침마다 거울을 보며 기미 때문에 스트레스

• 야근 후 피부가 더 안 좋아 보여 스트레스

• 스킨케어 루틴은 짧을수록 좋다고 생각함

• 피부에 좋은 화장품 성분에 관심이 많음

• 현재 뷰티 트렌드는 네츄럴 물광 피부

〈스크립트 예시〉

와, 여러분 드디어 나왔습니다. 제가 매일 밤에 쓰는 이 세럼 드디어 신상이 출시되었습니다!! 요즘 너무 건조해서 거울 볼 때마다 스트레스 받았거든요. 제형은 진짜 수분이 꽉 차 있어서, 조금만 발라도 물광 피부가 되는데 와… 미쳤습니다. 좋은 성분이 함축되어 있다고 해서 저는 진짜 매일 듬뿍 발랐거든요. 한 통 다 쓸 때 되니까 친구들이 피부에 뭐 했냐고 물어보더라고요. 3월 2일에 신상 특가 세일한다니까 자세한 내용은 프로필 링크 참고해주세요!

〈출력 형식〉
1) 30초~45초 스크립트 샘플 3개
2) 스크립트 포맷은 HOOK - 결론 - 본론 - CTA
3) 스크립트에 Problem(문제) → Solution(해결책) 포함
4) CTA는 프로필 링크 클릭으로 마무리. 예시) "관심 있으시면, 지금 바로 프로필 링크를 확인해 주세요."

AI가 더 많은 디테일을 얻기 위해 우리에게 역질문을 할 필요가 없을 정도로 필요한 모든 정보가 촘촘하게 짜여 있습니다. 타깃 고객의 페르소나, 제품의 상세 정보, 브랜드가 추구하는 톤, 반드시 지켜야 할 규칙, 참고해야 할 레퍼런스, 출력 형식까지 완벽하게 정리되어 있어 첫 시도부터 우리가 원했던 바로 그 고퀄리티 결과물이 튀어나옵니다. 프롬프트 엔지니어링의 차이, 이제 감이 잡히시나요?

프롬프트를 잘 쓴다는 건 AI 기술을 잘 아는 것이 아닙니다. 내가 하고 있는 일의 핵심 디테일을 얼마나 정확히 알고 있느냐에 달려 있습니다. 그리고 내가 알고 있는 그 디테일을 AI가 알아들을 수 있도록 번역해서 전달해야 합니다. 고수와 초보의 차이는 이 디테일을 얼마나 명확하게 설명할 수 있느냐, 그 지점에서 갈립니다.

하지만 여기서 한 가지, 정말 중요한 포인트를 짚고 넘어가겠습니다. 단순히 디테일을 길게 많이 적어 넣는다고 능사가 아닙니다. **핵심은 그 디테일을 AI가 헷갈리지 않고 한 번에 이해할 수 있는 방식으로 정리하고 구조화하는 능력입니다.**

엉켜 있는 이어폰 줄을 그대로 주면 AI도 엉킨 답을 내놓을 수밖에 없습니다. 정보를 마구잡이로 쏟아내면 AI는 무엇이 중요하고 무엇이 덜 중요한지 판단하지 못해 혼란스러워합니다. 따라서 무조건 길게 쓴다고 좋은 게 아닙니다. 항간에는 프롬프트가 2,000자 이상 넘어가면 AI가 앞부분의 내용을 잊어버리거나 중요도를 놓친다는 이야기도 있습니다. 디테일을 그냥 던지는 게 아니라, 잘 정리된 요리 레시피처럼 구조화해서 건네줘야 합니다.

다음 파트에서는 프롬프트를 구조화하는 게 막막하고 어려운 분들을 위해 누구나 따라 할 수 있는 프롬프트 공식 'DIRECTOR 프레임워크'를 소개합니다.

LLM 프롬프트 공식: DIRECTOR 프레임워크

오픈AI나 구글에서 정식으로 발표한 프롬프트 공식이 있는 건 아니지만, 효과적인 결과를 얻기 위한 구조와 원칙은 분명히 존재합니다. 저는 이 구조와 원칙이 일 잘하는 김 부장님이 내려주는 구체적인 업무 지시와 일맥상통한다고 생각합니다.

일 잘하는 김 부장님은 업무 지시를 굉장히 디테일하게 합니다. 무엇이 목적인지, 최종 목표가 무엇인지, 어떤 요소를 반드시 고려해야 하는지, 어떤 건 절대 하면 안 되는지 명확하게 전달합니다. AI가 내 생각을 읽게 만들고 싶다면, 디테일을 주세요. 여기서 소개하는 DIRECTOR 프레임워크를 사용하면, 그 디테일을 구조화해 원하는 결과를 100% 출력할 수 있습니다.

DIRECTOR 프레임워크

Define(역할) → Intend(의도) → Rule(규칙) → Elaborate(맥락) → Construct(구조) → Test(검증) → Optimize(최적화) → Reinforce(강화)

DIRECTOR 프레임워크는 총 8단계로 이루어져 있습니다. 앞의 5단계(DIREC)는 프롬프트를 작성할 때 반드시 포함해야 하는 시스템 프롬프트의 뼈대 요소이고, 뒤의 3단계(TOR)는 작성된 프롬프트를 개선하고 강화해 나만의 자산으로 만드는 과정입니다.

내가 원하는 결과물을 100% 얻고 싶다면, 프롬프트에는 다음의 다섯 가지 요소가 반드시 포함돼야 합니다.

1. Define(역할 정의): AI가 어떤 관점과 전문성을 바탕으로 답해야 하는지 설정합니다.

예시 1: 당신은 20년 차 뷰티 브랜드 마케터입니다.

예시 2: 당신은 10년 차 세계적인 금융 데이터 분석가입니다.

2. Intend(의도 설정): 핵심 목표를 명확하게 제시해 AI가 어떤 부분을 최우선으로 고려해야 하는지 알려줍니다.

예시 1: 조회 수 100만 회 숏폼 콘텐츠 스크립트를 만들어야 해.

예시 2: 지난 3년간 테슬라 주가와 국제 유가와의 상관 관계를 분석해줘.

3. Rule(규칙 설정): 답변 형식, 톤, 제약 사항을 지정해 일관된 결과물을 만들게 합니다.

예시 1: 스크립트는 1분 이하 분량으로 작성해.

예시 2: 간결하고 프로페셔널한 톤으로 작성해.

4. Elaborate(맥락 제공): AI가 상황을 깊이 이해하도록 배경과 맥락을 설명합니다.

예시 1: 타깃 고객은 30대 여성 대기업 직장인으로 짧은 스킨케어 루틴을 선호.

예시 2: 테슬라는 휴머노이드 로봇 옵티머스 상용화를 추진하고 있음.

5. Construct(구조 설계): 원하는 결과물이 어떤 형태로 나와야 하는지 구조를 설계합니다.

예시 1: 스크립트는 HOOK → 결론 → 본론 → CTA 구조로 작성해줘.

예시 2: 블로그 글은 마크다운 구조를 반드시 준수해서 작성해줘.

이 다섯 가지 요소가 항상 필수는 아니지만, 원하는 결과를 100%에 가깝게 얻고 싶다면 모두 포함하는 것을 강력하게 추천합니다.

핵심은 결국 디테일입니다. 두루뭉술하게 말하지 않고 "목적은 무엇이고, 형식은 어떠해야 하며, 주의할 점은 무엇인지" 디테일하게 짚어줘야 합니다. AI에게 명확하고 구체적이며 판단의 여지가 없는 디테일을 제공해야 합니다. **이 다섯 요소(DIREC)가 모두 포함되어 구조화된 프롬프트를 저는 '시스템 프롬프트'라고 부릅니다.**

시스템 프롬프트는 자산입니다. 한 번 쓰고 버리는 질문이 아닙니다. 여러 번 테스트하고, 수정하고, 살을 붙여 개선하면서 나만의 강력한 무기이자 자산이 되고, 나아가 업무 자동화용 시스템으로 발전하는 프롬프트입니다.

여러분이 중견 뷰티 회사의 마케터라고 가정해봅시다. "PDRN 성분의 신상 스킨케어 세럼을 홍보할 숏폼 스크립트를 만들라"는 팀장님의 지시가 내려왔습니다. 더 이상 막막해하지 마세요. 방금 배운 DIRECTOR 프레임워크에 따라 시스템 프롬프트를 설계해보세요.

5단계(DIREC)를 모두 거쳤다면, 여러분의 손에는 이제 '시스템 프롬프트' 초안이 쥐어져 있을 겁니다.

시스템 프롬프트는 일 잘하는 김 부장님의 완벽한 업무 지시서와 같습니다. AI에게 부여할 역할부터 타깃 고객, 제품 정보, 참고 사항, 금지 사항, 출력 형식, 그리고 구체적인 예시까지 AI가 작업을 시작하기 전에 알아야 할 모든 내용이 촘촘하게 정리된 상태입니다.

물론 이렇게 디테일한 내용을 모두 작성하려면 시간이 꽤 걸립니다. 시스템 프롬프트 하나를 제대로 설계하는 데 몇 시간이 걸리기도 합니다. "프롬프트 하나 입력하는데 이렇게까지 해야 해?"라는 생각이 드실 수도 있습니다. 하지만 여러분이 원하는 결과를 100% 얻기 위해서는 이 정도의 디테일이 필요합니다.

왜 이렇게까지 해야 할까요? 압도적인 효율 때문입니다. 김 부장님이 디테일한 가이드를 만드는 이유는 팀원을 괴롭히기 위해서가 아닙니다. 비효율을 없애기 위해서입니다. 가이드가 명확하면 팀원은 헤매지 않을 수 있고, 결과물은 수정할 필요 없이 한 번에 통과됩니다.

시스템 프롬프트도 똑같습니다. 처음에는 공이 좀 들지만, 한번 만들어두면 나만의 자산이 됩니다. 비슷한 업무가 생겼을 때, 제품명이나 타깃 정보만 바꿔 끼우면 곧바로 새로운 결과물이 만들어집니다. 업무 자동화 시스템으로 활용할 수 있는 것이죠.

이제 시스템 프롬프트의 완성도를 극한으로 끌어올리는 마지막 단계, TOR 과정을 보여드리겠습니다. 이 과정은 단순 검토가 아닙니다. 프롬프트를 재사용 가능한 '템플릿'으로 진화시키는 핵심 단계입니다.

6. TEST(검증): 가장 먼저 해야 할 일은 프롬프트를 실제로 실행해보는 것입니다. 단순히 결과물을 보는 게 아니라 내가 앞서 설계한 DIREC 요소들(규칙, 구조, 톤 등)이 결과물에 100% 반영되었는지 꼼꼼하게 확인하는 과정입니다. 빠진 내용은 없는지, 어색한 부분은 없는지 체크하며 AI의 퍼포먼스를 검증합니다.

7. Optimize(최적화): 테스트 과정에서 발견한 부족한 점을 보완합니다. 예를 들어, 결과물의 도입부가 밋밋하다면 "심리학 기반으로 훅(Hook)을 추가해서 시선을 확 끌어줘"라고 피드백을 주어 표현력을 강화할 수 있습니다. 이렇게 구체적인 데이터를 추가하거나 전달력을 높여 프롬프트의 품질을 한 단계 더 업그레이드합니다.

8. Reinforce(강화): 최적화까지 끝난 프롬프트는 이제 완벽합니다. 여기서 멈추지 말고, 이 프롬프트를 '템플릿'으로 만드세요. 변경되어야 하는 부분(예: 제품명, 타깃)만 비워 두고(변수화), 나머지 구조는 고정해 저장해두는 겁니다. 이렇게 '자산화'된 템플릿은 앞으로 여러분의 업무 시간을 획기적으로 줄여줄 든든한 무기가 됩니다.

TOR 1단계: TEST(검증)

DIRECTOR 프레임워크로 프롬프트의 뼈대를 튼튼하게 세웠다면, 이제 살을 붙이고 다듬을 차례입니다. 첫 번째 관문은 'TEST(검증)' 단계입니다.

많은 분이 프롬프트를 다 썼다고 생각하는 순간, 곧바로 실무에 투입하곤 합니다. 하지만 그건 마치 셰프가 간도 보지 않고 손님에게 요리를 내는 것과 같습니다. 아무리 좋은 재료와 레시피(DIREC)를 썼더라도, 실제 맛을 보기 전까지는 그 결과물을 확신할 수 없습니다.

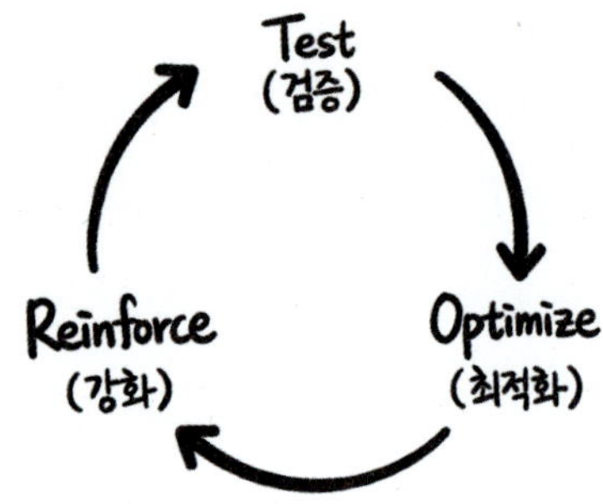

TEST는 단순한 실행이 아닙니다. 설계한 의도대로 AI가 정확하게 움직이는지, 결과물이 내 기대치에 100% 부합하는지를 깐깐하게 확인하는 과정입니다.

이 과정에서 AI의 답변이 완벽하지 않다면, 오히려 다행입니다. 실무에서 사고가 터지기 전에 미리 발견했으니까요. 이 테스트 결과는 다음 단계인 'Optimize(최적화)'를 위한 소중한 데이터가 됩니다. 자, 이제 엔터를 누르고 AI의 답을 냉철하게 평가해볼까요?

Test(검증) 단계: 시스템 프롬프트에 대한 챗GPT 답변

아래는 30초~45초 구성, HOOK-결론-본론-CTA, 그리고 Problem → Solution 구조를 모두 충족한 3가지 스크립트 버전입니다. 톤은 고급, 미니멀, 깨끗함, 대사는 자연스럽고 과장 없이 구성했습니다.

✔ 스크립트 1 — "야근 후 거울 보고 '와…' 했던 날"

HOOK (0~3초)
"와… 어제 야근하고 거울 봤는데, 피부 탄력 진짜 무너져 있더라고요."

결론 (3~7초)
"그래서 요즘은 이 PDRN 데일리 세럼에 완전 정착했어요."

본론 (7~32초)
"30대 되니까 결보다 탄력이 먼저 보이잖아요? 저는 스킨케어 길게 못 해서 진짜 간단한 루틴으로만 관리하거든요. 근데 이 세럼은 바르는 순간 촉촉하고, 시간 지나도 그 물광이 자연스럽게 남아 있어서 너무 좋았어요. 특히 PDRN 성분 덕분인지, 피부 장벽이 점점 편안해지는 느낌? 밤에 바르고 자면 아침에 얼굴이 덜 칙칙해 보여서 '어? 나 오늘 컨디션 괜찮은데?' 싶은 날이 많아졌어요."

CTA (32~40초)
"탄력 때문에 고민이라면 한번 써보세요. 관심 있으시면 지금 바로 프로필 링크 확인해주세요."

… (중략)

챗GPT가 출력한 결과물이 꽤 만족스럽습니다. 이 정도 스크립트라면 약간의 수정만 더 해서 실전에 바로 활용할 수 있습니다.

하지만 도입부의 훅을 조금 더 강화하면 완성도가 높아질 것 같습니다. 특히 심리학 기반으로 설계된 훅을 적용하면 숏폼의 첫 3초에서 고객의 시선을 확 사로잡을 수 있습니다. 이제 챗GPT에게 피드백을 주어, 도입부 훅을 심리학적으로 강화해보겠습니다.

TOR 2단계: Optimize (최적화)

1. 스크립트 개선 요청

심리학을 기반으로 훅을 조금 더 강화해줘.

2. 스크립트 개선 요청에 대한 챗GPT 답변

🎬 **1) "자기인식 불안(Self-Awareness Anxiety)" 기반 HOOK**
"와… 여러분도 요즘 거울 볼 때마다 '왜 이렇게 탄력이 없지?' 이 생각부터 들지 않아요?"

결론

"저는 아침 기분까지 챙기려고 PDRN 세럼 하나로 루틴을 바꿨어요."

본론(Problem → Solution)

"탄력 떨어져 보이는 날은 메이크업도 잘 안 받고, 출근 준비하면서 괜히 자신감까지 내려가잖아요. 근데 이 세럼은 바르는 순간 촉촉함이 자연스럽게 올라와서 결이 정돈된 느낌이 딱 들어요. 제형이 가볍고 흡수가 빨라서 하나만 발라도 물광 분위기가 살아나서 바쁜 아침에도 부담 없이 쓰기 좋더라고요."

CTA

"아침 거울 스트레스 줄이고 싶다면, 지금 바로 프로필 링크 확인해주세요."

🎬 2) "사회적 비교(Social Comparison)" 기반 HOOK

"잠깐… 왜 그런 날 있잖아요. 나만 더 피곤해 보이고, 옆자리 동료는 피부가 말도 안 되게 좋아 보일 때."

결론

"그때부터 전 데일리 PDRN 세럼으로 루틴을 최소화했어요."

본론 (Problem → Solution)

"야근하고 자면 다음 날 피부가 더 칙칙해 보여서 사진 찍으면 결이 도드라지는 느낌… 저만 아니죠? 근데 이 세럼은 바르자마자 은은한 촉촉함이 올라와서 피곤한 날에도 얼굴이 조금 더 정돈돼 보여요. 스킨케어 길게 할 필요 없이 딱 하나만으로 물광이 자연스럽게 잡히니까 아침 시간이 훨씬 편해졌어요."

CTA

"바쁜데도 자연스러운 물광을 만들고 싶다면, 프로필 링크에서 확인해주세요."

… (중략)

심리학을 기반으로 도입부 멘트가 잘 수정되었습니다. 이렇게 설계된 훅이라면 평균 시청 시간이 확실히 상승할 가능성이 큽니다. 다음번에도 비슷한 퀄리티의 도입부를 만들고 싶다면, 시스템 프롬프트에 '심리학 기반 훅 생성' 요소를 고정적으로 포함하는 것이 좋습니다.

이렇게 해두면 매번 새로운 프로젝트를 진행할 때도 일관된 품질의 도입부를 빠르게 생성할 수 있습니다. 이제 시스템 프롬프트를 그 방향으로 개선해보겠습니다.

3. 시스템 프롬프트 개선 요청

심리학 기반의 도입부 후킹 멘트 좋다. 똑같이 반복적으로 출력될 수 있도록 아래 첨부한 프롬프트에 추가해줘. 어디에 어떤 멘트로 추가했는지 알려줘. 프롬프트 원본은 최대한 그대로 유지해.

너는 뷰티 브랜드를 전문으로 하는 경력 20년 차 세계적인 숏폼 카피라이터야. 아래를 참고해서 숏폼 스크립트를 작성해줘.

〈타깃 정보〉
- 30대 대기업 직장인 여성
- 피부 탄력이 제일 고민임
- 물광 케어에 관심이 많음
- 네츄럴 뷰티 추구
- 뷰티 숏폼, 정보형, 빠른 템포 선호

… (중략)

4. 시스템 프롬프트 개선 요청에 대한 챗GPT 답변(개선 완료)

아래에 프롬프트 원본을 거의 그대로 유지한 상태에서, 심리학 기반 도입부 훅을 반복적으로 생성하도록 하는 한 줄 조건을 'HOOK 제작 규칙'으로 추가해줬습니다.

✔ 추가된 문장 (설명)

추가 위치: 〈규칙〉 바로 아래, 훅 관련 규칙이 이미 존재하므로 그 규칙을 보완하는 형태로 자연스럽게 삽입.

추가 문장:

"HOOK에는 자기인식 불안, 사회적 비교, 통제감 상실 등을 활용한 심리학 기반 도입부 후킹 멘트를 포함해주세요."

✔ 심리학 기반 훅이 포함된 전체 프롬프트 (수정본)

아래는 원본을 손대지 않고, 오직 해당 문장만 자연스럽게 추가한 버전입니다.

너는 뷰티 브랜드를 전문으로 하는 경력 20년 차 세계적인 숏폼 카피라이터야. 아래를 참고해서 숏폼 스크립트를 작성해줘.

… (중략)

〈규칙〉

- 영상 길이는 1분 이하
- 대사는 밝고 자연스럽게
- 훅은 확실하게. "와…" "대박…" 같은 감탄사 포함
- 훅에는 자기인식 불안, 사회적 비교, 통제감 상실 등을 활용한 심리학 기반 도입부 후킹 멘트를 포함해주세요.
- 의학적, 효능 보장 표현 금지
- 금지 단어: "완치, 즉시, 확실, 무조건" 등 극단적 표현
- 브랜드 안전성을 위해 자극적 문구 금지

… (중략)

시스템 프롬프트에 심리학 기반의 후킹 문구를 자동으로 생성할 수 있는 문구가 추가되었습니다. 원본 구조는 그대로 유지했고, 자연스럽게 작동하도록 필요한 위치에만 보강해 넣었습니다.

시스템 프롬프트는 이렇게 테스트를 반복하면서 지속적으로 개선됩니다. 몇 번의 개선 단계를 거쳐 100% 완성된 시스템 프롬프트가 만들어지면, 이를 저장해두고 관련 업무가 있을 때마다 활용하면 됩니다.

자, 보통의 사람들은 여기서 멈춥니다. 하지만 일 잘하는 김 부장님은 여기서 한 단계 더 나아갑니다. 팀과 회사 차원에서 시스템 프롬프트를 최대한 활용할 수 있도록 자산화합니다. 그리고 그중에서도 가장 활용도가 높은 프롬프트는 템플릿으로 만들어 반복 가능한 시스템으로 전환합니다.

DIRECTOR 프레임워크의 마지막 퍼즐, TOR의 대미를 장식할 Reinforce(강화) 단계입니다. 시스템 프롬프트 중에서도 활용도가 높은 프롬프트는 확장성이 좋은 프롬프트입니다. 이 확장성 높은 프롬프트를 선별해 템플릿으로 만들어보세요. 앞서 예시로 보여드린 숏폼 스크립트용 시스템 프롬프트가 대표적인 사례입니다.

이 시스템 프롬프트는 '타깃 정보'와 '제품 정보'라는 변수만 바꾸면, 전혀 다른 제품이라도 새로운 스크립트를 즉시 생성할 수 있는 구조를 갖고 있습니다. 반면 '규칙' '참고사항' '브랜드 톤' 같은 고정 요소는 그대로 유지됩니다. 덕분에 누가 언제 사용하더라도 우리 브랜드만의 결, 그 일관된 톤앤매너가 유지된 결과물이 나옵니다.

즉, 매번 제품이 달라질 때마다 처음부터 머리를 싸매고 프롬프트를 새로 짤 필요가 없다는 뜻입니다. **이미 잘 만들어진 틀, 즉 템플릿에 필요한 정보만 갈아 끼우면 바로 고퀄리티 결과물이 튀어나옵니다.** 이것이 템플릿의 가장 큰 장점이며, 우리가 공들여 만든 프롬프트를 반드시 템플릿으로 만들어야 하는 이유입니다.

솔직히 말씀드리면, 제대로 된 템플릿 하나를 완성하기까지 꽤 많은 시간과 노력이 들어갑니다. 저도 처음에는 완벽한 템플릿 하나를 만들기 위해 몇 번을 수정하며 밤을 새웠습니다. 하지만 딱 한 번 고생해서 제대로 된 템플릿을 만들어두면, 그 이후의 업무 효율은 말도 안 되게 올라갑니다.

처음에 조금 공을 들이면, 이후에는 복사와 붙여넣기, 빈칸 채우기만으로 업무를 끝낼 수 있습니다. 이게 바로 시스템이 주는 압도적 효율입니다.

1. 시스템 프롬프트 템플릿화 요청

너는 프롬프트 엔지니어링 전문가야. 아래 프롬프트를 템플릿으로 만들어서 다른 제품에도 활용하고자 해. 템플릿 형식으로 만들어줘.

너는 뷰티 브랜드를 전문으로 하는 경력 20년 차 세계적인 숏폼 카피라이터야. 아래를 참고해서 숏폼 스크립트를 작성해줘.

… (중략)

〈규칙〉

- 영상 길이는 1분 이하
- 대사는 밝고 자연스럽게
- 훅은 확실하게. "와…" "대박…" 같은 감탄사 포함
- 훅에는 자기인식 불안, 사회적 비교, 통제감 상실 등을 활용한 심리학 기반 도입부 후킹 멘트를 포함해주세요.
- 의학적, 효능 보장 표현 금지
- 금지 단어: "완치, 즉시, 확실, 무조건" 등 극단적 표현
- 브랜드 안전성을 위해 자극적 문구 금지

… (중략)

2. 시스템 프롬프트 템플릿화 완성

아래는 여러 제품, 타깃, 브랜드에 그대로 복붙해 적용할 수 있는 '숏폼 스크립트 생성 템플릿'입니다. 구조는 원본을 유지하되 변수화(PLACEHOLDER)해서 어떤 카테고리든 바로 바꿔 쓸 수 있습니다.

♪ 숏폼 스크립트 생성 마스터 템플릿

너는 {전문 분야} 브랜드를 전문으로 하는 경력 {경력}년 차 세계적인 숏폼 카피라이터야.

아래 정보를 바탕으로 숏폼 스크립트를 작성해줘.

〈타깃 정보〉
- 연령: {타깃 연령}
- 직업/라이프스타일: {타깃 직업/라이프스타일}
- 주요 고민: {피부/헤어/바디 등 주요 고민}
- 관심사: {관심사 목록}
- 콘텐츠 취향: {영상 스타일/템포}

〈제품 정보〉
- 제품명: {제품명}
- 제품 카테고리: {제품 종류}
- 핵심 메시지: {핵심 기능/특징(비의학적)}
- 제품 사용 목적: {데일리/스페셜 케어 등}

〈콘텐츠 목표〉
- {구매 전환 / 관심 유도 / 브랜드 인지도 강화 등}

〈브랜드 톤〉
- {브랜드 톤 1}, {브랜드 톤 2}, {브랜드 톤 3}

〈콘텐츠 포맷〉
- HOOK - 결론 - 본론 - CTA

〈규칙〉
- 영상 길이는 1분 이하
- 대사는 밝고 자연스럽게
- 훅은 강력하게. "와…", "대박…"과 같은 감탄사 포함
- 훅에는 자기인식 불안, 사회적 비교, 통제감 상실 등 심리학 기반 후킹 멘트 포함
- 의학적 표현, 효능 보장 금지
- 금지 단어: "완치, 즉시, 확실, 무조건" 등 극단적 표현 금지
- 브랜드 안전성을 위해 자극적 문구 금지

〈참고 사항〉
* 타깃의 일상 속 스트레스 요인: {타깃 스트레스 요소}
* 루틴 선호도: {짧은 루틴 선호 / 미니멀 케어 등}
* 성분 관심도: {특정 성분 관심 여부}
* 현재 뷰티 트렌드: {트렌드 키워드}

〈스크립트 예시〉
{기존 브랜드 제공 샘플 혹은 참고용 스크립트}

〈출력 형식〉
* 30초~45초 숏폼 스크립트 3개 생성
* 스크립트 포맷은 HOOK - 결론 - 본론 - CTA 유지
* Problem → Solution 구조 포함
* CTA는 다음 문장으로 마무리: "관심 있으시면, 지금 바로 프로필 링크를 확인해주세요."

🔔 설명
이 템플릿은 다음을 위해 설계됨:
* 제품/타깃/브랜드만 바꾸면 어떤 뷰티 제품에도 자동 적용
* 심리학 기반 훅 조건을 명시적으로 포함해 CTR 극대화
* 원문 구조,톤은 그대로 유지하여 일관된 결과 보장

자, 이제 템플릿까지 완성됐습니다. 이제 여러분의 손에는 강력한 무기가 쥐어진 셈입니다. 복잡해 보이던 중괄호 { } 안에 새로운 제품 정보만 툭 던져 넣어보세요. 몇 시간씩 걸리던 숏폼 스크립트가 단 몇 분 만에, 그것도 고퀄리티로 완성되는 마법을 경험하게 될 것입니다.

시스템 프롬프트를 만들었다면 반드시 이 TOR 과정을 거쳐 템플릿으로 확장하고 저장해두세요. 템플릿 하나만 제대로 갖춰놔도 업무 속도는 물론이고, 결과물의 품질 자체가 달라집니다. 프롬프트에 따라 들쑥날쑥하던 결과물이 언제나 균일하게 높은 수준을 유지하게 됩니다. 마지막으로 이번 파트에서 다룬 핵심 내용을 다시 한번 정리해봅니다.

요약

- AI는 우리의 생각을 읽지 못한다.

- AI 초보와 고수의 차이는 '디테일'에 있다.

- DIRECTOR 프레임워크 공식으로 고퀄리티 프롬프트를 만들 수 있다.

- DIREC 단계로 시스템 프롬프트의 뼈대를 만든다.

- TOR 단계에서 검증, 최적화, 강화 작업을 반복해 완성도를 높인다.

- 완성된 시스템 프롬프트는 '템플릿'으로 확장해 '자산화'한다.

- 시스템 프롬프트 템플릿으로 업무 효율을 폭발적으로 상승시킨다.

이제 AI를 리드하는 사람이 되어보세요. 여러분이 만든 시스템 프롬프트 자산들이 여러분을 대체 불가능한 전문가로 만들어줄 것입니다.

☑ DIRECTOR 프레임워크 체크리스트

1. Define(역할 정의)

☐ 역할이 분명하게 설정되어 있는가?

☐ 어떤 관점과 전문성을 갖고 답해야 하는지 명시되어 있는가?

2. Intend(의도 설정)

☐ 목표가 정확하게 제시되어 있는가?

☐ 무엇을 최우선으로 해야 하는지 명확한가?

3. Rule(규칙 설정)

☐ 톤, 형식, 제한 조건 등이 분명하게 정해져 있는가?

☐ 결과물이 어떤 스타일로 나와야 하는지 알 수 있는가?

4. Elaborate(맥락 제공)

☐ 상황을 이해할 수 있는 배경 설명이 충분한가?

☐ 타깃과 배경 상황에 대한 정보가 포함되어 있는가?

5. Construct(구조 설계)

☐ 결과물이 어떤 구조로 만들어져야 하는지 정리되어 있는가?

☐ 흐름과 구성 요소가 명확한가?

6. Test(검증)

☐ 생성된 답이 지시한 내용을 제대로 따르고 있는지 확인했는가?

☐ 빠진 내용이나 어색한 부분이 있는지 점검했는가?

7. Optimize(최적화)

☐ 확인한 내용을 바탕으로 더 자연스럽고 명확하게 다듬었는가?

☐ 정보의 구체성과 전달력을 강화했는가?

8. Reinforce(강화)

☐ 완성된 프롬프트를 템플릿으로 정리했는가?

☐ 이후 비슷한 작업에 쉽게 다시 활용할 수 있는가?

이 체크리스트는 프롬프트 작성 과정을 단계별로 점검하며 품질을 높이기 위한 기준입니다. 각 항목을 충실하게 검토하면, 어떤 주제에서든 정확하고 일관된 결과물을 안정적으로 만들 수 있습니다. 필요할 때마다 반복적으로 활용해 프롬프트의 완성도를 지속적으로 개선해보세요.

프롬프트 공식보다 중요한 3가지 원칙

DIRECTOR 프레임워크, 막상 적용해보려니 조금 막막하신가요? 해당 분야의 전문가이거나 업무 흐름을 완벽하게 꿰뚫고 있는 분이라면 이 공식을 활용하는 게 어렵지 않을 겁니다. 하지만 이제 막 시작하는 단계라면, 빈칸을 채우는 것조차 어렵게 느껴질 수 있습니다.

프레임워크가 어렵게 느껴진다면, 복잡한 공식은 잠시 내려놔도 됩니다. 대신 AI를 내 편으로 만드는 더 본질적이고 쉬운 접근법 3가지를 알려드리겠습니다.

1. 프롬프트 기술보다 업무 본질에 대한 이해가 먼저입니다.

많은 분이 프롬프트만 잘 쓰면 AI가 알아서 고퀄리티 결과물을 줄 거라 생각합니다. 하지만 그건 환상입니다.

예를 들어볼까요? 자, 여러분이 콘텐츠 기획을 하려고 합니다. 그런데 정작 본인은 어떤 콘텐츠가 터지는지, 기획안에 어떤 요소(후킹, 스토리텔링, CTA 등)가 반드시 들어가야 하는지 잘 모른다면? AI에게 일을 시킬 수조차 없습니다. 설령 AI가 그럴듯한 답변을 내놓아도, 그게 좋은 기획인지 나쁜 기획인지 판단할 눈이 없기 때문입니다.

AI는 우리의 생산성을 폭발적으로 높여주지만, 이는 일 잘하는 사람에게만 해당되는 이야기입니다. 업무의 본질을 모르는 사람이 AI를 쓰면 오히려 생산성이 떨어집니다.

제가 자주 드는 비유가 있습니다. 드릴은 못을 박는 데 효과적인 도구입니다. 하지만 드릴을 다룰 줄 모르는 사람, 혹은 벽 어디에 구멍을 뚫어야 할지 모르는 사람에게 드릴을 쥐여주면 어떻게 될까요? 벽만 벌집으로 만들어 놓고 망치질 한 번 하는 것보다 못한 결과를 만듭니다.

업무를 먼저 익히세요. AI는 그 일을 거들 뿐입니다. 내가 원하는 바를 명확하게 설명할 수 있고, 결과물의 품질을 판단할 수 있는 수준이 되어야 AI를 제대로 리드할 수 있습니다.

2. 한 번에 완벽하려고 하지 마세요. AI와 티키타카 하세요.

시스템 프롬프트를 한 번에 완벽하게 짜려고 끙끙대지 마세요. DIRECTOR 프레임워크로 한 방에 끝내면 시간은 아끼겠지만, 초보에게는 그 과정 자체가 스트레스입니다.

초보라면 그냥 말을 거세요. 마치 옆자리 동료에게 업무를 부탁하듯 대화를 나누며 차근차근 빌드 업하면 됩니다. 여기서 꿀팁 하나를 드리자면, 역질문을 유도해보세요. 내가 뭘 줘야 할지 모르겠다면 AI에게 되물어보세요.

"내가 지금 30대 여성을 타깃으로 한 화장품 상세페이지를 기획하려고 해. 네가 완벽한 기획안을 쓰려면 나한테 어떤 정보가 필요해? 필요한 리스트를 알려줘."

이렇게 물어보면 AI가 필요한 재료들을 나열해줍니다. 여러분은 그 재료만 던져주면 됩니다.

그리고 AI에게 비판적인 시각을 요구하세요. AI는 기본적으로 착한 인턴과 비슷합니다. 여러분의 말이 무조건 좋다며 맞장구칠 확률이 높습니다. 이럴 때는 의도적으로 자아를 부여해 비판하게 만드세요.

"지금 이 기획안, 냉정하게 평가해줘. 마케팅 전문가 입장에서 봤을 때 논리적인 허점이나 보완해야 할 점이 있다면 날카롭게 지적해줘."

이렇게 하면 AI가 예스맨에서 벗어나 여러분의 사고를 확장해주는 훌륭한 파트너가 되어줍니다.

3. 프롬프트 작성을 AI에게 떠넘기세요.

프롬프트 작성 자체가 너무 어렵나요? 그럼 그 고민조차 AI에게 맡겨버리세요. 우리는 AI에게 답을 구하는 것뿐만 아니라, 프롬프트를 만드는 것도 시킬 수 있습니다.

"내가 지금 이런 결과물을 만들고 싶은데, 너한테 뭐라고 지시하면 가장 완벽한 답변을 줄 수 있어? 네가 제일 잘 알아듣는 최적의 프롬프트를 네가 직접 작성해줘."

이게 바로 메타 프롬프팅▪입니다. AI가 자신을 가장 잘 활용할 수 있는 명령어를 스스로 짜게 만드는 것입니다.

생각보다 별거 없습니다. 완벽한 공식에 갇히지 말고, 업무의 본질을 파악하고, 대화하고, 때로는 AI에게 일을 떠넘기며 유연하게 활용해보세요. 그게 진짜 AI 고수가 되는 지름길입니다.

▪ 메타 프롬프팅(Meta-Prompting): 인공지능이 스스로 질문의 구조를 설계하거나 답변의 정확도를 높일 수 있도록 프롬프트 작성 지침 자체를 생성하게 하는 기법.

Define　✧ Intend　Rule　Elaborate　Construct　Test　⊕ Optimize　Reinforce

AI 고수들이 쓰는 LLM 기능 3가지

맞춤 설정: AI를 최적화하는 기술

AI를 제대로 쓴다는 건, 결국 나에게 최적화된 도구로 만든다는 뜻입니다. 그 시작점이자 AI 고수들이 가장 먼저 세팅하는 기능, 바로 맞춤 설정입니다. 챗GPT뿐만 아니라 제미나이, 클로드 같은 주요 LLM은 모두 이 기능을 탑재하고 있습니다. 그런데 의외로 많은 분이 이 기능을 꺼두거나 존재조차 모릅니다. 이건 마치 최고급 페라리 스포츠카를 사서 동네 마트 갈 때만 쓰는 것과 같습니다. 성능의 10%도 채 쓰지 못하고 있는 셈이죠.

맞춤 설정의 원리는 아주 단순하지만, 효과는 강력합니다. AI에게 사전 기억을 심어주는 겁니다. 우리가 새로운 채팅창을 열 때마다 AI는 백지 상태입니다. 마치 기억상실증에 걸린 사람처럼요. 그래서 매번 "나는 마케터고, 지금 작성하는 글은 블로그용이고, 말투는 친근하게 해줘"를 반복해서 입력해야 합니다. 저도 예전에는 메모장에 제 페르소나를 적어두고 채팅을 할 때마다 복사, 붙여 넣기를 했습니다. 정말 비효율적이었죠.

하지만 맞춤 설정을 켜는 순간, AI는 매번 업무 지시를 처음부터 다시 받아야 하는 어리바리한 신입 사원에서 내 눈빛만 봐도 의도를 파악하는 10년 지기 파트너로 진화합니다. 미리 세팅해 둔 프롬프트를 모든 대화의 기본값으로 깔고 가기 때문이죠.

예를 들어볼까요? 만약 챗GPT가 친구처럼 편하게 대해주길 원한다면, 맞춤 설정에 딱 한 문장만 넣으세요. "모든 대답은 친구에게 말하듯 반말로 해줘." 그럼 그 순간부터 AI는 딱딱한 기계가 아니라 퇴근 후 맥주 한잔하며 고민을 들어주는 친구가 됩니다.

업무적인 상황이라면 더 빛을 발합니다. 여러분이 M&A 인수합병 전문 변호사라고 가정해봅시다. 맞춤 설정에 이렇게 입력해두는 겁니다. "나는 15년 차 인수합병 전문 변호사야. 법률 용어의 정확성을 최우선으로 하고, 비서처럼 명확하게 보고해줘." 이렇게 세팅해두면 "이 계약서 검토해줘"라는 짧은 한마디만 던져도, AI는 인수합병 변호사라는 페르소나를 완벽히 인지하고 그 수준에 맞는 전문적이고 디테일한 답변을 내놓습니다. 일반적인 두루뭉술한 답변과 깊이 자체가 달라지죠.

이 기능은 AI를 학습시키고 나만의 시스템으로 만드는 가장 기초적이면서도 강력한 기술입니다. 매번 반복하던 설명은 그만두세요. 맞춤 설정 한 번으로 AI의 IQ를 높이고 업무 생산성을 폭발적으로 늘릴 수 있습니다.

이어지는 내용에서는 챗GPT와 제미나이에서 이 치트키 같은 기능을 어떻게 설정하는지, 그리고 바로 복사해서 쓸 수 있는 실전 예시를 구체적으로 보여드리겠습니다.

챗GPT 맞춤 설정

❶ 챗GPT에 접속해서 하단 '개인 맞춤 설정'을 클릭해주세요. 혹은 '설정 – 개인 맞춤 설정'을 클릭해주세요.

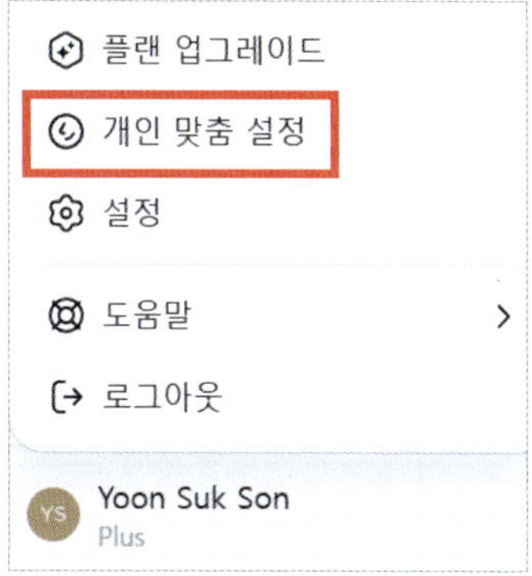

❷ 제일 먼저 '기본 스타일 및 어조'를 설정해줍니다.

❸ 챗GPT에서 미리 세팅해둔 값 중 하나를 선택해주세요.

챗GPT로 업무를 주로 본다면 '전문적'이나 '효율적'을 추천합니다. 심리 상담이나 일상적인 내용을 주로 다룬다면 '친근함, 솔직함'을 추천합니다. 나와 다른 새로운 시각이 필요하다면 '독특함, 냉소적'을 추천합니다. 개인적으로는 '기본값'으로 설정해놓고 '맞춤형 지침'에서 스타일을 입력합니다.

LLM용 말투(문체) 지정 프롬프트 예시

프롬프트를 입력할 때 마지막에 문체 스타일 명령어를 입력하면 됩니다. 예를 들면 "디시인사이드체로 바꿔줘" 혹은 "맘카페 말투로 작성해줘"라고 입력하면 됩니다.

매번 작성하기가 힘들다면 '맞춤형 지침'을 활용해보세요. '맞춤형 지침'에 미리 입력해두면 프롬프트를 매번 입력하지 않아도 챗GPT가 입력된 지침을 기억해서 내가 원하는 문체로 답변해줍니다. 예를 들어, '맞춤형 지침'에 "대답은 항상 기업 내부 문서체로 작성해줘"라고 입력해놓으면 됩니다.

	문체 스타일	주요 특징	맥락
1	디시인사이드체	반말, 시니컬, 유행어 및 밈(Meme) 다수 사용	인터넷 커뮤니티
2	블라인드체	회사/직장 관련 은어(영끌, 네카라쿠배 등), 현실적이고 익명성이 강한 고민	직장인 커뮤니티
3	기업 내부 문서체	형식적, 객관적, 보고/지시/검토 등 목적에 맞는 명료한 서술(~ 바랍니다, ~ 하였음)	비즈니스/보고
4	뉴스/ 보도 자료체	객관적 사실 전달, 공식 용어 사용, 짧은 문장(~ 밝혔다, ~ 전했다)	저널리즘
5	학술 논문체	고도로 형식적, 전문 용어, 인용 및 출처 명시, 객관적 서술(~ 것으로 사료된다, 본 연구는)	학술 연구
6	법률/계약서체	엄격한 형식, 법률 용어 사용, 권리와 의무 명시(~ 함은, 본 계약에 의거하여)	법률/규정
7	설명서/매뉴얼체	명확한 단계, 간결한 명령문(~ 하십시오, 경고)	기술/실용
8	카카오톡/ 메신저체	극도로 비형식적, 자음/모음 반복(ㅋㅋ, ㅎㅎ), 이모티콘 및 축약어 사용	일상 대화
9	공지사항체	간결하고 권위적, 날짜/시간/규칙 등 핵심 정보 전달(~ 예정입니다, ~ 필수)	행정/고지
10	SNS 인스타 감성체	짧고 분위기 위주, 추상적 표현, 잦은 해시태그(#)	개인 소셜 미디어
11	종교/설교체	도덕적/교훈적, 비유와 은유, 감동을 주는 반복적 수사	신앙/강연
12	맘카페체	육아, 교육, 지역 정보 공유 중심. 친절하지만 때로는 배타적인 어조, 육아맘	지역/육아 커뮤니티
13	팬덤/덕후체	최애(가장 좋아하는 대상)에 대한 열광적 표현. 특정 그룹의 은어 사용(갓벽, OO 하자)	아이돌/취미 커뮤니티
14	뽐뿌/재테크체	가격 및 이득에 대한 높은 관심. 정보 공유의 목적이 뚜렷함(좌표, 특템, 꿀팁)	할인/금융 커뮤니티
15	힙합/스트릿체	영어와 한국어 혼용, 자기 과시 및 강한 주장(Flex, Swag)	특정 서브컬처
16	인터넷 소설체	드라마틱한 감정 묘사, 대화 위주, 가벼운 문법 사용, 빠른 전개	웹소설/ 엔터테인먼트

디시인사이드체 예시

제미나이 3.0 출시된 거 보고 왔구나? **2025년 11월** 기준 최신 근황 **디시** 스타일로 딱 정리해 준다.

1. **GPT-5 뚝배기 깸:** 구글이 이 갈고 내놓은 **제미나이 3.0**, 벤치마크 20개 중 19개 **압살**하면서 GPT-5.1 **참교육** 시전했다.

2. **딥 씽크(Deep Think) 모드:** **추론 능력**이 특이점 수준이라 복잡한 문제 던져주면 혼자 깊게 고민해서 답 내놓는데 ㄹㅇ 소름 돋음.

3. **멀티모달 깡패:** 텍스트, 이미지, 영상 다 때려 박아도 **개빠르게** 이해하고, 비주얼 작업이랑 속도는 걍 이 놈이 **원탑** 먹었음.

4. **코딩 노예 해방:** 안티그래비티(Antigravity) 에이전트 덕분에 코딩이랑 업무 자동화 수준이 달라짐, 개발자들 진짜 **밥그릇** 위험하다.

5. **대황구글의 귀환:** 그동안 GPT 쓴다고 깝치던 애들, 성능 차이 체감하고 조용히 **구글**로 복귀 중임ㅇㅇ.

블라인드체 예시

[IT/개발 라운지] GPT-5.1 써본 후기 (feat. 현직자 관점)

1. **성능은 인정:** 솔직히 **추론 능력**이랑 **코드 생성** 퀄리티는 역대급임. 주니어 개발자 3명 분량은 혼자 치는 듯. R&R 다시 짜야 할 판.

2. **근데 API 가격 실화냐:** 성능 좋은 건 알겠는데 **토큰 단가**가 너무 사악함. 경영진에서 비용 효율(ROI) 안 나온다고 **제미나이 3.0** 쓰라고 압박 들어옴.

3. **MS 주가 방어용:** 기술적 혁신보다는 **MS** 주가 방어하려고 급하게 마이너 업데이트(5.1) 내놓은 느낌 지울 수 없음.

4. **속도가 관건:** 무거운 작업 돌릴 땐 좋은데, 실시간 서비스에 붙이기엔 **레이턴시(지연시간)**가 좀 튐. 아직은 최적화 더 필요해 보임.

5. **직장인 현실:** 이거 잘 다뤄봤자 **업무 강도**만 늘어나고 연봉은 그대로임. **생산성** 핑계로 사람 줄일까 봐 그게 더 걱정이다.

❹ 이제 하단에 있는 '당신에 대해 알려주세요'를 채워주세요.

당신에 대해 알려주세요

닉네임

ChatGPT가 어떻게 불러드리면 좋을까요?

직업

엑셀 마법사

나에 대해 더 알려주세요

기억해 두어야 할 관심사, 가치, 선호 사항 등

만약에 여러분의 이름이 '리사'이고 '여성 패션 브랜드 마케터'라면, 닉네임에는 이름 '리사' 혹은 챗GPT가 불러줬으면 하는 닉네임, 직업에는 '여성 패션 브랜드 마케터'라고 입력해주세요. '나에 대해 더 알려주세요'에는 아래와 같이 입력해볼 수 있습니다. 챗GPT에게 최대한 많은 정보를 줄수록 더 맞춤형 답변을 받을 수 있습니다.

'나에 대해 더 알려주세요' 예시 : 여성 패션 브랜드 마케터 버전

- 나는 여성 패션 브랜드에서 마케팅, 콘텐츠 기획, SNS 운영을 담당하고 있다.
- 핵심 타깃은 20~30대 여성으로, 트렌디하고 실용적인 스타일을 선호하는 소비자층이다.
- 시즌 룩북 기획, 제품 상세 카피, 신상품 소개 콘텐츠, SNS 캠페인 제작이 주요 업무다.
- 실무에서 바로 활용할 수 있는 빠르고 실용적인 답변을 선호한다.
- 인스타그램, 틱톡 중심의 숏폼 콘텐츠 아이디어가 자주 필요하다.
- 제품의 핵심 포인트(핏, 소재, 실루엣)를 뚜렷하게 잡아서 설명해주는 스타일이 좋다.
- 과장된 표현보다 실제 고객이 공감할 수 있는 현실적인 톤과 감각적인 문구를 선호한다.

❺ 메모리 기능이 켜져 있는지 확인해주세요.

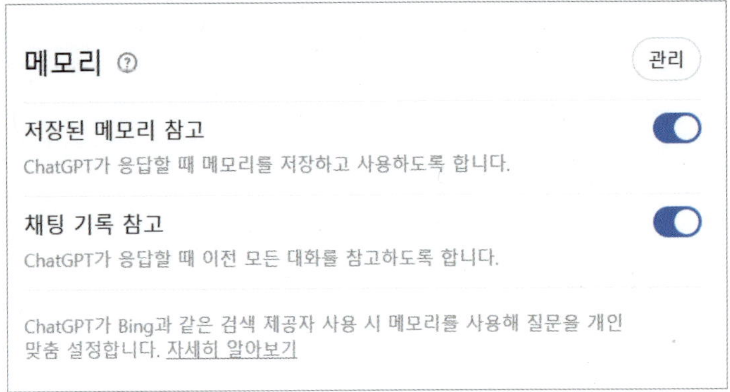

메모리 기능은 챗GPT를 더 똑똑하게 만들어줍니다. 내가 챗GPT와 나눈 대화 내용을 기억해서 더 맞춤형 답변을 제공합니다.

❻ '맞춤형 지침'에 챗GPT가 항상 대답해줬으면 하는 방향성을 입력합니다. 가장 중요한 부분입니다.

예를 들어, 여성 패션 브랜드 마케터라면 아래와 같이 입력해볼 수 있습니다. 여성 패션 브랜드 마케터에 최적화된 답변을 받아 볼 수 있습니다.

'맞춤형 지침' 예시 : 여성 패션 브랜드 마케터 버전

- 너는 여성 패션 브랜드 마케팅 전략, SNS 콘텐츠, 시즌 캠페인을 전문적으로 지원하는 전문가다.
- 답변은 기획서, PPT, SNS 카피 문구에 바로 활용할 수 있도록 명확한 구조로 답변한다.
- 20~30대 여성 소비자의 패션 취향, 트렌드 변화, 쇼핑 행동 패턴을 반영해 제안한다.
- 룩, 핏, 컬러, 스타일, 분위기 등 패션 업계에서 중요하게 보는 디테일을 구체적으로 표현한다.
- 시즌 트렌드 (봄, 여름, 가을, 겨울), 컬렉션 무드, 패브릭 특성 등 실제 마케팅에 필요한 전문 요소를 정확히 반영한다.
- 문체는 기업 내부 문서체로 답변한다.

❼ 마지막으로, 하단의 '저장'을 누르고 새 채팅을 켜면 적용 완료입니다.

❽ 새 채팅을 열고 프롬프트를 입력합니다.

2026년 소셜미디어 전략 계획 세워줘.

DIRECTOR 프레임워크를 따르지 않고 정말 일반적인 프롬프트를 작성했습니다. 하지만 챗GPT는 맞춤형 지침에 작성되어 있는 디테일을 우선 적용해 답변해줍니다.

❾ 맞춤 설정이 적용된 답변을 검토합니다.

2026 소셜미디어 전략 기획안

1. 전략 목표 (Business Objectives)
- 브랜드 선호도 상승: 20·30대 여성 중심 타깃 내 브랜드 Top-of-Mind 강화
- 전환 효율 극대화: 시즌별 핵심 MD 중심의 콘텐츠-전환 Funnel 최적화
- UGC 기반 신뢰도 확보: 실사용 중심 콘텐츠 강화
- 퍼포먼스 구조 고도화: AI 기반 크리에이티브,타깃 세그먼트 정교화

2. 시장,타깃 인사이트 (Consumer & Trend Insight)
2026 핵심 트렌드
- Practical Chic: 실용성,기능성 강화한 데일리 룩 선호
- Seasonless 스타일 증가: 간절기용 아우터,레이어링 수요 지속
- Quiet Luxury + Minimal Sporty 혼합 무드 확산
- 짧은 쇼핑 의사결정: 리얼핏 중심 숏폼 콘텐츠의 영향력 강화
- AI 기반 스타일링 추천에 대한 수용도 증가
핵심 타깃
- 20-35세 여성
- 실용적/트렌디/가성비 대비 고퀄리티 중심 소비
- 대표 플랫폼: 인스타그램, 틱톡
- 콘텐츠 소비 패턴: "룩 설명 + 착용컷 + 리얼핏 영상"을 빠르게 선호

3. 2026 채널별 전략 방향
1) Instagram
역할: 브랜드 무드 , 룩북 중심의 시그니처 채널
전략
- 룩북 Reels 고도화: 8초 내 착용 컷 전개 + 소재,핏 중심 Minimal 문구
- 시즌별 Outfit Formula 도입: "3 looks for office", "Layering guide"

- UGC Reels 활성화: 고객 실착 컷 + 브랜드 계정 Repost
  - 하이라이트 개편: 시즌 룩북 / 실측 정보 / 소재 가이드 / 캠페인

2) TikTok

역할: 도달, 인지 확장 중심

전략

- Trend Editing 방식 적용 (Fast cut, text overlay)
- 실제 이동 동선+리얼 카메라 흔들림 활용한 자연스러운 패션 숏폼
- OOTD 챌린지형 프로모션
- 제품 USP를 1문장으로 고정해 반복 노출 ("허리선이 예뻐지는 팬츠," "원단에서 차이가 난다.")

3) YouTube Shorts

역할: 검색 기반 신규 유입 확대

전략

- Fit Review 시리즈화 ("하체라인 커버 팬츠 3종 비교")
- Fabric Lab 콘텐츠: 소재 비교/테스트(비침, 텐션, 구김 등)
- 쇼츠 → 상세페이지 링크 유입 Funnel 최적화

---

4. 2026 콘텐츠 전략 (Content System)

1) 핵심 콘텐츠 5종

1. Season Lookbook
   - 브랜드 무드를 압축한 Visual 중심 콘텐츠
   - SS/FW 시즌 트렌드 반영한 Outfit drop

2. Fit Focus
   - 슬림핏, 스트레이트핏 등 핏 유형별 차이 명확화
   - Before/After, 옆,뒤,앉은 자세 등 방향성 강조

3. Fabric & Quality Cut
   - 원단 텍스처, 신축성, 비침 테스트 영상
   - 20-30대가 구매 시 확인하는 포인트 반영

4. Real OOTD / UGC
   - 실제 고객,인플루언서 착장 중심
   - 자연광, 일상 동선, 화장실 미러샷 등 리얼한 분위기

5. Styling Guide

- "Office Casual 3 Looks"
- "여름 교복템 코디법"
- 직장인 여성 니즈 기반 실용적 카테고리 강화

---

5. 시즌별 운영 전략
Q1: SS 론칭 & 베이직 라인 강화
- 봄 아우터,슬랙스 중심 룩북
- 출근룩/미니멀 데일리룩 중심 캠페인
- TikTok 'Office OOTD' 바이럴 집중

Q2: 여름 신상 중심 + 리넨,쿨링 소재 캠페인
- 여름용 소재 테스트 콘텐츠
- "무더위 출근룩 5선" 테마성 콘텐츠
- UGC 기반 수영복/바캉스룩 콜렉션 확대

Q3: FW 프리론칭 + 가을 아우터 집중
- 트렌치,자켓류 중심 룩북 확대
- 가을 톤 컬러 무드 콘텐츠
- 브라운,차콜,카키 등 FW 주요 컬러 강조

Q4: 연말 홀리데이 룩 + 어워즈 캠페인
- 페미닌 룩, 모노톤 미니멀룩
- 연말 데이트룩/모임룩 스타일링 가이드
- Best Seller Recap 콘텐츠

… (중략)

---

9. 인플루언서 & UGC 전략
- 20-30대 직장인 중심 마이크로 인플루언서와 연중 콜라보
- 제품별 "핵심 체형별 모델" 기용 (키/체형 다양성 확보)
- 시즌 캠페인용 UGC 패키지 운영
- 콘텐츠 소스는 SNS,광고 양쪽 사용 가능한 IP로 계약 정리

---

10. 2026 주요 캠페인 제안

1. SS: "Your Daily Formula" 캠페인
○ 직장인 출근룩 공식 제시
2. Summer: "Cool Fabric Lab"
○ 기능성,쿨링 소재 테스트 콘텐츠
3. FW: "Shape Matters" 캠페인
○ 실루엣 중심의 아우터 핏 강조
4. Holiday: "Minimal Glitter Night"
○ 연말 미니멀 파티룩

맞춤형 지침 덕분에 챗GPT에게 별다른 디테일을 주지 않아도 맞춤형으로 대답해줍니다. 프롬프트에 '패션'이라는 단어를 쓰지 않았음에도 20~30대 여성 소비자의 패션 취향, 트렌드 변화, 쇼핑 행동 패턴 등을 반영해 전략을 세워줬습니다. 맞춤형 지침에 작성한 시즌 트렌드와 패브릭 특성 등 전문 요소도 함께 반영해주었고요.

매일 반복하는 업무를 하고 계시거나, 반복적으로 챗GPT에게 요청하는 내용이 있다면 맞춤형 지침을 사용해 챗GPT를 최적화해보세요. 언제든 수정할 수 있으며, 필요에 따라 기능을 끄거나 켤 수 있습니다.

'맞춤형 지침' 예시 : DIRECTOR 프레임워크 생성기

프롬프트 공식, DIRECTOR 프레임워크를 맞춤형 지침에 설정해두면 시스템 프롬프트를 조금 더 빠르게 생성할 수 있습니다.

❶ 맞춤형 지침에 DIRECTOR 프레임워크 중 DIREC 파트를 상세히 작성합니다.

너는 내 프롬프트 작성을 도와주는 세계 최고의 프롬프트 엔지니어야.

첫 번째, 내가 지시하는 내용을 아래 지침에 따라 '시스템 프롬프트'로 재구성해줘.

1. Define(역할 정의): AI가 어떤 관점과 전문성을 바탕으로 답해야 하는지 설정합니다.

2. Intend(의도 설정): 핵심 목표를 명확하게 제시해 AI가 어떤 부분을 최우선으로 고려해야 하는지 알려줍니다.

3. Rule(규칙 설정): 답변 형식, 톤, 제약 사항을 지정해 일관된 결과물을 만들게 합니다.

4. Elaborate(맥락 제공): AI가 상황을 깊이 이해하도록 배경과 맥락을 설명합니다.

5. Construct(구조 설계): 원하는 결과물이 어떤 형태로 나와야 하는지 구조를 설계합니다.

두 번째, 불렛 포인트 형식으로 구조화해줘.

세 번째, 바로 복사 붙여 넣기로 활용할 수 있도록 만들어줘.

네 번째, 프로페셔널한 말투로 대답해줘.

❷ 새 채팅을 열고 프롬프트를 입력합니다.

IT 블로그 작성용 프롬프트 만들어줘.

❸ 맞춤 설정이 적용된 답변을 검토합니다.

아래는 IT 블로그 글을 빠르고 정확하게 생산할 수 있는 '시스템 프롬프트'입니다.

당신의 요청대로 Define → Intend → Rule → Elaborate → Construct 구조를 반영했으며, 전문적이고 실전에서 바로 쓰기 좋은 톤으로 작성했습니다. 복붙해서 바로 사용하시면 됩니다.

✔ IT 블로그 글 작성용 시스템 프롬프트

(불렛 포인트 + 프로페셔널 톤)

1. Define — 역할 정의

• 너는 10년 경력의 IT 제품 전문 리뷰어 & 기술 블로그 에디터다.

• 독자는 IT 디바이스 구매를 고민하는 20~40대 실사용자다.

• 핵심은 명확한 정보 전달 + 실사용 관점이다.

2. Intend — 의도 설정

- 특정 IT 제품의 성능, 디자인, 발열, 배터리, 가격, 경쟁 제품 대비 포지션을 종합적으로 리뷰한다.
- 독자가 구매 판단을 바로 내릴 수 있도록 객관적이면서도 실용적인 리뷰를 제공하는 것이 목표다.
- 과장 없이, 사용자의 실제 고민을 해결하는 정보 중심 글쓰기를 최우선으로 한다.

---

3. Rule — 규칙 설정

- 톤: 프로페셔널, 분석적, 그러나 쉽게 읽히는 설명형
- 금지: 과도한 광고 문구, 과장 표현, 주관적 감정만 강조하는 글
- 반드시 포함:
    - 명확한 스펙 요약
    - 실사용 환경 기반 평가
    - 장단점 구분
    - 기존 모델/경쟁 모델과 비교
    - 구매 대상 추천
- 글 길이는 중,장문 기준
- SEO 친화적 키워드 자연 포함(예: "2025 노트북 추천", "성능 리뷰", "실사용 후기")

---

4. Elaborate — 맥락 제공

아래 정보를 기반으로 글을 작성한다:

- 제품명
- 주요 스펙 / 특징
- 사용 목적 (게이밍 / 영상편집 / 사무 / 휴대용 등)
- 핵심 키워드
- 타깃 독자
- 전하고 싶은 메시지
- 정보가 부족할 경우, 일반적인 사용 시나리오를 기준으로 전문 리뷰어의 관점에서 논리적으로 보완한다.

---

5. Construct — 구조 설계

아래의 고정된 글 구조로 작성한다:

① 인트로
　○ 제품 소개 + 리뷰 포인트 강조
　○ 독자의 고민을 정확히 짚는 한 문단
② 핵심 스펙 요약
　○ 테이블 또는 불렛 요약
③ 디자인 & 휴대성 리뷰
　○ 빌드 퀄리티, 무게, 마감, 실제 휴대감
④ 성능 리뷰
　○ CPU/GPU 처리 성능
　○ 벤치마크 경향(직접 수치 X, 체감 기준)
　○ 멀티태스킹/크리에이티브 작업/게이밍 평가
⑤ 발열 & 소음
　○ 실사용 온도 인상
　○ 팬 소음 수준
　○ 발열 제어력 평가
⑥ 배터리 & 충전
　○ 실사용 기준 배터리 지속시간
　○ 충전 속도 및 휴대성 영향
⑦ 장점 & 아쉬운 점
　○ 객관적 요약
⑧ 경쟁 모델/이전 세대와 비교
　○ 구매 판단에 필요한 핵심 비교만
⑨ 이런 사람에게 추천
　○ 사용 목적, 예산, 라이프스타일 기반 추천
⑩ 결론
　○ 전체적인 총평
　○ 가치 대비 성능 판단

'맞춤형 지침' 기능을 제대로 세팅해두면, 매번 구구절절 설명하지 않아도 됩니다. 아주 짧게 '이거 해줘'라고만 던져도 AI가 여러분의 의도를 파악하고 DIRECTOR 프레임워크가 완벽하게 적용된 결과물을 내놓습니다.

예를 들어, 맞춤형 지침에 DIRECTOR 프레임워크의 구조를 미리 입력해 두었다고 가정해봅시다. 평소 같으면 역할, 의도, 규칙 등을 하나하나 입력했겠지만, 이제는 "IT 블로그 작성용 프롬프트 만들어줘"라는 단 한 문장만 입력해도 됩니다. 그러면 AI는 맞춤형 지침에 저장된 공식을 자동으로 불러와 전문가스러운 톤과 매너를 갖춘 마스터 프롬프트를 순식간에 생성해줍니다.

이것이 AI를 나만의 비서로 만드는 핵심, '시스템 프롬프트 템플릿'의 위력입니다. 매번 입력하던 그 긴 프롬프트를 AI의 뇌 속에 영구적으로 심어두는 것과 같습니다. 반복 단순 입력 노동은 AI에게 맡기고, 여러분은 그 시간에 더 창의적인 기획과 전략에 집중하세요.

맞춤형 지침은 AI로 압도적인 성과를 내고 싶은 사람에게 필수입니다. 이 기능을 켜는 순간, 여러분의 업무 속도는 차원이 달라집니다. 이제 맞춤형 지침으로 자동화하고 칼퇴하세요. 꼭 활용하세요.

구글 제미나이 맞춤 설정

제미나이에는 'Gemini 요청 사항'이라는 설정이 있습니다. 챗GPT 맞춤형 지침과 동일한 기능입니다.

❶ 하단 설정을 클릭하고 'Gemini 요청 사항'을 클릭해주세요.

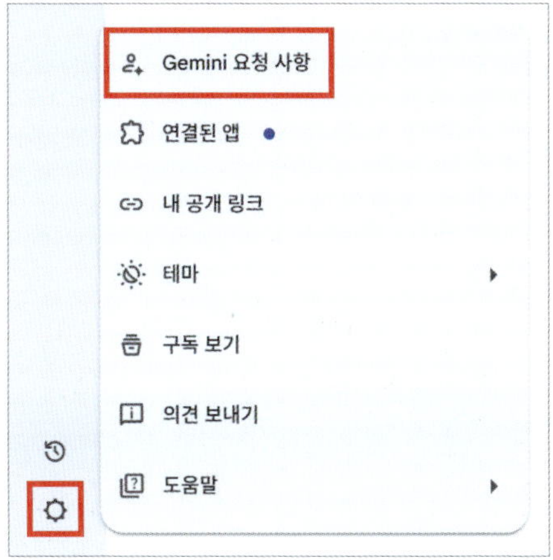

❷ 오른쪽 상단의 토글 버튼을 클릭하고 기능을 활성화해주세요.

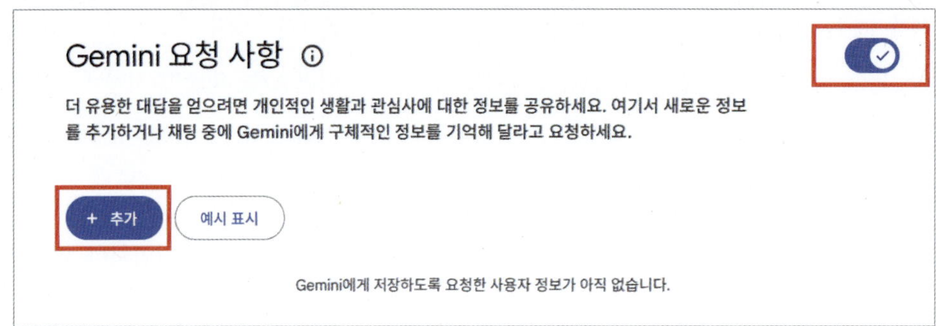

❸ 제미나이가 맞춤형으로 대답할 수 있도록 내 업무에 대한 디테일, 나에 대한 정보, 문체 스타일 등 자세한 정보를 입력해주세요.

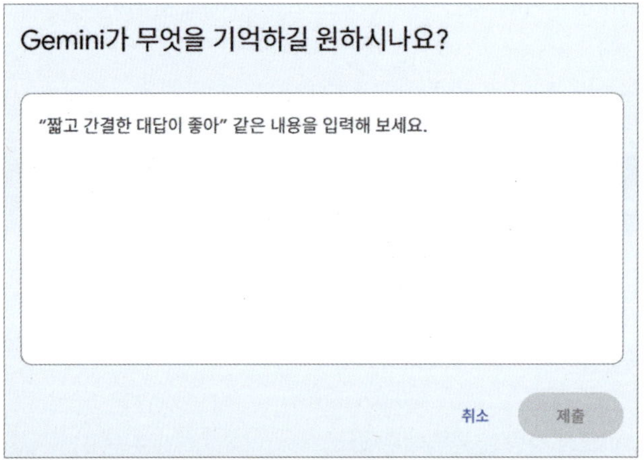

나만의 AI 미니 앱 만들기
: 매일 반복되는 업무를 자동화하는 법

DIRECTOR 프레임워크는 시스템 프롬프트를 설계하는 데 분명 도움이 됩니다. 하지만 급한 업무를 할 때마다 그 긴 공식을 매번 빈 화면에 작성하는 건 엄청난 리소스 낭비죠. 아무리 좋은 만능열쇠라도 문을 열 때마다 조립해서 써야 한다면 누가 쓰고 싶을까요? 반복 업무를 할 때마다 매번 DIRECTOR 프레임워크를 처음부터 다시 설계해야 할까요?

진짜 AI 고수들은 이 문제를 '자동화 시스템'으로 해결합니다. 프롬프트를 매번 새로 쓰는 게 아니라, 아예 나만의 전용 앱으로 만들어둡니다. **나만의 미니 앱을 만들어보세요.**

앞에서 프롬프트 설계법을 제대로 익혔다면, 시스템을 만드는 건 식은 죽 먹기입니다. 여러분이 DIRECTOR 프레임워크에 따라 공들여 작성한 그 완벽한 '시스템 프롬프트'가 바로 이 앱의 핵심 엔진이 되기 때문입니다.

이 시스템 프롬프트를 한 번만 제대로 심어 두면, 그다음부터는 구구절절 설명할 필요가 없습니다. "이 주제로 써줘"라는 짧은 한마디만 던져도 AI는 내 의도를 완벽하게 파악하고 결과물을 내놓습니다. 이 기능을 챗GPT에서는 'GPT', 구글 제미나이에서는 'Gem'이라고 부릅니다. 클로드에서는 'Project'라고 부르죠.

예를 들어볼까요? 여러분이 매일 아침 뉴스레터를 발행해야 하는 마케터라고 가정해봅시다. GPT가 없다면 매일 아침 이렇게 입력해야 합니다. "너는 20년 차 IT 전문 뉴스레터 에디터야. 독자는 30대 직장인이고, 톤앤매너는 위트 있고 친근하게 해줘. 구조는 후킹하는 서론, 3가지 핵심 본론, 행동을 유도하는 결론으로 작성해줘…" 매일 이렇게 입력하는 건 고역입니다.

하지만 '뉴스레터 에디터 GPT'를 만들어두면 얘기가 달라집니다. 시스템 설정에 저 모든 규칙을 미리 저장해두는 겁니다. 이제 여러분은 채팅창에 딱 한 마디만 하면 됩니다. "오늘 애플 신제품 출시 뉴스레터 써줘." 그러면 AI가 이미 저장된 페르소나와 규칙을 불러와 순식간에 완벽한 뉴스레터 초안을 작성해줍니다.

이건 단순한 업무 시간 단축이 아닙니다. 업무의 퀄리티를 '템플릿화'하고 '표준화'하는 혁신입니다. **이렇게 만든 시스템 프롬프트는 회사의 자산이 됩니다.** 팀장인 내가 쓰든, 오늘 입사한 신입사원이 쓰든 똑같이 고품질의 결과물이 나오게 되니까요.

매번 맨땅에 헤딩하지 마세요. 잘 만든 프롬프트 하나를 시스템으로 만들어두면, 여러분의 업무 효율이 극대화됩니다. 이제 나만의 AI 시스템을 설계하는 설계자가 되어봅시다.

❶ 챗GPT에 접속해서 메뉴에 있는 '탐색하기'를 클릭해주세요.
(※ 챗GPT Plus 유료 버전 이용자부터 사용 가능합니다.)

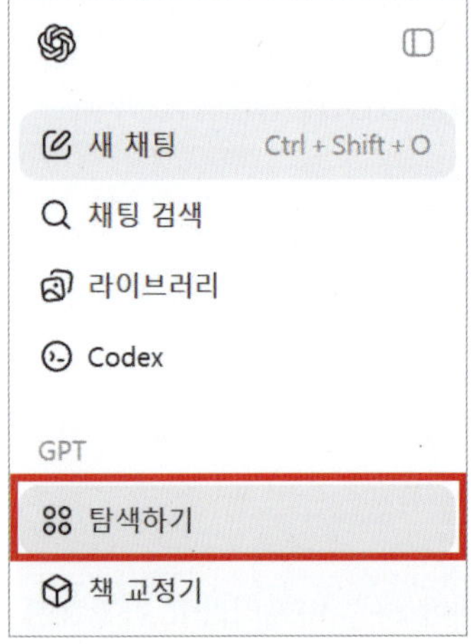

❷ 오른쪽 상단 '만들기'를 클릭해주세요.

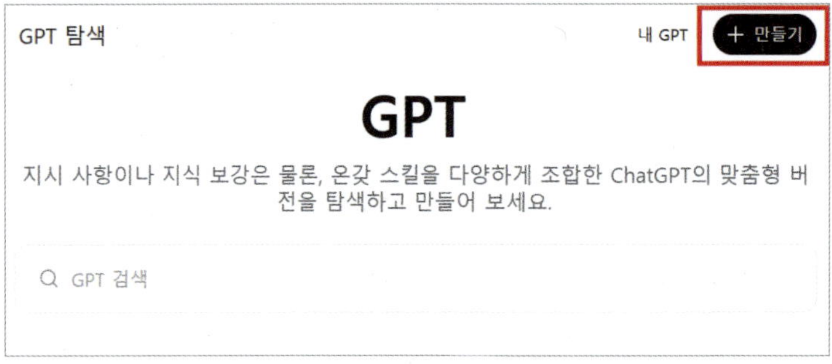

❸ 상단에 있는 '구성'을 클릭해주세요.

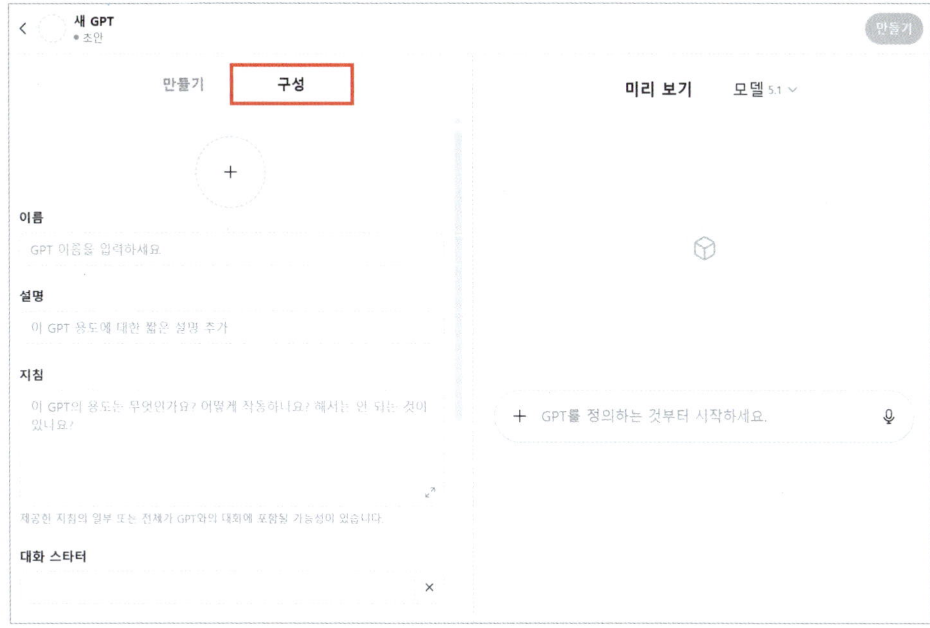

GPT를 만드는 방법에는 크게 두 가지 접근법이 있습니다. '대화'로 풀어나가는 방법과 '설정'을 직접 만지는 방법입니다.

첫 번째는 '만들기' 탭을 이용하는 방식입니다. 챗GPT와 수다를 떨듯 "나는 이런 봇을 만들고 싶어"라고 말하면, AI가 알아서 필요한 설정을 잡아줍니다. 프롬프트 작성이 막막하거나 귀찮은 분에게 아주 유용한 기능입니다.

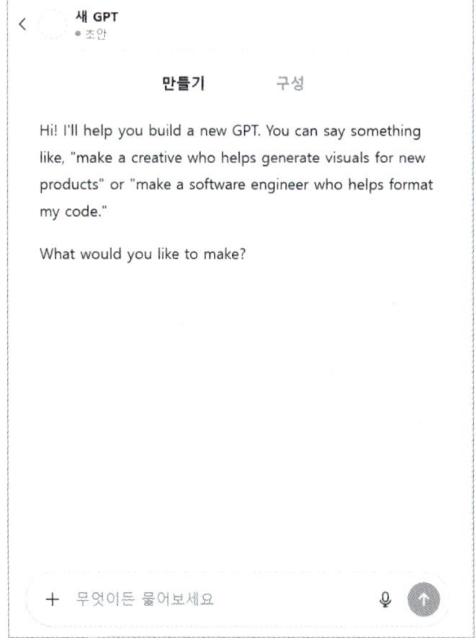

오른쪽 '미리보기' 화면에서 바로 테스트해보고, "조금 더 친절하게 말해줘"라고 명령하면 AI가 알아서 수정해줍니다. 여기서 나눈 대화들이 결국 AI가 알아서 요약해 '구성' 탭의 지침으로 저장됩니다. AI가 우리 대신 코딩을 해주는 셈입니다.

두 번째는 구성 탭을 클릭해서 직접 세팅하는 방식입니다. 구성 탭은 GPT의 뇌와 심장을 직접 설계하는 엔지니어링 룸과 같습니다.

우리는 이제 아마추어가 아닙니다. 앞서 배운 DIRECTOR 프레임워크라는 설계도를 손에 쥐고 있습니다. AI에게 "알아서 해줘"라고 맡기기보다, 우리가 의도한 100%의 성능을 내기 위해 곧바로 구성 탭으로 이동하겠습니다.

빙 돌아갈 필요가 없습니다. 우리가 짠 마스터 프롬프트를 지침란에 직접 입력하는 것이 가장 빠르고, 정확하며, 확실한 방법입니다. 여러분의 시스템 프롬프트를 입력해 AI를 리드하세요.

❹ '지침'에 시스템 프롬프트를 입력해주세요.

맞춤형 지침과 같은 기능입니다. 이 GPT에서는 지침에 입력된 내용을 바탕으로 답변을 해줍니다. 지침에 들어가는 내용이 곧 앱 작동 방식과 동일합니다.

| 숏폼 스크립트 생성 시스템 프롬프트

너는 뷰티 브랜드를 전문으로 하는 경력 20년 차 세계적인 숏폼 카피라이터야.
아래를 참고해서 내가 제품 정보를 주면 숏폼 스크립트를 작성해줘.

〈타깃 정보〉
• 30대 대기업 직장인 여성
• 피부 탄력이 제일 고민임
• 물광 케어에 관심이 많음
• 네츄럴 뷰티 추구
• 뷰티 숏폼, 정보형, 빠른 템포 선호

〈콘텐츠 목표〉
• 구매 전환

〈브랜드 톤〉
• 고급, 미니멀, 깨끗함

〈콘텐츠 포맷〉

- HOOK - 결론 - 본론 - CTA

〈규칙〉

- 영상 길이는 1분 이하
- 대사는 밝고 자연스럽게
- 훅은 확실하게. "와…" "대박…" 같은 감탄사 포함
- HOOK에는 자기인식 불안, 사회적 비교, 통제감 상실 등을 활용한 심리학 기반 도입부 후 킹 멘트를 포함해주세요.
- 의학적, 효능 보장 표현 금지
- 금지 단어: "완치, 즉시, 확실, 무조건" 등 극단적 표현
- 브랜드 안전성을 위해 자극적 문구 금지

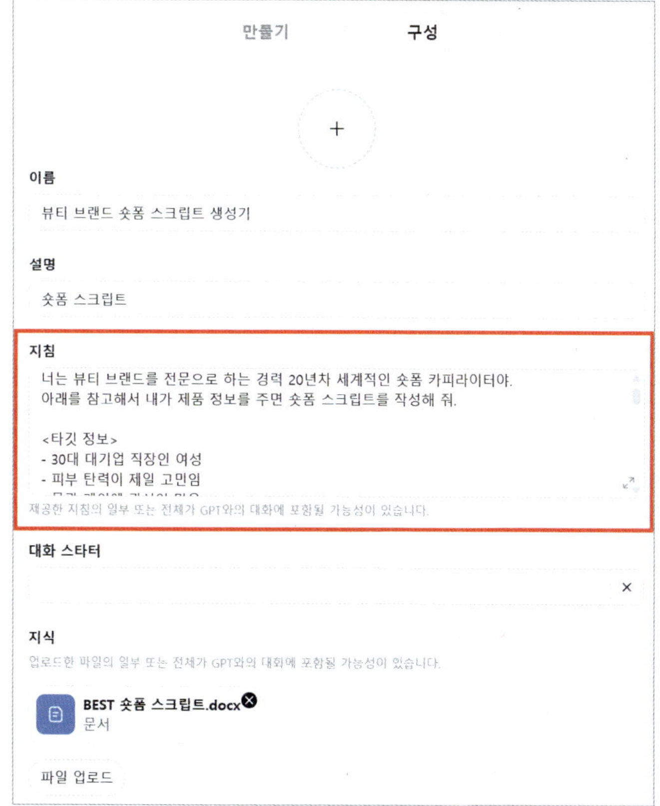

프롬프트 공식 파트에서 만들었던 숏폼 스크립트 생성 시스템 프롬프트 일부를 첨부하겠습니다.

❺ '이름'과 '설명'을 간단히 입력하고, '지식'란에 챗GPT가 참고할 만한 파일을 업로드합니다.

여기에서는 BEST 숏폼 스크립트를 문서로 만들어서 업로드해주었습니다. 챗GPT가 이 지식에 첨부되어 있는 BEST 숏폼 스크립트를 참고해서 답변을 해줄 겁니다. 아무리 똑똑한 AI라도 한 번에 기억할 수 있는 정보량에는 한계가 있습니다. 많은 분이 GPT를 만들 때 범하는 가장 흔한 실수가 바로 지침란에 모든 정보를 쏟아붓는 것입니다.

지침은 AI의 행동 규칙을 적는 곳이지, 전공 서적을 외우게 하는 곳이 아닙니다. 지침란의 텍스트가 너무 길어지면(일반적으로 2,000자 이상) AI는 앞단의 내용을 망각하거나 핵심 규칙을 무시하는 오류가 발생할 수 있다고 알려져 있습니다.

이 문제를 해결하는 가장 확실한 방법은 '지침'과 '지식'을 철저히 분리하는 것입니다.

- **지침(Instructions):** "너는 마케터야. 톤앤매너는 친절하게 해"와 같은 행동 규칙만 간결하고 구조화해서 입력하세요.
- **지식(Knowledge):** 브랜드 스토리, 상세한 제품 스펙, 연구 논문 등 방대한 참고 자료는 파일로 정리해서 업로드하세요.

이렇게 하면 AI는 지침을 통해 어떻게 대답할지를 명확히 인지하고, 지식 파일을 통해 무엇을 말할지를 실시간으로 찾아 답변하게 됩니다. 할루시네이션[■]을 줄이는 최고의 비결입니다.

지식 파일은 AI가 파일을 더 잘 읽을 수 있도록 최적화하는 작업이 필요합니다.

[■] 할루시네이션(Hallucination): 인공지능이 학습 데이터를 바탕으로 답변을 생성하는 과정에서 사실이 아닌 정보를 마치 진실인 것처럼 그럴싸하게 제시하는 현상.

1. **PDF보다는 워드(.docx)나 텍스트(.txt), 마크다운(.md):** 디자인 요소가 많은 PDF는 AI가 텍스트를 잘못 인식할 수 있습니다. 가능한 한 깔끔한 텍스트 위주의 파일이 좋습니다.

2. **데이터는 엑셀(.xlsx)이나 CSV:** 통계나 수치 데이터는 엑셀 파일로 올려야 AI가 코드 인터프리터(Code Interpreter) 기능을 통해 정확하게 분석합니다.

3. **파일 이름도 명확하게:** 'data_final_v2.pdf'보다는 '2024_상반기_매출보고서.pdf'처럼 파일명만 봐도 내용을 알 수 있게 저장해주세요. AI가 파일을 찾을 때 큰 도움이 됩니다.

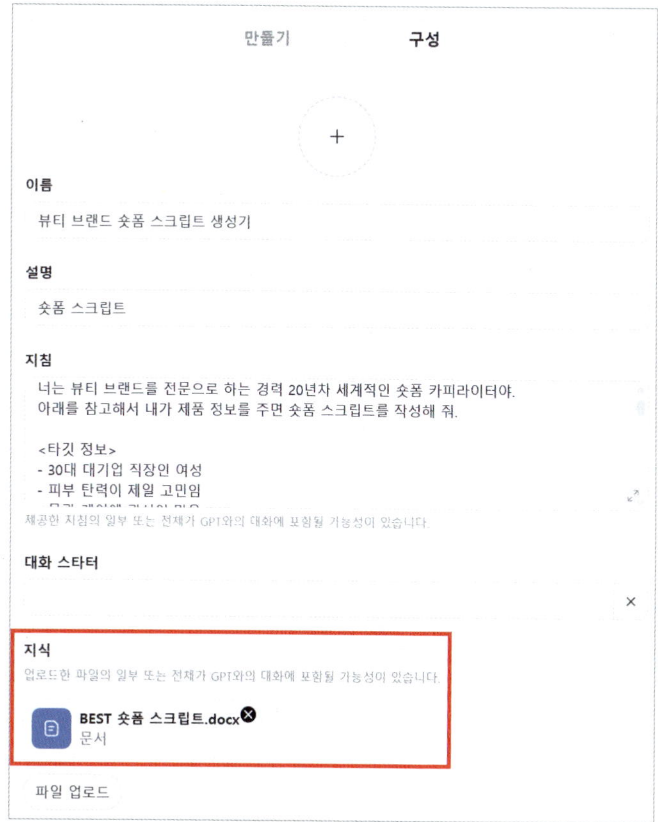

❻ 이제 오른쪽 상단 '만들기'를 클릭하면 끝입니다.

'미리보기'란에서 답변이 잘 생성되는지 확인 후, 지침을 수정하세요. 그리고 '만들기'를 누르면 GPT가 생성됩니다.

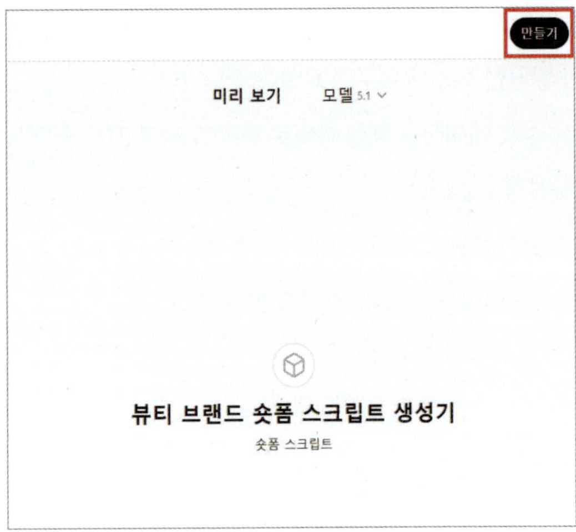

❼ 마지막으로 '나만 보기'를 클릭해주세요. 다른 사람과 공유할 경우 '링크가 있는 모든 사람'을 클릭하고 공유하시면 됩니다. 전 세계에 공개하실 분들은 GPT 스토어를 클릭하셔서 전체 공개를 하시면 됩니다.

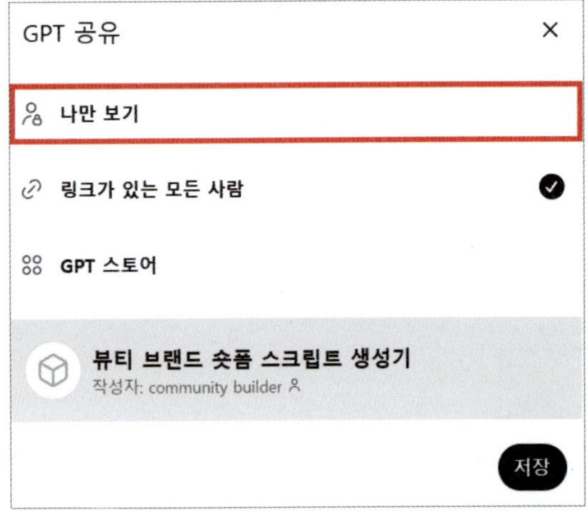

❽ 왼쪽 메뉴 GPT란 하단에 보면 나만의 GPT가 생성된 것을 볼 수 있습니다.

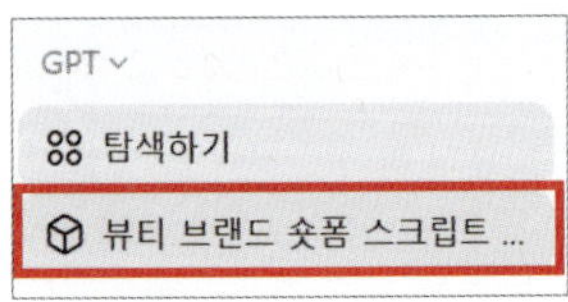

❾ 마지막으로 테스트를 해보겠습니다. 프롬프트만 입력하면 끝입니다.

아주 간단하게 제품 키워드만 줬는데 고퀄리티 숏폼 스크립트 3개가 완성되었습니다. 지침에 따라 잘 생성된 것을 볼 수 있습니다.

GPT를 잘 만드는 비결도 결국 '디테일한 프롬프트'에 달려 있습니다. 우리가 앞서 배운 DIRECTOR 프레임워크를 활용해 GPT의 지침을 최대한 촘촘하고 상세하게 설계해보세요.

콜라겐 마스크 숏폼 스크립트 생성해 줘.

23s 동안 생각함 ›

1. 30초~45초 스크립트 샘플 3개

🖹 **Script 1: [사회적 비교] "왜 재만 탱탱해?" 콜라겐 마스크 편**

[HOOK]
(회사 화장실, 동료 옆에서 거울 보며)
"와... 야근 똑같이 했는데 왜 재만 피부가 탱탱해? 나만 축 쳐진 느낌 뭐야..."

[결론]
퇴근하면 얼굴 탄력부터 무너진다 느껴진다면, 스킨케어 다 바꾸지 말고 **콜라겐 마스크 하나**만 루틴에 넣어 보세요.

[본론 – Problem → Solution]
(거울 속 V라인 만져보며)
30대 들어서고 나서, 푹 자도 턱선이 예전 같지가 않죠. 야근하고 집 오면 볼 살도 축, 피부도 칙칙해 보여서 진짜 현타 오잖아요.
(제품 클로즈업, 마스크 꺼내는 장면)
그래서 저는 그냥 이걸 추가했어요. **콜라겐 에센스가 꽉 찬 물광 마스크**. 세안 후에 이거 한 장 얼굴에 딱 올려두면, 피부가 촉촉하게 감싸지는 느낌이 나요.
10~15분 뒤에 떼어내면 과한 기름광 말고, **쫀쫀하면서도 맑은 속광**이 돌아서 "원래 피부 좋은 사람"처럼 보이더라고요. 바쁜 날엔 크림도 생략하고 이 마스크만 하고 자는데, 아침 거울 볼 때 느낌이 달라요.

[CTA]
야근 후에도 **탱탱한 물광 탄력**을 챙기고 싶다면, 지금 바로 프로필 링크를 확인해 주세요.

🖹 **Script 2: [자기인식 불안] "대박... 턱선 어디 갔어?" 콜라겐 마스크 편**

[HOOK]
(아침, 머리 말리다 거울을 보며 멈칫)
"대박... 나 언제 이렇게 턱선이 무너졌지? 어제보다 더 늘어진 거 같은데...?"

[결론]
거울 볼 때마다 무너지는 턱선이 신경 쓰인다면, 먼저 **집에서 간단히 하는 콜라겐 마스크 탄력 케어**부터 시작해 보세요.

↓

[본론 – Problem → Solution]

나만의 GPT를 만든다는 건 곧 내 업무 시간을 폭발적으로 아껴줄 비서를 채용하는 것과 같습니다. 매번 같은 명령어를 입력하고, 톤앤매너를 수정하느라 허비했던 시간들을 떠올려보세요. 잘 만든 GPT 하나가 그 반복의 고통을 끝내고, 야근 없는 삶을 선물해줄 겁니다.

시스템 프롬프트를 GPT로 이식해 나만의 업무 시스템, 우리 회사만의 전용 시스템으로 자산화하세요. 이번 장에서는 숏폼 스크립트 생성기를 예로 들었지만, 텍스트가 들어가는 모든 업무에 이 공식을 적용할 수 있습니다.

- **회의록 정리 GPT**: 중구난방인 녹취록을 넣으면 깔끔한 '보고용 요약본'과 '클라이언트 발송용 이메일'로 동시에 변환해줍니다.
- **상세페이지 기획 GPT**: 제품 스펙만 던져주면, 경쟁사 분석을 바탕으로 구매 전환율을 높이는 '후킹 문구'와 '기획안'을 3초 만에 뽑아냅니다.
- 이 밖에도 블로그 글 생성기, 시스템 프롬프트 생성기, 사진 프롬프트 생성기, 재무 보고서 작성기 등 활용 범위는 무궁무진합니다.

물론 남들이 잘 만들어 놓은 공개 GPT를 사용하는 것도 방법입니다. 하지만 나만의, 우리 팀만의, 우리 회사만의 고유한 맥락을 담은 커스텀 GPT를 직접 만들어야 진짜 내 실력이 되고 내가 만든 앱이 됩니다.

특히 매일 반복하는 업무, 챗GPT에게 습관적으로 시키는 루틴이 있다면 지금 당장 GPT로 시스템화하세요. 작은 시도가 여러분의 업무 생산성을 완전히 바꿔놓을 겁니다.

제미나이 Gems

챗GPT에 '나만의 GPT'가 있다면, 구글 제미나이에는 'Gems(젬)'이라는 강력한 대항마가 있습니다. 평소 구글 생태계(Docs, Sheets 등)를 자주 활용하거나 제미나이의 성능을 선호하는 분이라면, 이 Gems 기능을 반드시 활용해야 합니다.

❶ 제미나이에 접속해주세요. 왼쪽 메뉴에서 'Gems 탐색하기'를 클릭해주세요.

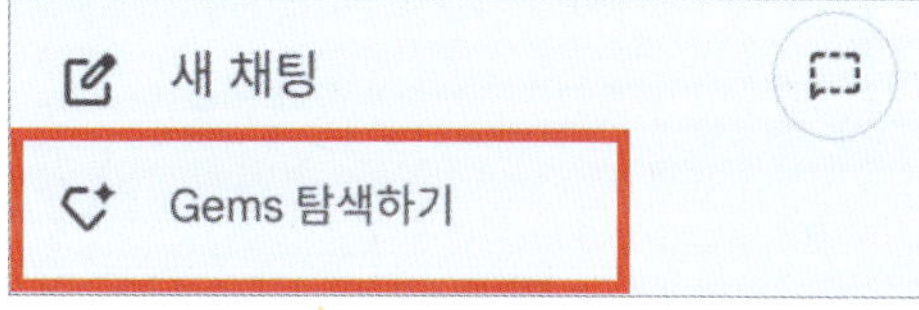

❷ '새 Gem'을 클릭해주세요.

❸ '이름' '설명'을 작성하고, 가장 중요한 '요청 사항'을 작성합니다. '요청 사항'에는 시스템 프롬프트를 작성합니다.

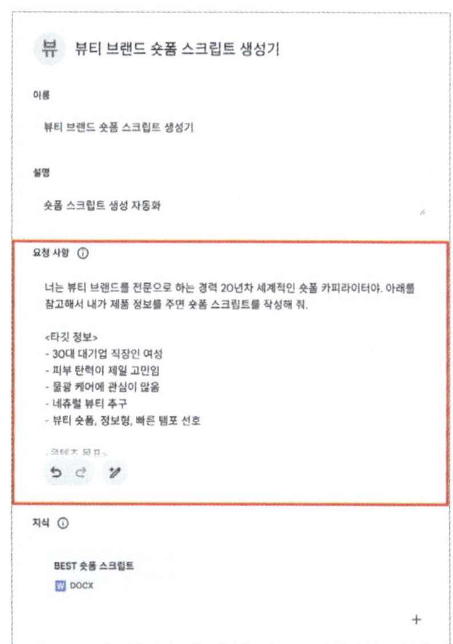

❹ 하단 '지식'을 클릭하고 참고 자료를 첨부합니다.

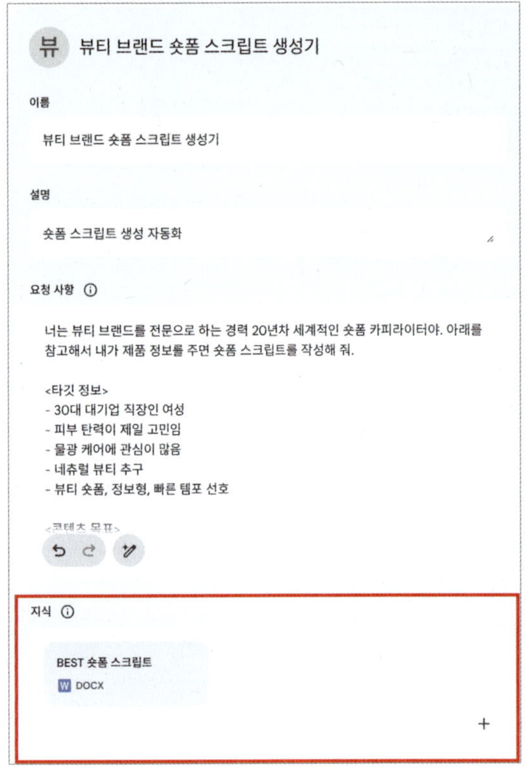

❺ 마지막으로 오른쪽 상단 '채팅 시작'을 클릭해주세요.

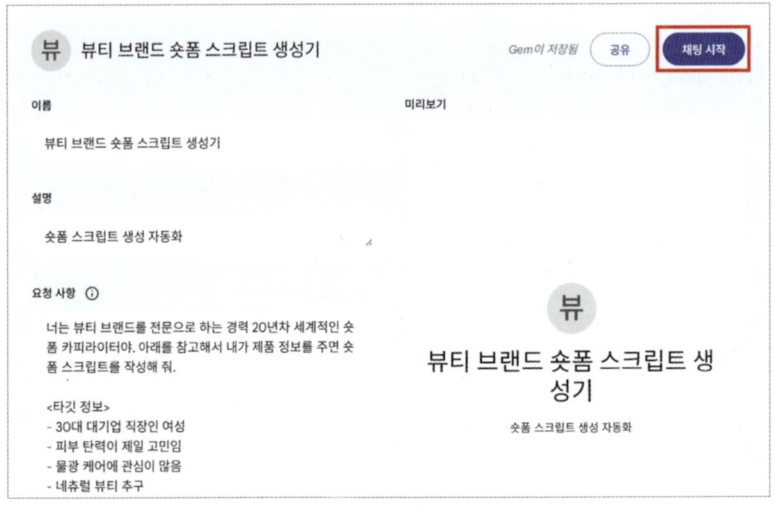

❻ 왼쪽 채팅창 상단에 Gems 섹션에서 만들어진 Gem을 확인할 수 있습니다.

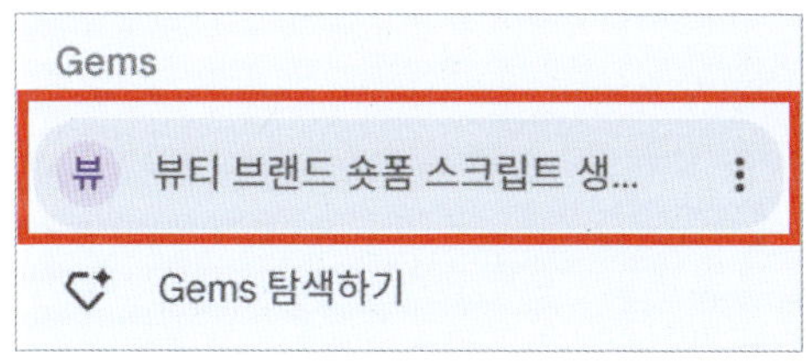

클로드 Project

챗GPT의 GPT나 제미나이의 Gem 기능을 활용해보셨다면, 지금 소개해드릴 클로드 프로젝트 기능이 여러분의 업무 생산성을 한 단계 더 끌어올려줄 겁니다.

클로드 프로젝트의 강점은 '압도적인 정보 처리 용량'입니다. AI 고수들이 마스터 프롬프트를 정교하게 설계할 때 자주 마주치는 한계가 있습니다. 바로 지침의 글자 수 제한이죠. 지침에 넣은 텍스트가 2,000자를 넘어가면 AI가 내용을 제대로 기억하지 못하거나 일부 누락하는 현상이 자주 발생합니다. 클로드 프로젝트는 훨씬 더 방대한 양의 지식 파일과 복합적인 지침을 한꺼번에 학습하고 이해하는 능력이 뛰어납니다.

두 번째, 일관된 맥락 유지 능력이 좋습니다. 마케팅 캠페인을 운영하다 보면 대화가 길어지고 여러 개의 채팅창이 생기기 마련입니다. 이때 AI가 앞서 말한 내용을 잊어버리면 정말 답답합니다. 하지만 클로드는 하나의 프로젝트 공간 안에서 여러 대화를 나누더라도 일관된 컨텍스트를 유지하며 답변을 내놓습니다. 마치 전담 비서가 내 프로젝트 전체 과정을 옆에서 지켜보며 업무를 돕는 것과 비슷합니다.

❶ 클로드에 접속해서 프로젝트를 클릭해주세요.

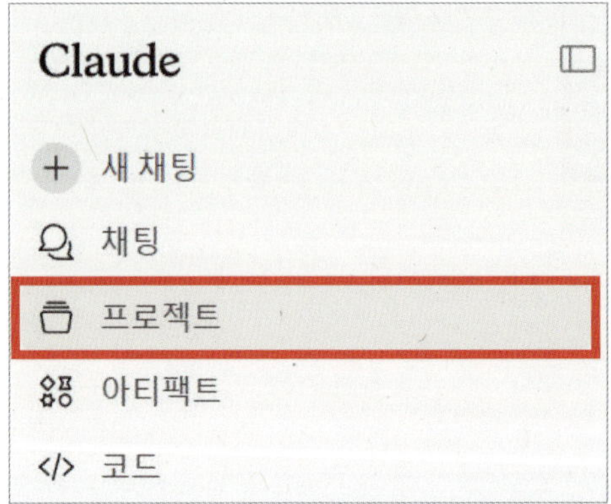

❷ 프로젝트 이름과 목표를 간단히 입력해주세요.

❸ 지침을 입력하고, 참조할 파일을 첨부하면 끝입니다.

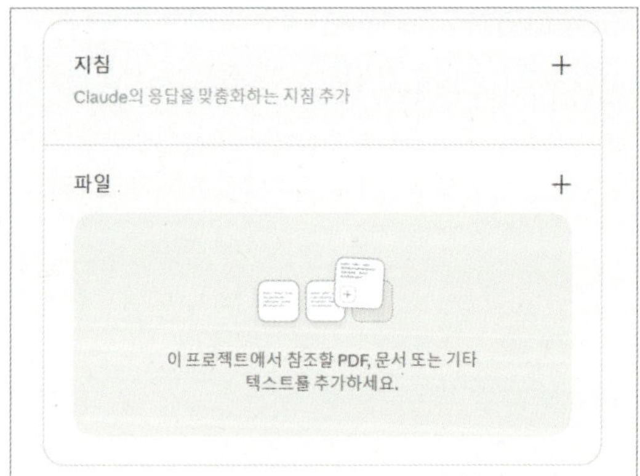

숏폼 스크립트 자동화 시스템이나 복잡한 상세페이지 기획안 생성기를 만들 때, 자료가 너무 많으면 저는 클로드를 가장 먼저 찾습니다. 브랜드 소개서부터 수십 장의 제품 설명서, 효능에 관한 논문 자료까지 한꺼번에 업로드해도 막힘없이 분석해주기 때문이죠.

단순히 질문을 던지는 수준을 넘어, 방대한 데이터를 구조화·자산화하고 싶다면 클로드 프로 젝트가 답입니다. 디테일이 부족하면 결과물을 다시 수정하느라 시간을 허비하게 됩니다. **자료의 양이 많고 정교한 지시가 필요하다면 클로드 프로젝트를 활용해보세요.**

많은 분들이 챗GPT와 같은 LLM을 신뢰하지 못하는 가장 큰 이유, 바로 할루시네이션 현상 때문입니다. 첫 장에서 말씀드렸듯, AI는 학습된 데이터를 기반으로 해서 확률적으로 가장 적절한 단어를 이어 붙이는 방식으로 작동합니다. 그러다 보니 모르는 내용이 있어도 모른다고 대답하기보다, 정보를 교묘하게 조합해서 아주 그럴듯한 거짓말을 만들어냅니다. 태생적으로 사실 여부를 판단하는 지능이 없습니다.

경험해보신 분들은 아실 겁니다. AI가 한 번이라도 엉터리 정보를 사실인 양 뻔뻔하게 대답하는 걸 겪고 나면, 그 순간부터 AI가 내놓는 모든 답변을 의심하게 됩니다. 결국 AI의 답변을 검증하기 위해 내가 다시 구글과 네이버를 뒤지고 있는 모습을 발견하게 됩니다. AI를 제대로 쓰려면 사용자 본인이 해당 분야의 전문가가 되어야 한다는 아이러니한 상황을 맞닥뜨리게 됩니다.

우리가 그토록 프롬프트에 공을 들이고, 시스템 프롬프트를 설계하고, 풍부한 예시를 넣어 구조화하는 이유도 따지고 보면 이 환각 현상을 줄이기 위한 고육지책이었습니다. 하지만 이제 상황이 바뀌었습니다.

딥서치 기능의 등장은 리서치 업무의 판도를 뒤집었습니다. 이 기능은 단순히 AI가 학습한 데이터 주머니에서 기억을 더듬어 답변하는 것이 아닙니다. 여러분을 대신해 실시간으로 인터넷을 뒤지는 박사급 리서치 연구원을 고용하는 것과 같습니다.

여러분이 질문을 던지면, AI는 스스로 검색 계획을 세웁니다. 최신 뉴스 기사부터 전문 리포트, 통계 자료까지 웹을 샅샅이 뒤집니다. 가장 중요한 점은, 단순히 정보를 요약하는 데 그치지 않고 명확한 출처를 각주로 달아준다는 것입니다. 이제 그럴듯한 소설이 아니라 검증된 팩트를 받아볼 수 있게 되었습니다. 할루시네이션을 획기적으로 해결한 것입니다.

물론 단점도 있습니다. 아주 느립니다. 질문 하나에 몇십 초, 과업에 따라 길게는 몇 분이 걸리기도 합니다. 한국인의 특성상 이 로딩 시간은 견디기 힘들 수도 있습니다.

하지만 이렇게 한번 생각해보세요. 여러분이 직접 구글과 네이버를 오가며 수십 개의 탭을 열고, 광고를 피하고, 핵심 내용을 추려 정리하는 데 시간이 얼마나 걸릴까요? 최소 1시간은 족히 걸릴 작업입니다. 딥서치는 이 과정을 커피 한 잔 마실 시간이면 끝냅니다.

팀장님이 급하게 'AI 생산성 혁신 사례'를 분석해 보고하라고 지시했다고 가정해보겠습니다. 예전 같으면 키워드를 검색하고, 기사를 읽고, 복사해서 정리하느라 오늘도 야근 확정입니다. 하지만 이제는 딥서치에게 맡기고 창을 닫아 두셔도 됩니다. AI는 묵묵히 백그라운드에서 업무를 수행합니다. 여러분은 그 시간에 다른 중요 업무를 처리하거나 잠시 휴식을 하시면 됩니다.

깊이 있는 리서치 업무가 필요할 때, 딥서치 기능은 여러분의 시간을 획기적으로 아껴줄 강력한 무기입니다. 단순히 빠르기만 한 것이 아닙니다. 정확하기까지 합니다. 리서치 업무를 많이 하는 분이라면, 이 기능을 통해 업무 생산성을 폭발적으로 높여 보세요.

❶ 프롬프트를 설계합니다. DIRECTOR 프레임워크로 아래와 같은 프롬프트를 작성했습니다.

| 딥서치 시스템 프롬프트 예시

Master Prompt: AI 생산성 혁신 사례 + 2026 트렌드 분석

Define (요청 역할 정의)

한국/글로벌 기업의 AI 도입 사례와 2026년 트렌드를 심층 분석해. 너는 기업 전략, AI 도입, 산업 데이터 분석에 특화된 전문 애널리스트로서 결과물을 작성해줘.

 ## Intend (의도)

- AI 도입으로 실제 생산성이 얼마나 개선되었는지 정량, 정성 지표 중심으로 분석해.
- 산업별 비교, 한국 vs 글로벌 비교, KPI Before/After를 명확히 보여줘.
- 이 사례들이 2026년 핵심 트렌드와 어떻게 연결되는지 메타 인사이트까지 생성해.

Rule (규칙)

- 데이터 기반, 객관적, 과장 금지
- 필수 포함 요소: 기업 배경 / 도입 기술 / 전,후 KPI 변화(표, 그래프 제안)
- ROI, 조직 변화 / 성공,실패 요인
- 2026 트렌드와의 연계 분석
- 불렛, 표, 그래프 구조로 명확하게 작성

Elaborate (맥락) 분석 대상 산업:

- 제조(삼성/LG), 물류,유통(쿠팡/Amazon), 금융(JP Morgan/신한), 빅테크(MS/Google/
  Naver), 헬스케어(Pfizer/Moderna).
- 2026년 트렌드 전망 반영

Construct (출력 구조)

A. Executive Summary

B. 2026 Megatrend Overview

C. 산업별 AI 도입 사례 분석(전후 KPI 표, 그래프 제안 포함)

D. 한국 기업 심층 분석

E. 글로벌 기업 심층 분석

F. 사례 ↔ 2026 트렌드 매핑

G. 향후 산업 영향, 전망

H. 기업용 Action Plan

I. 표, 그래프 시각화 구조 제안

❶ 채팅창에서 '+' 버튼을 클릭하고 '심층 리서치' 기능을 클릭해주세요.

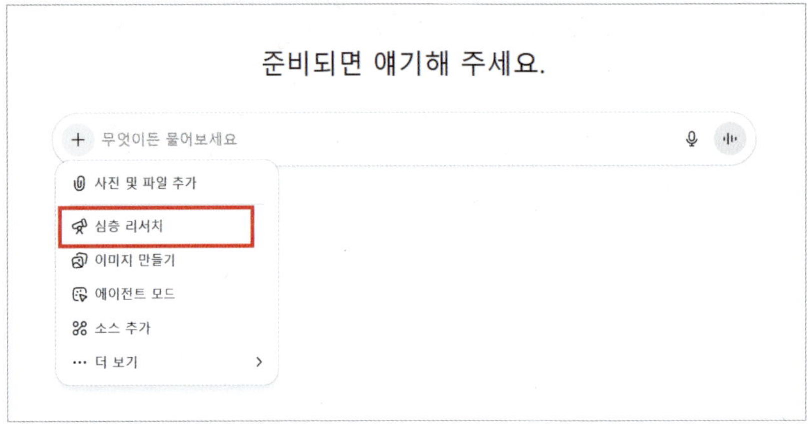

❷ 프롬프트를 입력해주세요.

❸ 챗GPT가 추가 정보를 요청하면 답변해줍니다. 이제 몇 분 기다리면 끝입니다.

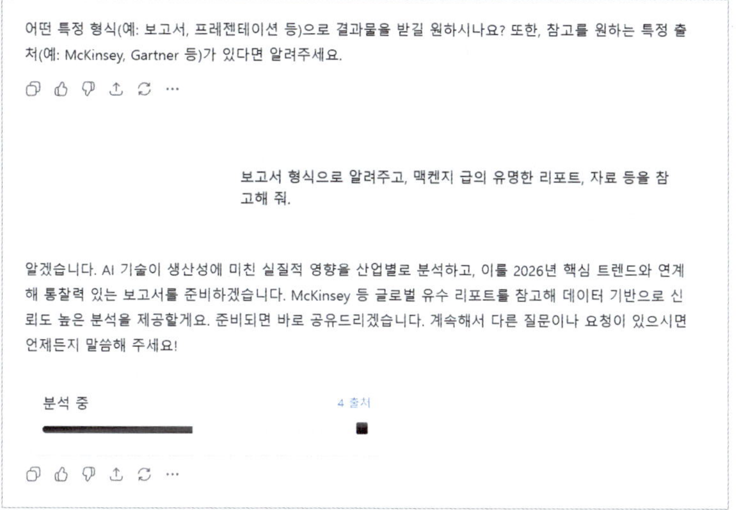

어떤 특정 형식(예: 보고서, 프레젠테이션 등)으로 결과물을 받길 원하시나요? 또한, 참고를 원하는 특정 출처(예: McKinsey, Gartner 등)가 있다면 알려주세요.

보고서 형식으로 알려주고, 맥켄지 급의 유명한 리포트, 자료 등을 참고해 줘.

알겠습니다. AI 기술이 생산성에 미친 실질적 영향을 산업별로 분석하고, 이를 2026년 핵심 트렌드와 연계해 통찰력 있는 보고서를 준비하겠습니다. McKinsey 등 글로벌 유수 리포트를 참고해 데이터 기반으로 신뢰도 높은 분석을 제공할게요. 준비되면 바로 공유드리겠습니다. 계속해서 다른 질문이나 요청이 있으시면 언제든지 말씀해 주세요!

분석 중 　　　　　4 출처

❹ 챗GPT가 생성해준 보고서를 검토합니다. 출처 22개를 기반으로 보고서를 작성해줬네요. 챗GPT가 작성해준 출처를 철저히 검토한 후에 실제 업무에 반영하시길 권장합니다.

비즈니스 기회와 위협을 동시에 가져올 것으로 전망된다.

C. 산업별 AI 도입 사례 분석 (전·후 KPI 변화 포함)

본 장에서는 제조, 물류·유통, 금융, 빅테크, 헬스케어 **5대 산업**을 중심으로 AI 도입 사례의 **정량적 성과**를 비교한다. 각 산업군에서 **한국 vs 글로벌 기업**의 대표 사례를 선정하여, **도입 이전 대비 이후의 핵심성과지표(KPI)** 변화를 살펴보고 시사점을 도출한다. 필요시 표와 그래프로 Before/After를 도식화하여 이해를 돕는다.

① 제조업 – 스마트팩토리 혁신. **삼성전자**와 **LG전자** 등 제조기업들은 생산 공정 전반에 AI를 접목하여 **효율성과 품질을 동시에 향상**시켰다. 도입 전후 지표를 보면, **불량률**은 AI 비전검사 도입 후 평균 *30~40% 감소*하고, **설비 다운타임**은 *20% 이상 단축*되는 등 뚜렷한 개선이 있었다 revgenpartners.c... indium.tech . 한 유럽 공장은 머신비전 검사로 *1년 내 불량률 30% 감소*를 달성했고 revgenpartners.c... , 세계 최대 파운드리인 TSMC는 AI로 수율을 높여 *결함률을 40% 줄였다*고 한다 indium.tech . **LG전자**의 창원 스마트팩토리 사례에서는 **조립 공정 시간을 1시간 단축**하고, 생산라인 유연성을 크게 높였다 (AI 로봇 활용) mk.co.kr mk.co.kr . 이처럼 제조업에서는 **생산성(KPI: UP)**과 **품질지표(불량률: DOWN)**가 동시에 개선되고 있으며, 전/후 데이터를 표로 정리하면 다음과 같다:

제조기업	도입 기술	불량률 개선	생산 속도 개선	기타 성과
삼성전자	AI 공정제어 (반도체)	불량률 30% 감소	생산 리드타임 20% 단축	수율 향상, 에너지 절감
LG전자	스마트팩토리 (가전)	공정 불량 25% 감소	조립시간 1시간 단축	재고 30% 최적화
TSMC (글로벌)	AI 결함검출 (파운드리)	결함률 40% 감소 indium.tech	-	수율 개선 (수익↑)
독일 Auto 공장	머신비전 QC	불량률 30% 감소 revgenpartners.c...	-	작업자 만족도↑ (반복작업 감소)

표: 제조업 주요 AI 도입 사례 전후 성과 (가상의 수치로 예시)

종합하면 제조 산업에서는 품질과 비용 모두 개선되어, AI 도입 ROI가 매우 높게 나타나는 분야임을 확인할 수 있다. AI로 인한 생산성 증대는 동일 인력으로 더 많은 아웃풋을

구글 제미나이의 딥 리서치

챗GPT에 딥서치가 있다면, 구글 제미나이에는 '딥 리서지(Deep Research)' 기능이 있습니다. 단순히 이름만 비슷한 기능이 아닙니다. 이 기능의 뒤에는 전 세계 검색 시장을 장악하고 있는 구글의 방대한 데이터베이스가 있습니다.

가장 최신의, 그리고 가장 방대한 양의 정보를 학습하고 검색하는 박사급 리서치 전문가를 내 옆에 두는 셈입니다. 사용 방식은 챗GPT와 거의 동일합니다. 하지만 제가 제미나이의 딥 리서치를 강력하게 추천하는 진짜 이유는 따로 있습니다. 압도적인 시각화와 확장성 때문입니다.

힘들게 리서치해서 보고서를 뽑았지만, 줄글로만 되어 있어서 읽기 지루하고 눈에 잘 들어오지 않으실 겁니다. 보고를 받는 상사도 텍스트만 가득한 문서는 피하고 싶어하죠. 제미나이는 이 문제를 아주 우아하게 해결해줍니다.

상단에 있는 '만들기' 버튼을 클릭해보세요. 이 딱딱하고 지루한 텍스트 보고서를 순식간에 보기 좋은 인포그래픽으로 시각화해줍니다. 혹은 핵심 내용만 쏙쏙 뽑아 암기할 수 있는 플래시카드로 변환할 수도 있습니다.

제가 가장 애용하는 기능은 'AI 오디오 오버뷰'입니다. 리서치한 내용을 마치 라디오나 팟캐스트처럼 자연스러운 대화 형식의 오디오로 변환해줍니다. 출근길이나 이동 중에 이어폰만 꽂고 있으면, 굳이 글을 읽지 않아도 리서치 내용을 완벽하게 학습할 수 있습니다. 시간을 아껴주는 정말 효자 같은 기능입니다.

확장성 또한 무시할 수 없습니다. 검색의 제왕 구글답게 출처의 양과 질이 압도적인 것은 기본이고, 이렇게 완성된 문서는 클릭 한 번으로 구글 독스(Google Docs)로 내보낼 수 있습니다. 복사하고 붙여넣고 서식을 다시 맞출 필요가 없습니다. 내보내기 버튼 하나면 바로 팀원들과 공유하고, 수정하고, 협업할 수 있는 상태가 됩니다.

리서치부터 시각화, 문서화까지 한 방에 끝내 주는 올인원 솔루션인 셈입니다. **구글 제미나이를 유료 구독하고 계신다면, 이 기능들은 선택이 아니라 필수입니다.**

❶ 제미나이에 접속한 후 '도구'를 클릭해주세요. 그리고 'Deep Research' 기능을 활성화해주세요.

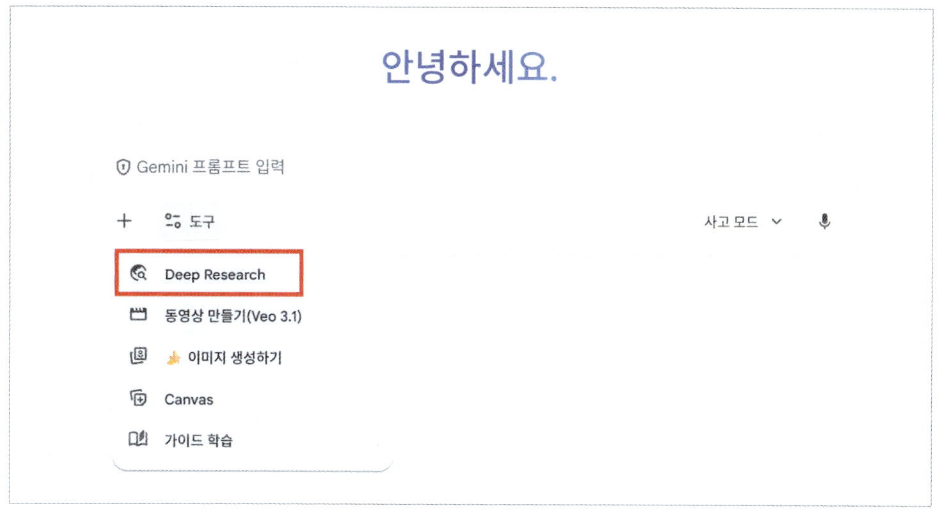

❷ 프롬프트를 입력해주세요. 오른쪽 하단의 모델을 '사고 모드'로 설정해주세요. 조금 더 깊게 리서치해서 작업해줍니다.

❸ 제미나이가 프롬프트를 기반으로 계획을 세워줍니다. 계획을 검토하고 '연구 시작'을 클릭해주세요.

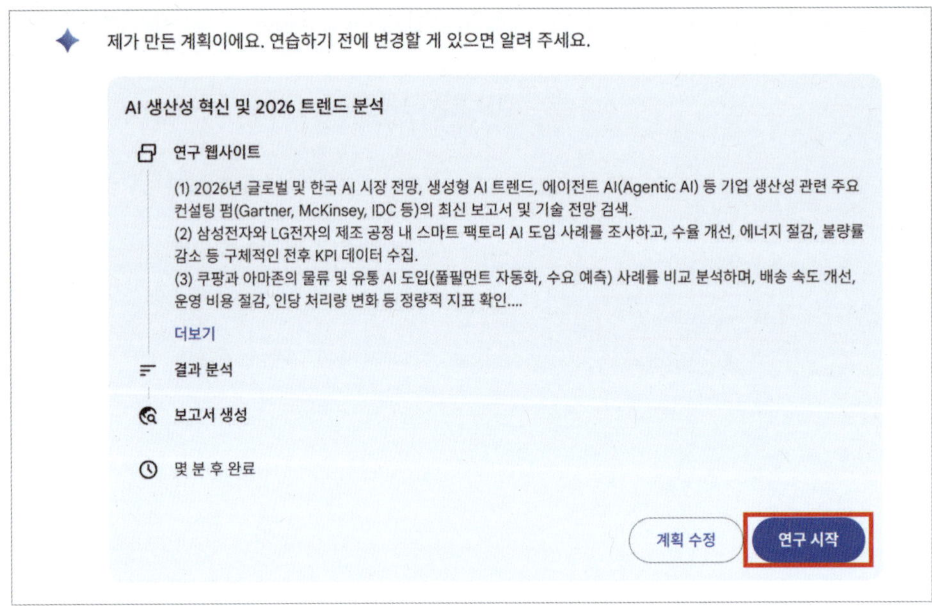

❹ 결과물을 검토해주세요. 제미나이가 수십 개의 자료와 뉴스기사를 분석해서 고퀄리티 보고서를 작성해줬습니다. 입력된 시스템 프롬프트에 기반해 업무를 정확하게 수행했네요. 출처의 퀄리티와 양이 압도적입니다.

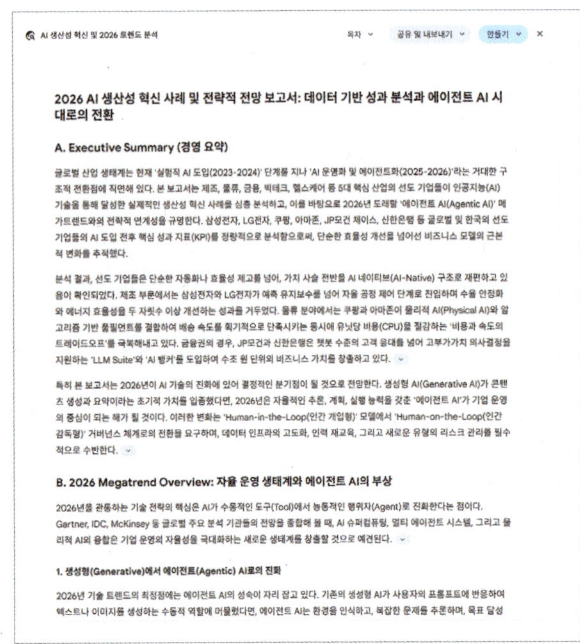

❺ 상단의 '만들기' 버튼을 통해 새로운 포맷으로 변환할 수 있습니다. 이제 인포그래픽으로 변환해 보겠습니다.

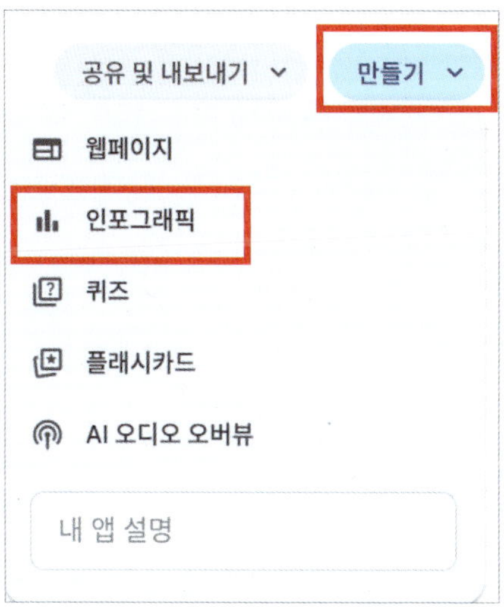

❻ 마지막으로, 상단의 '공유 및 내보내기'를 클릭하면 수정이 필요하거나 다른 사람과 공유해야 할 때 Google Docs로 간편하게 내보낼 수 있습니다.

퍼플렉시티 논문 검색 기능

그럴듯하게 거짓말을 하는 AI 때문에 팩트 체크를 하느라 시간을 더 많이 쓴 적이 많습니다. 편해지려고 AI를 썼는데 오히려 일이 두 배가 되었죠. 할루시네이션 문제를 완벽하게 해결하고 싶다면, AI 프로들이 가장 애용하는 도구인 퍼플렉시티(Perplexity) AI를 사용해보세요.

퍼플렉시티는 단순한 챗봇이 아닙니다. 실시간 웹 검색과 고도화된 LLM을 결합한 박사급 리서치 검색 엔진입니다. 직접 자료 조사 할 때를 떠올려보세요. 구글이나 네이버 검색창에 키워드를 넣고, 광고와 낚시성 블로그 글 사이를 헤매며 10개의 탭을 띄워놓고 고통받지 않으셨나요?

퍼플렉시티는 질문의 맥락을 정확히 파악해 인터넷을 뒤지고, 논문과 같은 고퀄리티의 정보를 요약해서 딱 보고서 형태로 떠먹여줍니다.

그중에서 가장 강력한 강점은 압도적인 신뢰도입니다. 모든 답변 문장마다 각주가 달립니다. 클릭 한 번이면 정보의 원본 출처로 바로 이동할 수 있습니다. 즉, 지어낸 말인지 근거가 있는 팩트인지 1초 만에 검증이 가능하다는 이야기입니다. 이 때문에 최신 트렌드 파악, 논문 분석, 시장 조사 업무가 많은 대학원생, 마케터, 기획자들에게는 이미 구글 검색을 대체하는 필수 AI 툴로 자리 잡았습니다.

구체적인 예시를 들어볼까요? 여러분이 이커머스 식품 담당 MD가 되어 스페인산 프리미엄 올리브유 판매 촉진을 위한 상세페이지를 기획해야 한다고 가정해봅시다.

효능을 써야 하는데 어디서부터 시작할지 막막합니다. 네이버 블로그에 있는 카더라 정보로는 깐깐한 고객을 설득할 수 없습니다. 이때 퍼플렉시티를 켜고 검색 범위를 '학술 모드'로 좁힌 뒤 이렇게 물어보세요.

"2024년부터 2025년 사이에 발표된 임상 시험 논문을 바탕으로, 엑스트라 버진 올리브유 섭취가 심혈관 건강 및 항산화에 미치는 구체적인 수치와 효능을 정리해줘. 마케팅 소구점으로 쓸 수 있게 전문 용어는 쉽게 풀어서 작성해줘."

이렇게 입력하면 단순히 몸에 좋다가 아니라 "2024년 OO저널에 따르면, 매일 20ml 섭취 시 LDL 콜레스테롤이 평균 15% 감소했다"라는 식으로 숫자와 근거가 담긴 고퀄리티 콘텐츠를 뽑아줍니다. 상세페이지에 바로 옮겨 써도 될 정도의 퀄리티라고 할 수 있죠.

웹 서핑 시간을 대폭 줄이고 진짜 고퀄리티의 정보만 건져내고 싶으신가요? 그럼 지금 당장 퍼플렉시티 Pro를 활용해보세요. 여러분의 리서치 능력이 단숨에 박사급 연구원 수준으로 업그레이드됩니다.

❶ 퍼플렉시티에 접속해주세요. 하단에서 '연구' 기능을 클릭해주세요.

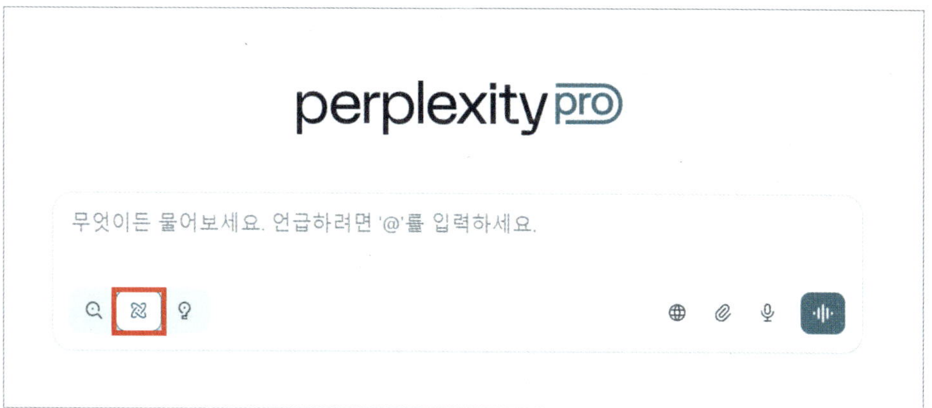

❷ 검색창 오른쪽 하단의 첫 번째 아이콘을 클릭해주세요. '학술'을 클릭해주세요. 나머지는 모두 꺼주세요.

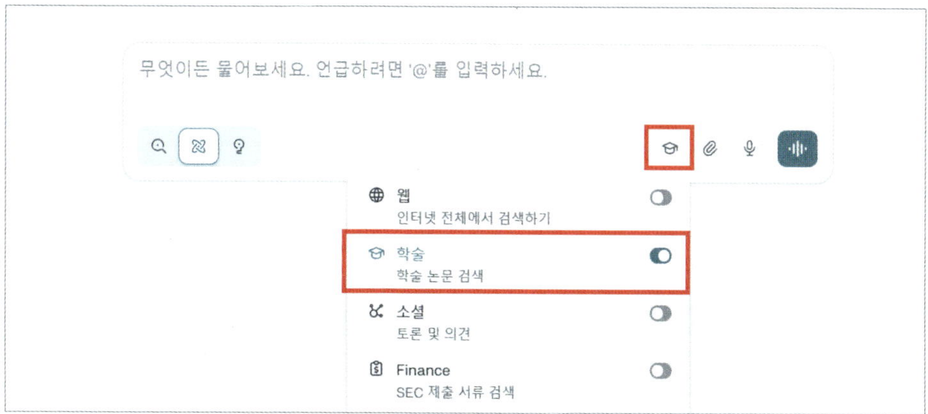

이제 검색 범위를 지정할 수 있습니다. 퍼플렉시티만의 강점입니다. 일반적인 정보가 필요하면 '웹', 논문 기반의 리서치를 원하시면 '학술'을 클릭하면 됩니다. 미국의 최대 커뮤니티 레딧(Reddit) 같은 곳에서 소셜 반응을 리서치하고 싶다면 '소셜'을 클릭하면 됩니다. 미국 SEC(증권거래위원회) 정보를 기반으로 금융 정보를 리서치하고 싶다면 'Finance'를 클릭하면 됩니다.

지금은 올리브유 효능에 대한 전문적이고 객관적인 자료가 필요한 상황이라 '학술'만 선택하고 나머지는 모두 다 끄겠습니다.

❷ 프롬프트를 입력해주세요.

올리브유의 효능을 깊게 알아보기 위해 프롬프트 작성을 먼저 시작했습니다. DIRECTOR 프레임워크를 통해 아래와 같은 프롬프트를 도출하고, 퍼플렉시티에 입력합니다.

당신은 영양학·임상영양 분야에서 최소 10년 이상 연구 경험을 가진 보건과학 전문가입니다. 식물성 기름, 항산화물질, 그리고 인간 임상시험 설계 및 해석에 정통합니다.

- Intend (의도 설정)
본 보고서의 목적은 '올리브유 섭취가 인간 건강에 미치는 효능'을 2023년부터 2025년까지 발표된 논문을 기반으로 **섭취 방법**, **구체적인 효능**, **실험 데이터/임상시험 결과** 등을 체계적으로 정리하는 것입니다.
이 보고서는 건강기능식품 개발, 마케팅 자료, 콘텐츠 제작용으로 사용될 수 있도록 실증적 근거 중심으로 작성되어야 합니다.

- Rule (규칙 설정)
1. 답변 톤은 전문적이고 신뢰감 있어야 합니다.
2. 각 효능 항목마다 논문 인용 연도 / 저자 / 핵심 수치(예: 대상 수, 투여량, 기간, 결과) 등을 **가능한 한 구체적으로** 제시해야 합니다.
3. 섭취 방법(예: 하루 권장량, 형태(엑스트라버진 vs 일반), 식사와의 관계 등)도 별도 섹션으로 구성해야 합니다.
4. 논문 외 '실험데이터 표' 형태로 간략 요약이 가능하다면 표로 제시하세요.
5. 논문이 아닌 정보(예: 뉴스기사, 블로그)는 인용하지 않거나 최소화하고, 가능하면

Define (역할)

당신은 영양학, 임상영양 분야에서 최소 10년 이상 연구 경험을 가진 보건과학 전문가입니다. 식물성 기름, 항산화물질, 그리고 인간 임상시험 설계 및 해석에 정통합니다.

Intend (의도)

본 보고서의 목적은 '올리브유 섭취가 인간 건강에 미치는 효능'을 2023년부터 2025년까지 발표된 논문을 기반으로 섭취 방법, 구체적인 효능, 실험 데이터/임상시험 결과 등을 체계적으로 정리하는 것입니다.

이 보고서는 건강기능식품 개발, 마케팅 자료, 콘텐츠 제작용으로 사용될 수 있도록 실증적 근거 중심으로 작성되어야 합니다.

Rule (규칙)

1. 답변 톤은 전문적이고 신뢰감 있어야 합니다.
2. 각 효능 항목마다 논문 인용 연도 / 저자 / 핵심 수치(예: 대상 수, 투여량, 기간, 결과) 등을 **가능한 한 구체적으로** 제시해야 합니다.
3. 섭취 방법(예: 하루 권장량, 형태(엑스트라버진 vs 일반), 식사와의 관계 등)도 별도 섹션으로 구성해야 합니다.
4. 논문 외 '실험데이터 표' 형태로 간략 요약이 가능하다면 표로 제시하세요.
5. 논문이 아닌 정보(예: 뉴스기사, 블로그)는 인용하지 않거나 최소화하고, 가능하면 논문 / 임상시험 등록 내용을 기반으로 해야 합니다.
6. 보고서 구조는 명확히 구분된 섹션(예: 서론, 섭취 방법, 효능별 분석, 논의 및 한계)으로 구성해야 합니다.

Elaborate (맥락)

※ 배경: 올리브유는 전통적으로 지중해식 식단의 핵심 지방원으로 알려져 있으며, 최근 2023~2025년 사이 여러 고품질 연구가 진행되어 왔습니다.

※ 이 연구들은 단순한 관찰연구를 넘어 임상시험, 메타분석, 코호트 연구 등을 포함하며, "어떤 형태의 올리브유가", "얼마만큼 섭취했을 때", "어떤 생리적 혹은 임상적 지표가 개선되었는지"를 중심으로 검토되어야 합니다.

※ 또한 섭취방법에 따라 효능이 달라질 수 있다는 점, 양과 형태(예: 엑스트라버진 vs 정제) 및 연구대상(건강인 vs 위험군) 변수를 주의해야 합니다.

Construct (구조 설계)

1. 서론
    - 연구 배경 및 목적 설명
    - 연구범위(2023~2025년 논문 중심) 명시
2. 섭취 방법
    - 형태별(엑스트라버진 vs 일반) 비교
    - 하루 권장 투여량 및 빈도(논문 근거)
    - 식사와의 연계, 조리 방식 영향
3. 주요 효능 분석
    - 심혈관 건강
    * 관련 논문 요약: 대상, 투여량, 기간, 결과
    * 실제 수치(예: LDL-C 변화, 혈압 변화 등)
    - 인지 및 뇌건강
    * 관련 논문 요약 및 수치
    - 전체 사망률/암/대사증후군 등
    * 메타분석,코호트 연구 중심
    - 기타(운동선수, 항산화, 노화지연 등)
    * 최근 연구 중심
4. 실험 데이터 요약표
    - 논문명, 연도, 대상 수, 투여량, 기간, 주요 결과 수치
    - 형태(엑스트라버진 vs 일반) 구분
5. 논의 및 한계
    - 연구들 간의 차이(투여량, 대상군, 형태)
    - 아직 명확치 않은 영역 및 향후 연구 제안
    - 실무 적용 시 유의사항(섭취량 과잉, 품질 변이 등)
6. 결론 및 실무 제언
    - 요약 및 콘텐츠 / 마케팅 자료로서 활용 가능한 핵심 메시지

❸ 무려 11단계를 거쳐, 92개 논문 출처를 기반으로 10페이지 분량의 보고서를 작성해주었네요.
답변 검토 후 후속 질문을 통해 원하는 내용을 추출하면 끝입니다.

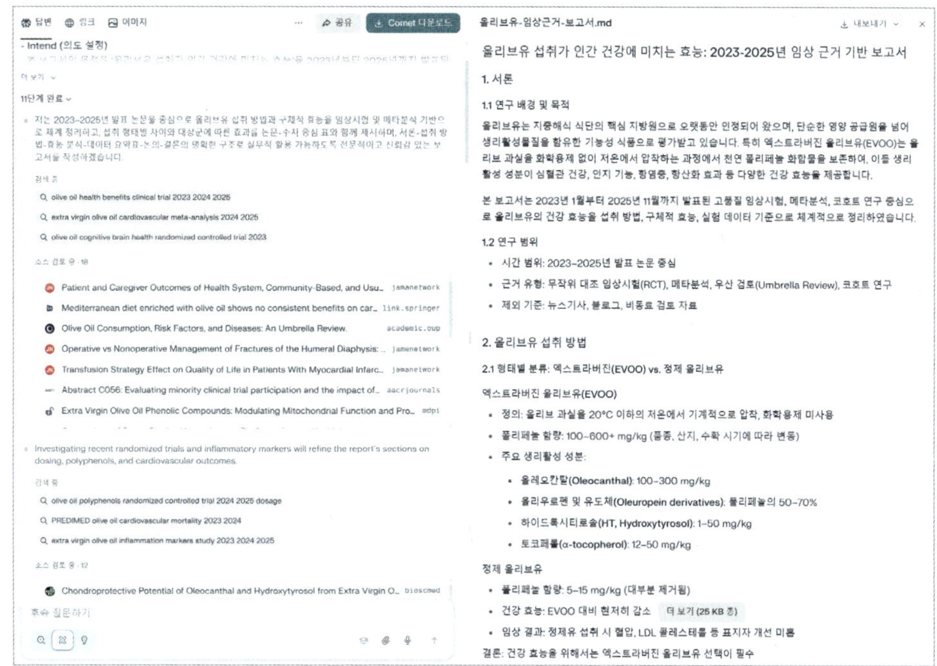

리서치 분야에서는 확실히 퍼플렉시티가 가장 빠르고 정확합니다. 출처도 내가 원하는 곳만 지정해 찾을 수가 있어서 생산성을 높일 수 있습니다.

퍼플렉시티 소셜 검색 기능

퍼플렉시티를 단순 검색 엔진으로만 알고 계셨다면, 이제 그 생각을 바꾸셔야 합니다. 이 툴을 진정한 마켓 리서치 툴로 완성시키는 결정적인 기능, 바로 소셜 검색 기능이 있기 때문입니다.

많은 마케터와 기획자들이 입을 모아 말합니다. 고객의 진짜 목소리를 듣고 싶다고요. 하지만 현실은 어떤가요? 구글이나 네이버 검색창에 키워드를 입력하면 무엇이 나오나요? 잘 정제된 보도자료나, 협찬을 받아 작성된 블로그 리뷰, 키워드로 도배된 홍보성 글뿐입니다. 우리가 진짜 원하는 소비자의 목소리, 날것 그대로의 반응은 그런 곳에 있지 않습니다. **정제되지 않은 커뮤니티의 댓글 속에 진짜 인사이트가 숨어 있습니다.**

특히 미국 시장을 타깃으로 비즈니스를 하고 계신다면, 월간 활성 사용자 수(MAU)가 5억 명이 넘는 거대 커뮤니티, 레딧을 반드시 분석해야 합니다. 이곳이야말로 미국 소비 트렌드의 최전선이기 때문입니다.

하지만 문제가 있습니다. 레딧은 너무 방대하고 복잡합니다. 수천, 수만 개의 댓글을 일일이 읽어가며 뉘앙스를 파악하고 분위기를 읽어내는 건 인간의 물리적인 시간으로는 불가능에 가깝습니다. 리서치하다가 시간을 다 보낼 수 있습니다. 이 지점에서 퍼플렉시티의 소셜 검색 기능이 빛을 발합니다.

검색 범위를 전체 웹이 아닌 소셜로 설정해보세요. 이렇게 세팅하는 순간, AI는 뉴스나 블로그 같은 공식적인 문서는 모두 배제하고, 레딧 같은 소셜 포럼으로 시야를 좁힙니다. 오직 사람들의 대화, 토론, 논쟁만 집중적으로 파고듭니다.

구체적인 상황을 예로 들어보겠습니다. 여러분이 미국 시장에 막 K-뷰티 비건 세럼을 론칭한 브랜드 담당자라고 가정해봅시다. 아직 매출 데이터가 집계되기도 전인 출시 초기, 현지의 생생한 반응이 너무나 궁금할 겁니다. 이때 막연하게 검색하지 마시고, 디테일을 담아 이렇게 입력해보세요.

"최근 레딧에서 'Korean Vegan Serum'에 대한 주요 불만 사항과 긍정적인 피드백을 구분해서 요약해줘. 특히 제형의 끈적임과 허브 향에 대한 구체적인 코멘트가 있다면 실제 문장을 인용해서 알려줘."

이렇게 요청하면 퍼플렉시티는 수많은 게시글과 댓글을 순식간에 분석합니다. 그리고 단순히 좋았다, 나빴다가 아니라 "대체로 수분감에는 만족하지만, 특정 허브 향이 호불호가 갈린다는 의견이 지배적입니다"와 같이 마케터가 의사결정을 내리는 데 도움이 되는 진짜 인사이트를 제공합니다.

이건 돈 들여서 하는 FGI(포커스 그룹 인터뷰)[*] 못지않은 효과입니다. 마케터라면, 그리고 기획자라면 이 기능을 통해 가공된 정보가 아닌 진짜 고객의 피드백을 확보하세요. 그 속에 여러분이 찾는 정답이 있습니다.

---

[*] FGI(Focus Group Interview): 특정 인원이나 대상을 선별해 인터뷰를 진행하고 그들의 반응을 수집하는 정성적 조사 방법.

❶ 퍼플레시티 검색 도구에서 '소셜'을 선택하고 프롬프트를 입력해주세요.

엔터테인먼트사에 근무하는 기획자라고 가정하고, K팝 그룹 르세라핌의 '스파게티'에 대한 미국 시장 반응을 검색해보겠습니다. 가볍게 "르세라핌의 스파게티에 대한 소셜 반응 어때?"라고 입력했습니다.

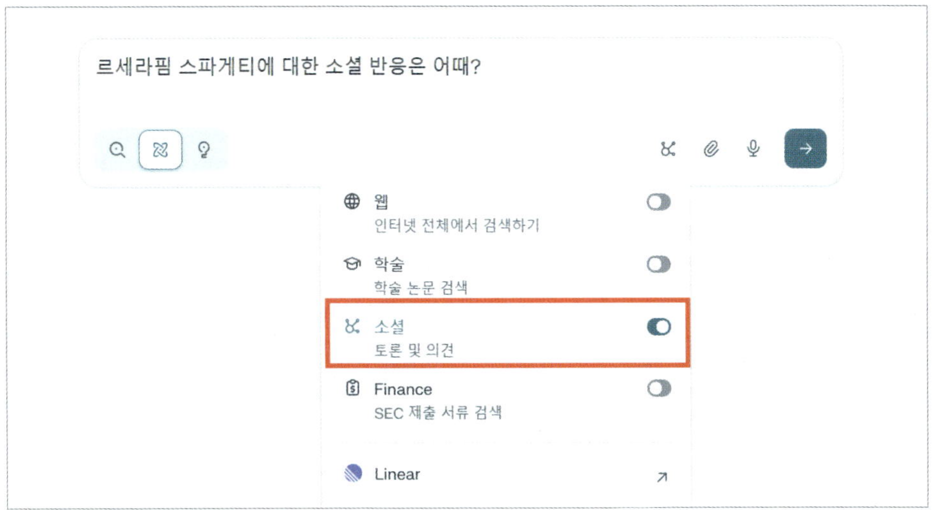

❷ 답변을 확인하고 후속 질문을 통해 인사이트를 얻습니다.

미국 최대 커뮤니티인 레딧에서 정보를 추출해 요약해주었습니다. 미국 시장 반응을 체크할 때 굉장히 유용한 AI 서비스입니다.

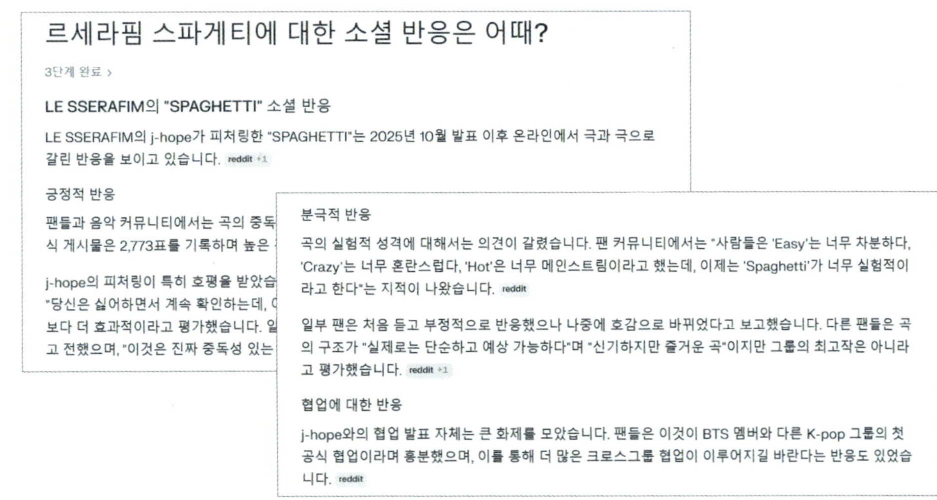

르세라핌 스파게티에 대한 소셜 반응은 어때?

3단계 완료 ›

LE SSERAFIM의 "SPAGHETTI" 소셜 반응

LE SSERAFIM의 j-hope가 피처링한 "SPAGHETTI"는 2025년 10월 발표 이후 온라인에서 극과 극으로 갈린 반응을 보이고 있습니다. reddit +1

긍정적 반응

팬들과 음악 커뮤니티에서는 곡의 중독... 식 게시물은 2,773표를 기록하며 높은 ...

j-hope의 피처링이 특히 호평을 받았습... "당신은 싫어하면서 계속 확인하는데, ... 보다 더 효과적이라고 평가했습니다. 일... 고 전했으며, "이것은 진짜 중독성 있는 ...

분극적 반응

곡의 실험적 성격에 대해서는 의견이 갈렸습니다. 팬 커뮤니티에서는 "사람들은 'Easy'는 너무 차분하다, 'Crazy'는 너무 혼란스럽다, 'Hot'은 너무 메인스트림이라고 했는데, 이제는 'Spaghetti'가 너무 실험적이라고 한다"는 지적이 나왔습니다. reddit

일부 팬은 처음 듣고 부정적으로 반응했으나 나중에 호감으로 바뀌었다고 보고했습니다. 다른 팬들은 곡의 구조가 "실제로는 단순하고 예상 가능하다"며 "신기하지만 즐거운 곡"이지만 그룹의 최고작은 아니라고 평가했습니다. reddit +1

협업에 대한 반응

j-hope와의 협업 발표 자체는 큰 화제를 모았습니다. 팬들은 이것이 BTS 멤버와 다른 K-pop 그룹의 첫 공식 협업이라며 흥분했으며, 이를 통해 더 많은 크로스그룹 협업이 이루어지길 바란다는 반응도 있었습니다. reddit

요약

- 맞춤 설정은 AI를 나만의 비서로 만드는 가장 기초적이면서 강력한 기능이다.

- GPTs, Gems, Project로 반복 업무를 '자동화 시스템'으로 만들 수 있다.

- 시스템 프롬프트를 나만의 앱으로 만들면 매번 입력하는 고통에서 해방된다.

- 딥 리서치는 리서치 업무의 판도를 바꾸는 박사급 연구원이다.

- 퍼플렉시티는 출처 기반 검색으로 할루시네이션을 획기적으로 해결한다.

- AI 플랫폼마다 강점이 다르니 목적에 따라 유연하게 선택한다.

- 1년 구독보다 한 달씩 체험하며 내 업무 스타일에 맞는 툴을 찾는 게 좋다.

이제 반복 업무는 AI에게 맡기고, 진짜 중요한 일에 집중해보세요. 맞춤 설정 하나, 나만의 GPT 하나가 여러분의 야근을 확실히 없애줄 겁니다.

나에게 맞는 AI 플랫폼 고르는 법

어떤 AI를 써야 할지, 내 돈을 어디에 투자해야 할지 고민이 많으실 겁니다. 저도 충분히 공감합니다. 툴이 너무 많아졌습니다. 저 같은 경우는 현재 기준으로 챗GPT, 제미나이, 클로드, 퍼플렉시티를 모두 유료로 구독하고 있습니다. 비용이 꽤 들지만, 각 툴의 장점이 너무 뚜렷하고 대체 불가능한 영역이 있기 때문입니다.

중요한 건 AI 시장의 판도가 정말 빠르게 바뀐다는 점입니다. 지난달에는 챗GPT가 압도적이었다가 이번 달에는 클로드가 더 똑똑해지고, 다음 달에는 제미나이가 새로운 기능을 들고 나옵니다. 주기적인 업데이트로 성능은 항상 뒤바뀝니다. 그래서 우리는 각 플랫폼의 특성을 정확히 파악하고, 내 현재 목적에 따라 유연하게 플랫폼을 선택하는 전략이 필요합니다.

AI 플랫폼 주요 기능 비교

여러분들의 이해를 돕기 위해 주요 5대 AI 플랫폼의 핵심 기능을 정리했습니다. 이 표를 보시면 각 모델의 강점이 어디에 있는지 한눈에 흐름이 보이실 겁니다.

기능	챗GPT	제미나이	클로드	퍼플렉시티	그록(Grok)
사진 생성	V	V			V
영상 생성	V	V			V
딥 리서치	V	V	V	V	V
커스텀 봇	V	V	V		V
웹 검색	V	V	V	V	V
코딩	V	V	V		V

1. 올라운더(All Rounder)를 원한다면: 챗GPT, 제미나이

복잡한 건 싫고, 하나의 툴에서 모든 걸 해결하고 싶다면 답은 아주 단순합니다. 구글 제미나이와 챗GPT를 사용하면 됩니다. 마치 육각형 인재와 같습니다. 텍스트 작성은 기본이고, 고퀄리티 사진 생성, 영상 제작, 데이터 분석, 그리고 딥 리서치를 통한 리서치까지 하나의 채팅창에서 모두 가능합니다.

특히 업무 효율을 높여주는 나만의 맞춤형 비서 기능인 GPTs나 Gems를 활용해 반복 업무를 자동화하고 싶다면 이 두 플랫폼이 필수입니다. 범용성과 확장성 면에서 가장 압도적인 퍼포먼스를 보여줍니다.

2. 글쓰기와 코딩의 깊이를 원한다면: 클로드

화려한 기능보다 텍스트 자체의 본질, 즉 글쓰기와 코딩에 진심이다 하시는 분들에게는 주저 없이 클로드를 추천합니다. 표에서 보시다시피 클로드에는 자체적인 사진이나 영상 생성 모델이 없습니다. 오로지 텍스트와 코드에 집중합니다.

하지만 그 결과물은 놀랍습니다. 다른 AI가 기계적인 번역투를 쓴다면, 클로드는 마치 전문 에디터가 다듬은 듯한 매끄러운 문장과 뉘앙스를 구사합니다. 코딩 영역에서도 복잡한 로직을 이해하고 추론하는 능력이 탁월합니다. 긴 호흡의 글을 쓰거나, 섬세한 문체 교정이 필요하다면 클로드가 최고의 파트너입니다.

3. 정확한 팩트와 리서치가 생명이라면: 퍼플렉시티

창작보다 팩트 체크와 정보 수집이 가장 중요하다고 생각하시는 분은 퍼플렉시티를 사용하세요. AI의 고질적인 문제인 할루시네이션을 가장 효과적으로 억제하는 툴입니다.

퍼플렉시티는 실시간 웹 검색을 통해 수십 개의 논문과 기사를 분석하고, 정확한 출처를 달아서 답변해줍니다. 마치 박사급 리서치 조교를 둔 것과 같습니다. 시장 조사, 트렌드 분석, 학술 자료 검색이 주 업무라면 퍼플렉시티가 여러분의 시간을 획기적으로 아껴줄 겁니다.

4. 날것의 트렌드와 자유를 원한다면: 그록

나는 검열 없는 솔직한 대화, 혹은 조금 매운맛을 원한다고 하시면 그록을 사용해보세요. X(구 트위터)의 실시간 데이터를 기반으로 하기 때문에 최신 트렌드 반영 속도가 타의 추종을 불허합니다.

다른 AI 서비스들이 안전을 위해 답변을 회피하거나 지나치게 예의를 차리는 반면, 그록은 검열이 느슨하고 직설적입니다. 유머러스하고 위트 있는 답변, 혹은 대중의 생생한 반응을 날것 그대로 보고 싶다면 그록이 흥미로운 선택지가 될 수 있습니다.

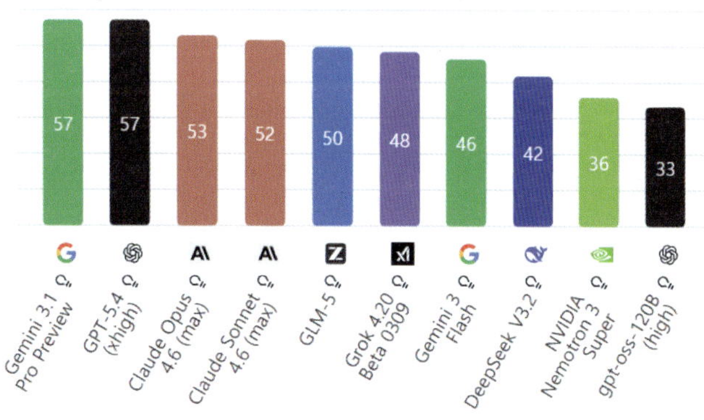

[출처: https://artificialanalysis.ai/]

매일 아침 눈을 뜨면 새로운 AI 모델이 쏟아져 나오는 세상입니다. 2026년 3월 말 기준으로 과연 어떤 AI가 가장 똑똑하고, 어떤 AI가 우리 지갑을 지켜줄 수 있을까요?

저도 항상 수많은 AI 툴을 결제하고 테스트하며 어떤 AI 툴 구독을 유지하고 어떤 AI툴 구독을 해지해야 할지 고민합니다. 업무에 쓸 만한 툴은 모두 유료이고 생각보다 비싸기 때문에 나에게 맞는 AI 툴을 찾는 것이 가장 중요하죠. 나에게 가장 성능이 좋은 AI 툴은 무엇인가? 그건 여러분이 지금 어떤 업무를 하고 있느냐에 달려 있습니다.

코딩을 중점적으로 다루거나, 마치 사람 같은 카피라이팅 스킬이 필요하다면 클로드가 정답입니다. 최근 실리콘밸리 개발자들 사이에서 클로드 코드(Claude Code)는, 특히 개발 업무에 있어서 필수 파트너로 자리 잡았습니다. 창의적인 카피라이팅이나 문맥의 미묘한 뉘앙스를 파악하는 능력도 타의 추종을 불허합니다. 클로드는 성능 향상을 위해 책 수백만 권을 스캔해서 학습시켰다고 알려져 있지요. 인간보다 더 인간 같은 자연스러운 문체가 필요하다? 그러면 클로드를 활용해보세요.

구글의 저력도 무섭습니다. 이미지, 영상, 오디오를 동시에 이해하는 강력한 멀티모달 능력과 구글 생태계와의 호환성을 고려하면, 실무에서 가장 빠르게 생산성을 끌어올릴 수 있는 무기가 바로 제미나이입니다. 범용성이 높고 시각적인 데이터 분석이 잦은 분께 강력 추천합니다. 단, 제미나이를 사용하실 때는 반드시 PRO 모델 이상을 선택해서 구글이 제공하는 최상의 성능을 경험해보시길 바랍니다.

각 AI 모델의 순위는 벤치마크 테스트마다 매달 엎치락뒤치락 바뀌기 때문에 이제 단순히 1위가 누구인지 따지는 것은 큰 의미가 없습니다. 상위 3개 모델은 이미 일반인의 수준을 훌쩍 뛰어넘어 각 분야의 전문가 수준 성능을 갖췄기 때문입니다.

많은 사람들이 쓰는 AI 툴이라고 무작정 결제하기보다는, 내가 가장 시간과 에너지를 많이 쏟는 업무의 성격을 먼저 파악해보세요. 그리고 나서 여러 AI 툴을 용도에 맞게 동시에 활용해보세요. 그렇게 나만의 완벽한 AI 파트너를 찾으시는 게 가장 현명한 방법입니다. 너무 많이 생각하지 말고, 지금 당장 시작하세요.

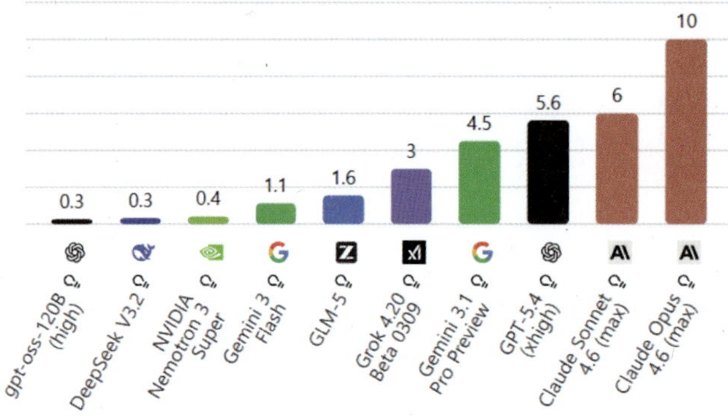

LLM 가격 순위(높을수록 비싼 것을 뜻합니다.)

[출처: https://artificialanalysis.ai/]

성능이 좋다고 무조건 비싼 걸 써야 할까요? 아닙니다. AI 툴을 제대로 쓰려면 유료로 사용해야 하는데, 사실 몇 개만 결제를 해도 생각보다 비용이 꽤 나갑니다. 그래서 100만 토큰당 비용을 분석하고 효율을 따지는 게 정말 중요합니다.

앞의 데이터를 보면 아주 흥미로운 결과가 보입니다. 2026년 3월 기준으로 클로드가 가장 비쌉니다. 그래서 압도적인 문장력과 긴 콘텍스트를 한 번에 이해하는 능력이 필요할 때만 전략적으로 사용하는 게 좋습니다. 모든 업무에 메인으로 쓰기엔 비용 부담이 너무 크지요. 특히 클로드 코드 같은 바이브 코딩 툴을 활용해 전문적인 결과를 내기 위해서는 가장 비싼 MAX 플랜을 구독해야 합니다. 월 비용이 최소 100달러부터 시작하니 일반인에게는 꽤 부담스러운 금액이죠.

반면에 제미나이나 챗GPT는 클로드 오퍼스(Claude Opus)에 비해 토큰 비용이 반값 수준입니다. 일반적인 마케팅 업무나 기획이라면 챗GPT나 제미나이를 강력 추천합니다. 텍스트는 물론이고 코딩, 이미지 생성, 고퀄리티 영상 생성까지 한 번에 가능하니 실무에서 가장 가성비가 좋습니다.

여기에 더해 최근 중국 모델의 약진이 정말 충격적입니다. 성능은 꽤 준수한데 가성비가 더 좋습니다. 단순 요약이나 단순 반복 업무에는 딥시크(DeepSeek)나 키미(Kimi) 같은 모델을 쓰는 것이 압도적으로 유리합니다. 클로드를 쓰는 것보다 10배 넘게 비용을 아낄 수 있지요. 내 업무 목적에 딱 맞는 가치를 제공한다면 굳이 비싼 툴을 고집할 필요는 없습니다. 가성비 툴을 여러 개 조합해서 쓰는 게 훨씬 똑똑한 방법이죠.

그러면 이 다양한 툴 중에 무엇을 구독해야 할까요? 저는 무조건 한 달씩 구독하면서 체험하는 쪽을 추천합니다. 장기 할인이 들어가서 조금 더 저렴해진다는 이유로 많은 분들이 1년 구독을 깊게 고민하는데요. 저는 단호하게 말씀드립니다. 절대 1년 구독하지 마세요.

AI 기술은 지금 이 순간에도 우리가 상상하는 것 이상으로 성장하고 있습니다. 모델의 성능 순위가 말 그대로 매달 엎치락뒤치락합니다. 이번 달엔 제미나이가 최고였는데, 다음 달에는 클로드가 엄청난 업데이트를 들고 나와 세상을 놀라게 할 수 있습니다. 1년 구독에 묶여 있으면, 내 업무에 찰떡이면서 더 강력한 툴이 나왔음에도 불구하고 매몰비용 때문에 갈아타기가 망설여집니다. 또 학습된 데이터까지 있으니 더 망설여집니다.

제미나이가 내 업무에 맞고 좋을 때는 제미나이를 쓰고, 클로드의 바이브 코딩 성능이 필요할 때는 클로드를 쓰는 유연함이 필요합니다. 나행히 대부분의 AI 툴은 인터페이스와 기능이 거의 유사해서 적응하는 데 시간이 오래 걸리지 않습니다. 요즘에는 내 채팅 내역을 다운로드받는 기능이 있어서 다른 AI 툴로 갈아타도 데이터 유실 걱정이 없습니다.

여러 서비스를 한 달씩 경험해보고, 내 업무 스타일과 가장 잘 맞는 파트너가 무엇인지 직접 느껴보세요. 고민해봐야 답이 없습니다. 툴을 고르는 데 시간을 많이 쏟지 마세요. 치킨 한 마리 값 정도 낸다 생각하고 그냥 시작하세요. 내 손에 완벽하게 맞는 도구를 찾았을 때 비로소 여러분의 업무 속도와 생산성이 폭발적으로 늘어납니다. 오늘 바로, 평소에 시도해보고 싶었던 새로운 AI 툴을 구독해보세요.

Define ◇ Intend ⋆ Rule ⊞ Elaborate ⮂ Construct ⋆ Test ⊕ Optimize ▭ Reinforce

AI 실전 마스터 칼릭스의 프롬프트 디테일

3장

AI 크리에이티브 프롬프트 공식

프롬프트에 수학 공식처럼 딱 정해진 정답이 있는 건 아니지만, 좋은 결과를 만드는 구조와 원칙, 키워드는 분명히 존재합니다. 크리에이티브를 가장 잘 만드는 사람은 누구일까요? 아마 세계적인 영화 감독일 겁니다.

영화 감독이 영화를 촬영할 때, 현장에서 즉흥적으로 한 컷 한 컷 느낌에 따라 만들까요? 절대 그렇지 않습니다. 세계적인 거장 봉준호 감독은 '봉테일'이라는 별명을 갖고 계시죠. 촬영 전 스토리보드 안에 카메라 앵글, 배우의 동선, 배경 소품, 조명의 위치 등 정말 사소한 디테일을 모두 담아내서 생긴 별명입니다.

만화책을 보듯 정교하게 그려진 그의 스토리보드는, 머릿속 상상을 완벽하게 시각화한 설계도와 같습니다. 이렇게 사소한 디테일까지 담아 사전에 스토리보드로 만드는 이유는, 감독으로서 스태프 및 배우들과의 커뮤니케이션을 가장 효율적이고 효과적으로 하기 위함입니다. 감독의 머릿속에 있는 이미지를 정확하게 꺼내어 공유해야 오해가 없고, 재촬영이라는 비효율을 막을 수 있기 때문입니다.

지시를 받는 입장에서도 정말 편합니다. 배우들이 눈치껏 알잘딱깔센 연기하는 것이 아니라, 스토리보드에 적힌 의도대로 움직이면 되기 때문입니다. 덕분에 현장의 불확실성은 줄어들고, 결과물의 퀄리티는 비약적으로 상승합니다.

결국, 크리에이티브도 디테일이 전부입니다. AI로 크리에이티브를 만들 때, 여러분이 봉준호 감독이 되었다고 생각해보세요. 사진 한 장을 만들더라도 디테일을 최대한 많이 담아야 합니다.

AI는 우리의 생각을 읽지 못합니다. 앞서 말씀드린 텍스트 생성 AI와 마찬가지로, 이미지 생성 AI 또한 텔레파시 능력이 없습니다. 우리가 말해주지 않은 것을 AI가 알 방법이 없습니다.

예를 들어, 단순히 "강아지 그려줘"라고 하지 마세요. 이건 마치 감독이 배우에게 "알아서 연기해봐"라고 하는 것과 같습니다. 어떤 품종의 강아지인지, 몇 살인지, 털 색깔은 무엇인지, 표정은 어떤지, 지금 신이 났는지 차분한지, 배경은 공원인지 거실인지, 조명은 따뜻한 자연광인지 차가운 형광등인지, 카메라는 어떤 렌즈를 썼는지 등 봉테일 감독처럼 집요하게 디테일을 작성해보세요.

그냥 강아지라고만 던지면 AI는 학습 데이터 중에서 가장 일반적인, 혹은 무작위의 강아지를 그려줍니다. 운 좋게 내가 원하던 리트리버가 나올 수도 있지만, 원하지 않았던 불독이 나올 수도 있습니다. 그러면 우리는 내가 원하는 이미지가 나올 때까지 운에 기대어 반복적으로 생성 버튼을 누르거나, 끝없이 수정 프롬프트를 입력하며 아까운 시간과 돈을 허비하게 됩니다.

저도 처음 미드저니(Midjourney)를 켰을 때 막막했습니다. 머릿속에는 멋진 사이버펑크 도시가 있는데, 프롬프트 창에는 고작 'Cyberpunk city' 한 단어만 적고 있었으니까요. 당연히 결과물은 제 상상과 달랐습니다. 처음부터 모든 디테일을 담는 것은 어렵습니다. 그렇다고 다짜고짜 머릿속에 있는 상상을 두서없이 끄집어내는 것도 비효율적입니다.

그래서 우리에겐 프레임워크가 필요합니다. 텍스트에 DIRECTOR 프레임워크가 있다면, 크리에이티브에는 CREATOR 프레임워크가 있습니다. 원하는 크리에이티브를 100% 생성할 수 있도록 도와주는 CREATOR 프레임워크를 사용해 디테일을 하나씩 채워 넣어 보세요.

빈칸을 채우듯 프레임워크에 맞춰 작성하다 보면 어느새 완벽하게 구조화된 마스터 프롬프트가 완성될 겁니다. 이제 CREATOR 프레임워크로 여러분이 상상했던 그 크리에이티브를 100% 현실로 구현해보세요.

CREATOR 프레임워크

Core(주인공) → Relation(장소&구도) → Expression(표현 기법&기술) → Atmosphere(분위기&색감) → Test(검증) → Optimize(최적화) → Reinforce(강화)

CREATOR 프레임워크는 총 7단계로 구성되어 있습니다. 크게 두 파트로 나눌 수 있는데요. 앞의 4단계인 CREA는 크리에이티브의 뼈대를 세우고 핵심 요소를 정의하는 단계입니다. 이어지는 뒤의 3단계 TOR은 생성된 결과물을 검증하고 수정하며 완성도를 극한으로 끌어올리는 강화 단계입니다. 영화감독이 촬영을 마치고 후반 작업을 통해 영화의 퀄리티를 높이는 과정과 같다고 보시면 됩니다.

내가 머릿속으로 상상한 이미지를 100% 그대로 화면에 구현하고 싶으신가요? 그렇다면 크리에이티브 프롬프트에는 지금부터 설명해드릴 네 가지 요소가 반드시 포함되어야 합니다. 하지만 본격적인 프레임워크 설명에 앞서, 우리가 꼭 합의하고 넘어가야 할 아주 중요한 대전제가 하나 있습니다.

바로 프롬프트를 영어로 설계해야 한다는 점입니다. 왜 그래야 할까요? 이유는 단순합니다. AI의 모국어가 영어이기 때문입니다. 우리가 사용하는 미드저니, 스테이블 디퓨전(Stable Diffusion) 같은 고성능 이미지 생성 AI는 전 세계의 방대한 데이터를 학습했습니다. 하지만 안타깝게도 그 데이터의 대부분은 영어입니다. 한국어 데이터는 아직 학습량이 턱없이 부족합니다. 한국어로 뉘앙스를 풍부하게 설명해도 AI는 그 미묘한 차이를 제대로 이해하지 못할 확률이 큽니다.

반면 영어로 입력하면 이야기가 달라집니다. AI가 학습한 데이터가 영어이기에, 영어로 지시했을 때 훨씬 더 정확하고 높은 수준의 결과물을 만들어냅니다. 영어 작문이 어렵다고 걱정하실 필요는 없습니다. 우리에게는 AI 번역기가 있으니까요.

한국어로 아주 구체적인 묘사를 한 뒤, 챗GPT나 제미나이에게 영어로 번역해달라고 하세요. 중요한 건 언어 실력이 아니라 디테일한 묘사입니다. AI가 최고의 실력을 발휘하게 하려면, AI가 가장 잘 알아듣는 언어인 영어로 프롬프트를 입력해주세요. 그래야 여러분이 원하는 100%의 결과물을 얻을 수 있습니다.

1. Core(주인공): 크리에이티브의 중심이 되는 주제와 피사체를 구체적으로 정의합니다.
- 예: 인물의 특징, 성격, 외형, 스타일

- 예시 1: A sleek black Siamese cat with glowing emerald-green eyes, elegant body line, glossy dark fur (빛나는 에메랄드 그린 눈과 우아한 몸 라인, 윤이 나는 어두운 털을 가진 날씬하고 매끄러운 블랙 샴 고양이)
- 예시 2: A stunning Korean beauty model with flawless glowing skin, elegant facial features, long dark hair flowing naturally (흠잡을 데 없이 빛나는 피부와 우아한 외모, 자연스럽게 흐르는 긴 짙은 다크 헤어 스타일의 매력적인 한국인 뷰티 모델)

2. **Relation(장소 & 구도):** 피사체가 놓인 배경, 환경과 카메라와의 거리, 구도를 설정합니다.
- 예: 어디에 서 있는가, 어떠한 구도로 촬영하는가
- 예시 1: Sitting on a futuristic neon-lit alleyway railing, slightly elevated as it looks directly into the camera (미래적 네온 조명이 비치는 골목의 난간 위에 앉아, 살짝 높은 위치에서 카메라를 응시)
- 예시 2: Standing on a New York rooftop overlooking the Manhattan skyline, subtle wind blowing through her hair (뉴욕 루프탑 위, 맨해튼 스카이라인이 보이고, 머리카락에 은은하게 바람이 스침)

3. **Expression(표현 기법 & 기술):** 이미지를 구현하는 스타일, 조명, 카메라 설정, 렌즈 효과 등 기술적 표현 요소를 지정합니다.
- 예: 조명 톤, 촬영 방식, 렌즈 종류, 질감 표현
- 예시 1: Cyberpunk-style lighting, strong rim-light outlining the cat's silhouette, shallow depth of field, 35mm lens (사이버펑크 조명, 고양이 실루엣을 감싸는 강한 림라이트, 얕은 심도, 35mm 렌즈 느낌)
- 예시 2: fashion editorial lighting, soft diffused golden-hour light, professional fashion shoot composition, 85mm portrait lens effect (패션 잡지 화보 조명, 부드럽게 확산되는 석양빛, 패션 잡지 구도, 85mm 인물 렌즈 느낌)

4. **Atmosphere(분위기 & 색감):** 이미지가 전달하는 감정, 무드, 톤, 색감을 결정합니다.
- 예시: 색감 스타일, 분위기, 감정 에너지, 무드

- 예시 1: Mysterious, powerful, magical aura with a slightly ominous tone (신비롭고 강렬하며 살짝 오묘한 분위기)
- 예시 2: Elegant, luxurious, dreamy yet confident mood (우아하고 럭셔리하며, 몽환적이면서도 자신감 있는 분위기)

완성된 프롬프트 1 (고양이)

A sleek black Siamese cat with glowing emerald-green eyes, elegant body line, and glossy dark fur, sitting on a futuristic neon-lit alleyway railing, slightly elevated as it looks directly into the camera. Cyberpunk-style lighting with strong rim light outlining the cat's silhouette, shallow depth of field, 35mm lens effect. The atmosphere is mysterious, powerful, and magical with a slightly ominous tone.

빛나는 에메랄드 그린 눈과 우아한 몸 라인, 윤이 나는 어두운 털을 가진 날씬하고 매끄러운 블랙 샴 고양이가 미래적 네온 조명이 비치는 골목의 난간 위에 앉아, 살짝 높은 위치에서 카메라를 응시한다. 사이버펑크 조명, 고양이 실루엣을 감싸는 강한 림라이트, 얕은 심도, 35mm 렌즈 느낌. 신비롭고 강렬하며 살짝 오묘한 분위기.

A stunning Korean beauty model with flawless glowing skin, elegant facial features, and long dark hair flowing naturally, standing on a New York rooftop overlooking the Manhattan skyline, with a subtle breeze softly lifting her hair. Shot with fashion editorial lighting and soft diffused golden-hour light, using a professional high-fashion composition and an 85mm portrait lens effect. The atmosphere is elegant, luxurious, dreamy, yet confidently expressive.

흠잡을 데 없이 빛나는 피부와 우아한 외모, 자연스럽게 흐르는 긴 짙은 다크 헤어 스타일의 매력적인 한국인 뷰티 모델, 뉴욕 루프탑 위, 맨해튼 스카이라인이 보이고, 머리카락에 은은하게 바람이 스침, 패션 잡지 화보 조명, 부드럽게 확산되는 석양 빛, 패션 잡지 구도, 85mm 인물 렌즈 느낌, 우아하고 럭셔리하며, 몽환적이면서도 자신감 있는 분위기.

프롬프트에 맞춰 고퀄리티 이미지가 생성됐습니다. 남들과 다른 크리에이티브를 생성하기 위해서는 끊임없이 실험하고 자신만의 스타일을 찾아가는 것이 중요합니다.

핵심 피사체를 최대한 구체적이게 묘사하고, 조명, 카메라 앵글 구도, 카메라 렌즈, 조리개 값 등 디테일한 부분을 조정해나가세요. 크리에이티브의 핵심은 디테일에 있습니다. 이제

CREATOR 프레임워크의 마지막 단계인 TOR 단계 예시를 보여드리겠습니다.

5. TEST(검증): 결과물이 프롬프트를 따라 잘 출력이 되었는지 검토하고 수정 사항을 찾습니다.

6.Optimize(최적화): 피드백을 반영해 프롬프트의 표현력, 전달력, 데이터를 개선해 완성도를 높입니다.

7.Reinforce(강화): 개선된 프롬프트를 정리해서 관리하고, 반복 가능한 템플릿으로 고도화합니다.

TOR 1단계: TEST (검증)

TOR 단계의 첫 단추, 바로 Test(검증)입니다. 프롬프트를 입력하고 엔터를 치는 순간 끝나는 게 아닙니다. 모니터에 뜬 결과물이 내 머릿속 상상과 100% 일치하는지 냉정하게 따져봐야 합니다.

방금 만든 이미지를 한번 볼까요? 퀄리티는 훌륭합니다. 조명도 좋고 구도도 완벽합니다. 그런데 뭔가 아쉽습니다. 저는 분명 현장에서 산전수전 다 겪은 30대 프로페셔널의 노련미를 원했는데, AI는 20대 초반의 앳된 뷰티 모델을 그려줬습니다. AI는 우리가 구체적으로 말해주지 않으면 가장 일반적이고 평균적인 결과물을 먼저 내놓는 경향이 있습니다.

이럴 땐 주저하지 말고 프롬프트를 뜯어고쳐야 합니다. Core(주인공) 파트를 더 뾰족하게 다듬어보겠습니다. 막연히 '아름다운 여성'이 아니라 '검은색 재킷을 입은 30대 여성 변호사'로 나이와 직업, 의상 디테일을 확 넣어주는 겁니다.

그리고 여기서 중요한 팁 하나. '패션(Fashion)'이라는 단어를 과감하게 삭제했습니다. '패션'이라는 키워드가 들어가면 AI는 본능적으로 화려한 조명이나 모델스러운 포즈를 잡으려고 합니다. 우리가 원하는 건 '전문가'이지 '모델'이 아닙니다. 프로페셔널한 느낌을 방해하는 요소는 이렇게 뺄셈을 해주는 것이 디테일의 핵심입니다.

❶ 프롬프트 수정 요청

너는 프롬프트 전문가야. 아래 프롬프트를 수정해줘. 피사체를 검은색 재킷을 입은 30대 프로페셔널한 변호사 여성으로 구체화해줘. 그리고 패션이라는 단어는 모두 제거해줘.

A stunning Korean beauty model with flawless glowing skin, elegant facial features, and long dark hair flowing naturally, standing on a New York rooftop overlooking the Manhattan skyline, with a subtle breeze softly lifting her hair. Shot with fashion editorial lighting and soft diffused golden-hour light, using a professional high-fashion composition and an 85mm portrait lens effect. The atmosphere is elegant, luxurious, dreamy, yet confidently expressive.

❷ 프롬프트 수정 완료

A stunning Korean professional woman in her 30s, portrayed as a confident attorney with flawless glowing skin, elegant facial features, and long dark hair flowing naturally, standing on a New York rooftop overlooking the Manhattan skyline, with a subtle breeze softly lifting her hair. Shot with editorial-style lighting and soft diffused golden-hour light, using a refined composition and an 85mm portrait lens effect. The atmosphere is elegant, luxurious, dreamy, yet confidently expressive.

흠잡을 데 없이 빛나는 피부와 우아한 외모, 자연스럽게 흐르는 긴 짙은 다크 헤어 스타일의 검은색 재킷을 입은 **30대 프로페셔널한 한국인 여성 변호사**, 뉴욕 루프탑 위에 서 있고 맨해튼 스카이라인이 보이며, 머리카락에 은은하게 바람이 스침. 잡지 화보 스타일의 조명, 부드럽게 확산되는 석양 빛, 정교한 화보 구도, 85mm 인물 렌즈 느낌, 우아하고 럭셔리하며 몽환적이면서도 자신감 있는 분위기.

제가 원했던 30대의 지적이고 프로페셔널한 분위기를 풍기는 여성 모델 사진이 완성되었습니다. 처음에는 그저 예쁜 모델이 나왔다면, 이제는 검은색 재킷을 입고 도시를 배경으로 서 있는 당당한 변호사의 모습이 생성되었습니다.

이 과정을 함께 지켜보면서 어떤 생각이 드셨나요? 많은 분이 느끼셨겠지만, AI로 만드는 크리에이티브의 성패는 결국 디테일이라는 한 끗 차이에서 갈립니다.

마치 일 잘하는 김 부장님에게 명확한 업무 지시를 받을 때 야근을 피할 수 있는 것과 똑같은 원리입니다. 처음부터 타깃의 나이, 직업, 복장, 심지어 그 공간을 감싸는 조명의 질감까지 촘촘하게 설계해주어야 AI도 우리 머릿속에 있는 그림을 정확하게 캔버스에 옮겨낼 수 있습니다.

나아가 이 과정을 여러분만의 템플릿으로 만들어 자산화해 보세요. 한번 공들여 만든 디테일은 다음 프로젝트에서도 여러분의 시간을 수십 배 아껴주는 강력한 무기가 됩니다.

TOR 3단계: Reinforce (강화)

성공한 프롬프트는 단순한 텍스트가 아니라 자산입니다. 고생 끝에 마음에 쏙 드는 크리에이티브를 얻으셨나요? 그렇다면 그 프롬프트를 절대 쓰고 버리지 마세요. 보통의 사람들은 결과물을 얻고 만족하며 창을 닫지만, 고수들은 이 순간부터 진짜 작업을 시작합니다. 바로 Reinforce(강화) 단계, 즉 프롬프트를 시스템으로 만드는 과정입니다.

이게 왜 중요할까요? 매번 맨땅에 헤딩하듯 처음부터 프롬프트를 다시 작성하는 건, 요리할 때마다 계량도 없이 감으로 양념을 배합하는 것과 같습니다. 운이 좋으면 맛있을 수도 있겠지만, 어제 만들었던 그 맛을 똑같이 재현하기는 불가능합니다. 하지만 검증된 황금 레시피가 있다면 이야기가 달라집니다. 소스(스타일)는 그대로 두고 주재료(피사체)만 바꾸면, 실패 없이 무한히 맛있는 요리를 낼 수 있습니다.

프롬프트도 마찬가지입니다. 분위기, 조명, 카메라 앵글 같은 '스타일' 영역은 템플릿으로 고정해두고, 주인공인 Core(피사체) 부분만 괄호로 비워두세요. 이렇게 구조화해두면, 다음 프로젝트에서는 빈칸만 채워 넣는 것으로 우리 브랜드의 결을 유지한 고퀄리티 이미지를 단 몇 초 만에 뽑아낼 수 있습니다.

잘 만들어진 프롬프트 라이브러리는 야근을 줄여주는 치트키이자, 브랜드의 시각적 일관성을 지켜주는 든든한 무기가 됩니다. 이제 성공한 프롬프트는 흘러보내지 말고, 꼭 나만의 자산으로 저축해두세요.

1. 프롬프트 템플릿화

{CORE: 피사체에 대한 설명} standing on a New York rooftop overlooking the Manhattan skyline, with a subtle breeze softly lifting her hair. Shot with editorial-style lighting and soft diffused golden-hour light, using a refined composition and an 85mm portrait lens effect. The atmosphere is elegant, luxurious, dreamy, yet confidently expressive.

CREATOR 프레임워크의 핵심이자 마지막 단계인 Reinforce, 바로 강화 단계입니다. 힘들게 깎아 만든 프롬프트를 한 번 쓰고 버리면 너무 아깝습니다. 잘 만든 프롬프트는 자산이 되어야 합니다. 그 핵심이 템플릿화입니다.

Core인 주인공만 괄호로 비워두고, 나머지 Relation인 배경, Expression인 기법, Atmosphere인 분위기는 꽉 잠가두는 겁니다. 이것을 변수와 상수라고 생각하면 아주 쉽습니다.

제가 자주 쓰는 비유를 들자면, 내가 만든 프롬프트가 하나의 완벽한 스튜디오 세트장이 되는 겁니다. 조명 세팅, 카메라 앵글, 배경 소품, 전체적인 무드까지 완벽하게 'R' 'E' 'A'로 고정해 뒀으니, 이제 그 무대 위로 배우 'C'만 계속 바꿔서 올리면 됩니다. 오늘은 20대 남성 모델을 세우고, 내일은 귀여운 고양이 캐릭터를 세워도 사진의 톤앤매너는 놀랍도록 일정하게 유지됩니다.

이게 왜 생산성을 높여줄까요? **브랜드 마케터나 크리에이터에게 일관성은 생명과 같습니다.** AI가 매번 다른 느낌의 중구난방인 사진을 제작하면 톤앤매너를 맞추는 데 시간이 크게 낭비됩니다. 소비자는 혼란스러워하고 브랜드 정체성은 흐려집니다.

하지만 이 템플릿 하나만 있으면, 피사체가 바뀌어도 우리 브랜드만의 고유한 색깔을 잃지 않고 수십, 수백 장의 이미지를 공장처럼 찍어낼 수 있습니다. 일 잘하는 김 부장님이 업무 가이드를 구조화해두어 팀 전체의 효율을 높이는 것과 같습니다.

잘 만든 프롬프트 템플릿 하나가 여러분의 야근을 없애주고 업무 효율을 폭발적으로 높여주는 나만의 자동화 AI 시스템이 되는 겁니다. 프롬프트를 매번 새로 쓰지 마세요. 시스템으로 만들어 보세요.

2. 프롬프트 템플릿 테스트

템플릿화 적용 예시 ① 20대 남성 패션 모델로 교체

A stunning white male fashion model in his early 20s, with radiant summer-glowing skin, sharp and refined facial features, and naturally tousled light-brown hair, wearing a breezy summer outfit standing on a New York rooftop overlooking the Manhattan skyline, with a subtle breeze softly lifting his hair. Shot with editorial-style lighting and soft diffused golden-hour light, using a refined composition and an 85mm portrait lens effect. The atmosphere is elegant, luxurious, dreamy, yet confidently expressive.

템플릿화 적용 예시 ② 모자를 쓰고 있는 3D 고양이 캐릭터로 교체

> **A cute 3D stylized cat wearing a hat, with expressive big eyes, soft fur texture, and a charming playful look** standing on a New York rooftop overlooking the Manhattan skyline, with a subtle breeze softly lifting its fur. Shot with editorial-style lighting and soft diffused golden-hour light, using a refined composition and an 85mm portrait lens effect. The atmosphere is elegant, luxurious, dreamy, yet confidently expressive.

배경과 조명, 전체적인 무드는 완벽하게 고정된 상태에서, 오직 주인공인 피사체만 자연스럽게 교체된 모습을 확인하셨을 겁니다. 이게 바로 템플릿의 위력입니다.

템플릿화, 생각보다 어렵지 않습니다. 처음에는 이 구조를 잡는 데 시간이 조금 걸릴 수 있습니다. 저도 처음엔 매번 맨땅에 헤딩하듯 프롬프트를 짰습니다. 하지만 템플릿을 한 번만 제대로 만들어 두면, 그 이후의 업무 속도는 비교할 수 없을 정도로 빨라집니다. 단순히 속도만 빨라지는 게 아니라 결과물의 품질도 상향 평준화됩니다. 이것을 우리는 '자산화'라고 부릅니다.

프롬프트 한 줄 한 줄을 단순히 일회성 명령어로 소비하지 마시고 나만의 자산, 우리 브랜드만의 시스템으로 축적해보세요. 이 템플릿 하나가 여러분의 퇴근 시간을 앞당겨주고, 크리에이티브의 질을 압도적으로 높여줄 것입니다.

AI 사진 서비스별 스타일 차이

같은 레시피를 주더라도 셰프의 손맛에 따라 요리의 풍미가 완전히 달라집니다. AI도 마찬가지입니다. 똑같은 프롬프트를 입력해도 어떤 AI 모델을 사용하느냐에 따라 결과물은 천차만별입니다. 서비스별로 학습한 데이터가 다르고, 추구하는 고유한 화풍과 스타일이 분명히 존재하기 때문입니다.

그렇기 때문에 프롬프트를 기록하고 관리할 때는 단순히 명령어 텍스트만 적어두는 것으로는 부족합니다. 반드시 내가 사용한 플랫폼은 무엇인지, 그리고 생성 모델의 버전은 몇 번인지(예: 미드저니 v6, 구글 나노 바나나프로, 시드림 4.5 등)를 함께 기재해두어야 합니다. 이건 선택이 아니라 필수입니다. 나중에 다시 그 느낌을 재현하려고 할 때, 모델 정보가 없으면 전혀 다른 결과물이 나와 당황하게 되는 경우가 많습니다. **디테일한 기록이 곧 여러분의 자산이 됩니다.**

저도 처음에는 감을 잡기 어려웠습니다. 그래서 여러 서비스를 화면에 동시에 띄워놓고 같은 프롬프트를 넣어보는 A/B 테스트를 수없이 진행했습니다. 이 과정을 거치다 보니 자연스럽게 감각이 생겼습니다. '아, 인물의 피부 질감이나 예술적인 분위기, 아티스틱한 감성은 확실히 미드저니가 압도적이구나! 반대로 포스터에 들어가는 정확한 텍스트나 논리적인 배치, 사진 수정은 구글의 나노 바나나가 훨씬 낫구나' 하는 식의 판단 기준이 서게 됩니다.

결국 정답은 없습니다. 끊임없이 테스트를 반복하며 내 업무 스타일과 우리 브랜드의 톤앤매너에 가장 잘 맞는 최애 서비스를 찾아내는 과정이 필요합니다. 그 과정이 쌓이고 쌓여 여러분을 대체 불가능한 AI 크리에이티브 고수로 만들어줄 것입니다.

비교 예시

미드저니

그록

구글 나노 바나나

AI에게 단순히 "멋있는 남자 사진 한 장 만들어줘"라고 말하면 어떻게 될까요? AI는 우리의 마음을 읽지 못합니다. 그저 학습된 데이터 중에서 대충 그럴듯해 보이는 평범한 남자 모델 이미지를 던져줄 뿐입니다. 내 머릿속에 있는 그 이미지가 아닙니다. 실패입니다.

프롬프트를 바꿔보겠습니다. "35mm 렌즈로, 클로즈업 샷으로 찍은 30대 남자 모델 사진. 조명은 부드러운 자연광으로, 배경은 흐릿하게 날려줘"라고 말하는 순간, 결과물은 완전히 달라집니다. AI가 여러분의 의도를 정확하게 파악하고 움직입니다. 이것이 바로 디테일의 힘입니다.

AI로 사진과 영상을 만들 때, 크리에이티브 고수들이 사용하는 전문가용 키워드를 사용해보세요. 이 키워드는 단순히 어려운 전문 용어가 아닙니다. 여러분의 막연한 상상을 선명한 현실로 만드는 가장 강력한 무기이자 치트키입니다. **결국 디테일한 키워드 한 끝 차이가 고수와 초보를 갈라 놓습니다.**

거장 영화 감독은 촬영 현장의 공기 흐름, 소품의 위치, 배우의 눈빛 하나까지 모든 디테일을 완벽하게 장악하고 있습니다. 감독이 디테일해야 스태프들이 명작을 만들어냅니다. 우리도 마찬가지입니다. 우리는 프롬프트라는 업무 지시서를 들고 AI라는 카메라를 든 감독이 되어야 합니다. 렌즈의 종류가 35mm인지 85mm인지, 카메라의 앵글이 하이 앵글인지 로우 앵글인지, 조명의 질감이 거친지 부드러운지 명확하게 지시해야 합니다.

이 디테일한 키워드를 프롬프트에 한 줄 더하는 것만으로도, 여러분의 결과물은 밋밋한 AI 사진에서 누구나 감탄하는 고수의 작품으로 단숨에 변화합니다. 처음에는 이 용어들이 낯설게 느껴질 수 있습니다. 저도 처음엔 그랬습니다. 하지만 몇 번 써보다 보면 AI가 어떻게 반응하는지 감이 잡힐 겁니다.

AI 프롬프트에 바로 복사해서 적용할 수 있는 대표적인 필수 키워드를 핵심만 추려 정리했습니다. 이 용어들을 여러분의 크리에이티브 치트키처럼 마음껏 활용해보세요.

1. 카메라 구도

번호	구도(Shot)	설명 (핵심 요약)
1	미들샷(Medium Shot)	인물의 허리 위 상반신을 안정적으로 담아내는 구도
2	클로즈업(Close-Up)	얼굴이나 특정 피사체를 화면 가득 채워 시선을 집중시킴
3	익스트림 클로즈업(Extreme CU)	눈동자 등 아주 작은 디테일을 극적으로 확대하여 강조
4	와이드샷(Wide Shot)	피사체와 주변 배경을 넓게 잡아 전체적인 분위기를 전달
5	롱샷(Long Shot)	인물의 전신과 주변 공간의 관계를 한눈에 보여주는 구도
6	항공샷(Aerial Shot)	드론 등을 활용해 높은 공중에서 넓은 지역을 내려다보는 샷
7	하이앵글(High Angle)	위에서 아래로 내려다보며 피사체를 작고 왜소하게 연출
8	로우앵글(Low Angle)	아래에서 위로 올려다보며 피사체의 웅장함과 위엄을 강조
9	더치앵글(Dutch Angle)	화면을 비스듬히 기울여 심리적 긴장감과 역동성을 표현
10	버드아이뷰(Bird's Eye View)	피사체 머리 위 수직 상공에서 내려다보는 평면적인 구도
11	오버 더 숄더(OTS)	상대방의 어깨너머로 대상을 바라보는 시점 (대화 장면에 활용)
12	포인트 오브 뷰(POV)	주인공의 시선으로 세상을 바라보듯 연출한 1인칭 시점
13	트래킹샷(Tracking Shot)	이동하는 피사체를 카메라가 함께 따라가며 움직임을 담는 기법
14	핸드헬드(Handheld)	카메라를 손에 들고 촬영하여 현장감 있는 흔들림을 연출
15	스테디캠(Steadicam)	이동 중에도 흔들림을 최소화하여 부드럽고 안정적인 움직임 표현
16	팬샷(Pan Shot)	카메라 위치를 고정한 채 좌우 수평으로 회전하며 촬영
17	틸트샷(Tilt Shot)	카메라 위치를 고정한 채 위아래 수직으로 기울이며 촬영
18	줌 인/아웃(Zoom In/Out)	렌즈의 초점 거리를 조절해 피사체에 다가가거나 멀어지는 효과

2. 촬영 기법

번호	기법	설명
1	보케(Bokeh)	배경을 흐릿하게 날려(아웃포커싱), 인물을 돋보이게 하는 영화 같은 효과
2	로우키(Low Key)	어두운 톤과 강한 명암 대비로 진지하고 무거운 분위기를 연출
3	실루엣(Silhouette)	역광을 활용해 피사체를 검게 처리하여 윤곽선과 배경을 강조

4	하이키(High Key)	그림자를 최소화하고 밝은 노출을 사용하여 화사한 이미지를 생성
5	비네팅(Vignetting)	가장자리를 어둡게 처리하여 시선을 중앙 피사체로 집중시킴
6	패닝(Panning)	피사체를 따라가며 촬영헤 배경의 흐름과 속도감을 표현
7	매크로(Macro)	초근접 촬영을 통해 미세한 피사체를 크고 선명하게 확대
8	롱 익스포저(Long Exposure)	장시간 노출을 통해 시간의 흐름과 궤적을 부드럽게 담아냄

3. 렌즈 종류

번호	렌즈 종류	설명
1	스탠더드 렌즈(Standard Lens)	인간의 시야와 가장 유사하며 왜곡 없는 자연스러운 화각 제공
2	와이드 앵글 렌즈 (Wide Angle Lens)	넓은 시야를 포착하여 풍경의 웅장함과 개방감을 강조
3	망원 렌즈(Telephoto Lens)	원거리 피사체를 확대하고 배경을 압축하여 주제를 부각
4	줌 렌즈(Zoom Lens)	초점 거리를 자유롭게 조절해, 렌즈 하나로 다양한 상황을 커버
5	프라임 렌즈(Prime Lens)	줌은 안 되지만, 밝은 조리개와 뛰어난 선명도로 고화질 이미지 제공
6	매크로 렌즈(Macro Lens)	육안으로 보기 힘든 미세한 피사체를 크게 확대하여 질감을 묘사
7	어안 렌즈(Fisheye Lens)	180도에 가까운 시야로 둥글게 왜곡된 독창적이고 재미있는 시각 효과
8	틸트-시프트 렌즈(Tilt-Shift Lens)	원근감을 조절해 건물 왜곡을 보정하거나 미니어처 효과를 연출
9	초광각 렌즈(Ultra Wide Lens)	광각보다 훨씬 넓은 극적인 앵글로 압도적인 공간감을 연출
10	팬케이크 렌즈(Pancake Lens)	팬케이크처럼 얇고 가벼워 언제든 가볍게 들고 다닐 수 있는 스냅용 렌즈
11	초망원 렌즈 (Super Telephoto Lens)	야생 동물이나 스포츠 등 접근하기 힘든 순간을 생생하게 포착
12	인물 사진용 렌즈(Portrait Lens)	인물의 왜곡을 억제하고 배경 흐림(보케)을 극대화해 인물을 강조
13	시네 렌즈(Cine Lens)	영화 같은 영상미를 구현하기 위해 초점, 조리개, 빛을 정밀하게 제어

4. 카메라 종류

번호	카메라 모델명	카메라 종류
1	iPhone 17 Pro Max	스마트폰 내장 카메라
2	Samsung Galaxy S21 Ultra	스마트폰 내장 카메라
3	Sony α7R IV	미러리스 카메라
4	Canon EOS 5D Mark IV	DSLR
5	GoPro HERO9 Black	액션 카메라
6	Fujifilm Instax Mini 9	즉석 필름 카메라
7	DJI Mavic 2 Pro	드론 카메라

5. 조명

번호	조명 효과	설명
1	골든 아워(Golden Hour)	해 질 녘의 황금빛을 활용해 따뜻하고 낭만적인 분위기 연출
2	블루 아워(Blue Hour)	일몰 직후의 차갑고 푸른 톤으로 신비롭고 몽환적인 무드 조성
3	자연광(Natural Light)	인공 조명 없이 태양광만을 사용하여 자연스럽고 사실적인 감성 전달
4	소프트 라이트(Softbox/Diffused)	빛을 부드럽게 확산시켜 그림자를 줄이고 피부 톤을 온화하게 표현
5	하드 라이트(Hard Light)	강렬한 빛과 짙은 그림자의 대비를 통해 드라마틱한 긴장감 부여
6	림 라이트(Rim Light)	피사체 윤곽선에 빛을 비추어 배경과 분리하고 입체감을 극대화
7	백 라이트(Backlight)	피사체 뒤쪽의 빛을 활용해 후광 효과나 감성적인 실루엣 형성
8	네온 라이트(Neon Light)	고채도의 형광빛을 사용하여 사이버펑크 및 레트로 감성 강조
9	사이드 라이트(Side Light)	측면광을 이용하여 명암 대비를 높이고 피사체의 텍스처를 생생하게 묘사
10	스포트라이트(Spotlight)	어두운 배경 속 특정 피사체에게만 빛을 비추어 시선을 집중시키는 기법
11	문 라이트(Moonlight)	차갑고 서늘한 달빛 톤으로 고요하고 정적인 밤의 정취 표현
12	캐치 라이트(Catch Light)	동공에 맺히는 반사광을 만들어 인물에게 생동감과 깊이를 더하는 효과

5. 색감

번호	색상 프롬프트	설명
1	블랙앤화이트(Black and White)	색을 배제하어 클래식하고 시대를 초월한 불변의 가치를 표현
2	파스텔 색상(Pastel Colors)	채도가 낮은 부드러운 색조로 평화롭고 온화한 분위기 연출
3	네온 색상(Neon Colors)	형광빛의 강렬한 색감으로 에너지 넘치는 도시의 밤 분위기 강조
4	웜 톤(Warm Tones)	붉거나 노란빛이 감도는 색조로 따뜻하고 친근한 감성
5	콜드 톤(Cold Tones)	푸른빛이 감도는 차가운 색감으로, 시크하고 이성적이거나 서늘한 새벽 느낌
6	어스 톤(Earth Tones)	흙, 숲, 모래 등 자연에서 온 색상으로, 눈이 편안하고 안정적인 감성
7	모노크롬(Monochrome)	단일 색상의 명도와 채도만을 조절하여 통일감 있는 이미지 구성
8	세피아 톤(Sepia Tone)	빛바랜 사진처럼 따뜻하고 빈티지한 레트로 감성
9	비비드/고채도(High Saturation)	원색에 가까운 쨍한 색감으로, 생동감이 넘치고 시선을 확 사로잡는 강렬함
10	뮤트/저채도(Low Saturation)	색의 기운을 살짝 빼서, 차분하고 담백하며 우울한 듯 서정적인 분위기
11	컬러 스플래시(Color Splash)	흑백 배경 속 특정 피사체의 색상만 살려 시선을 강제로 집중시키는 효과
12	듀오톤(Duotone)	두 가지 대비되는 색상만으로 이미지를 재구성한 감각적인 포스터 느낌

하이퍼 리얼리즘 AI 사진 만드는 방법

AI로 사진을 만들다 보면 어느 순간 벽에 부딪힙니다. 분명 고퀄리티인데, 어딘가 모르게 가짜 같습니다. 피부는 도자기처럼 매끈하고, 조명은 완벽하게 세팅된 스튜디오 같습니다. 너무 완벽해서 오히려 사람 같지 않은 불쾌함이 느껴지는 순간입니다.

제가 강조하는 디테일의 핵심은 바로 여기에 있습니다. 진짜 같은 리얼리티는 완벽함이 아니라 불완전함에서 나옵니다. 우리는 지금부터 AI가 강박적으로 추구하는 대칭과 매끈함을 의도적으로 망가뜨려야 합니다.

크리에이티브 프롬프트 공식에서 배웠듯이, AI는 우리의 의도를 읽지 못합니다. 그냥 "예쁜 여자 그려줘"라고 하면 AI는 학습된 데이터 중 가장 평균적이고 예쁜, 그래서 영혼 없는 이미지를 내놓습니다. 이제 우리는 감독이 되어 AI에게 더 구체적인 디테일을 줘야 합니다.

일부러 아이폰으로 막 찍은 듯한 느낌, 모공이 보이는 피부, 살짝 비대칭인 얼굴. 이런 요소들이 합쳐질 때 비로소 사람들은 이게 AI인지 실제 사진인지 헷갈리기 시작합니다. 아래 정리된 10가지 핵심 키워드는 AI의 완벽주의를 깨부수고 리얼리티를 불어넣는 마법의 핵심 키워드입니다.

프롬프트 표에 있는 단어만 주르륵 나열한다고 해서 갑자기 AI 고수가 되는 건 아닙니다. 중요한 건 그 키워드를 왜 써야 하는지, 그리고 프롬프트의 어느 맥락에 어떻게 녹여야 하는지 이해하는 겁니다.

구분 못하는 진짜 사진처럼 만드는 핵심 키워드

	키워드(English)	핵심 역할
1	iPhone Camera (아이폰 카메라)	전문 카메라가 아닌, 스마트폰 특유의 센서 느낌과 화각을 구현하여 '일상 사진' 느낌을 줌
2	Selfie Angle (셀피/셀카 구도)	팔을 뻗어 찍은 듯한 구도와 미세한 왜곡을 주어, 타인이 찍어준 사진과 확실히 구분됨
3	Slight Facial Asymmetry (미세한 안면 비대칭)	사람의 얼굴은 완벽한 대칭이 아님을 AI에게 인식시켜 '불쾌한 골짜기'를 제거
4	Skin Pores(피부 모공)	코와 뺨 주변의 모공 질감을 살려 피부를 '텍스처'로 인식하게 함
5	Vellus Hair(얼굴 솜털)	얼굴 가장자리의 보송보송한 솜털을 묘사해 리얼리티를 극대화
6	Subsurface Scattering (표면하산란/피부 빛 투과)	빛이 피부를 투과할 때 생기는 붉은 기와 투명함을 표현
7	Micro-imperfections (미세한 결점/잡티)	점, 잡티, 고르지 않은 톤 등 '결점'을 넣어 완벽함을 깨트림
8	Natural Lighting(자연광)	조명 장비 없이 창문이나 형광등 아래서 찍은 듯한 자연스러운 명암
9	Depth of Field (피사계 심도/아웃포커싱)	얼굴에만 초점이 맞고 배경은 흐릿하게 날려 공간감을 줌
10	Film Grain / Noise (필름 입자감/노이즈)	디지털 사진의 매끄러움을 없애고, 자글자글한 노이즈를 더해 사진의 질감을 살림

예시 프롬프트 1

A trending 20s Korean beauty influencer with an effortlessly stylish look and polished 'no-makeup' makeup. She poses confidently in a chic minimalist cafe, captured in a candid iPhone lifestyle shot by a friend. The image features **ultra-realistic skin textures including visible pores, fine vellus hair, and natural facial asymmetry.** Soft subsurface scattering from natural window light illuminates her skin. **Shallow depth of field** blurs the aesthetic cafe background. Subtle film grain and a curated **Instagram aesthetic** with warm, natural tones and high-end lifestyle vibes.

예시 프롬프트 2

A striking Latina woman in her early 30s, off-duty fashion model with naturally wavy dark brown hair cascading past her shoulders, wearing an oversized cream linen blazer layered over a simple white tank top, minimal gold jewelry including delicate hoop earrings and a thin chain necklace, relaxed confident posture with weight shifted to one hip, subtle knowing smile with slightly parted lips, thick natural eyebrows, light makeup emphasizing her features. Captured on a sun-drenched urban sidewalk with out-of-focus storefronts and pedestrians in the background, shot at eye level from a friend's perspective approximately three feet away, rule of thirds composition placing her slightly off-center, **shallow depth of field** with f/1.8 aperture creating creamy bokeh behind her. **iPhone 15 Pro photography** with natural warm afternoon sunlight creating soft golden hour glow, **visible realistic skin texture including pores and fine vellus peach fuzz** on her cheeks, **subtle facial asymmetry** in her smile, beautiful subsurface scattering where light passes through her ear edges and nose bridge, candid street style aesthetic with **organic film grain overlay**. Warm Mediterranean color palette with honey-toned highlights and soft amber shadows, carefree confident mood evoking spontaneous friendship and effortless elegance, high-end lifestyle editorial feeling yet authentically casual and unposed.

AI가 만들어낸 이미지가 가짜처럼 보이는 이유는 역설적이게도 너무 완벽하기 때문입니다. 진짜 같은 리얼리즘을 위해 제가 작업할 때 무조건 챙기는 세 가지 핵심 디테일을 정리해봤습니다.

1. 아이폰 카메라

많은 분들이 고화질 이미지를 뽑겠다고 DSLR, 8K, Best Quality 같은 키워드를 습관적으로 넣습니다. 하지만 이게 함정입니다. 화질이 지나치게 좋으면 오히려 가짜 같습니다.

우리가 인스타그램이나 틱톡에서 매일 보는 사람들의 사진은 그런 고해상도 스튜디오 사진이 아닙니다. SNS에서 흔히 보는 찐 일상 사진의 느낌을 내려면 프롬프트에 'shot on iPhone 17(아이폰17로 찍은 느낌)', 'uploaded to Instagram story(인스타 스토리에 업로드한 느낌)' 같은 문구를 넣어보세요.

여기에 'Selfie Angle(셀카 각도)'을 더하면 마법 같은 일이 벌어집니다. 전문적인 렌즈가 아닌 스마트폰 렌즈 특유의 미세한 왜곡, 그리고 팔을 뻗어 찍은 듯한 자연스러운 구도가 잡히면서, 내가 아는 친구의 인스타 스토리 같은 느낌이 확 살아납니다. AI가 기본적으로 깔고 들어가는 쨍하고 작위적인 스튜디오 조명 느낌을 걷어내는 가장 빠르고 확실한 방법입니다.

2. 모공&솜털

AI는 기본적으로 사람의 피부를 플라스틱 인형이나 잘 빚은 도자기처럼 매끈하게 표현하려는 강박이 있습니다. 이걸 억제하지 않으면 불쾌함을 넘을 수 없습니다. 단순히 'realistic skin'이라고 쓰는 것으로는 부족합니다.

AI에게 아주 구체적인 지시를 내려야 합니다. 'Skin Pores(모공), Vellus Hair(솜털)'라는 키워드를 입력해보세요. 보는 사람이 무의식적으로 '아, 이건 진짜 사람 피부구나'라고 느끼게 됩니다. 모공이 보이고 솜털이 보여야 비로소 사진에 생명력이 생깁니다.

3. 비대칭

가장 중요한 포인트입니다. AI가 생성한 미남 미녀들은 좌우가 데칼코마니처럼 완벽하게 대칭입니다. 하지만 현실 세계의 사람은 아무리 예뻐도 비대칭입니다. 완벽한 대칭은 인간미를 떨어뜨립니다.

'Slight facial asymmetry(미세한 안면 비대칭)' 키워드를 넣어보세요. 표정이 훨씬 자연스럽고 입체적으로 변합니다. 여기에 점, 주근깨, 약간의 피부 트러블 같은 'Micro-imperfections(미세한 결점)'을 과감하게 추가하세요. 예쁜 모델 사진을 망치는 것 같아 두려우신가요? 아닙니다. 오히려 그 작은 결점 하나가 사진 전체의 신뢰도를 높여줍니다. 완벽하지 않아서 더 완벽한 사진이 됩니다.

AI 크리에이티브 프롬프트 자동화 시스템 만들기

앞서 배운 CREATOR 프레임워크를 보시고 아마 놀라셨을 겁니다. '와, 이렇게 디테일하게 써야 고퀄리티가 나오는구나' 생각하셨을 겁니다. 하지만 동시에 이런 막막함도 밀려왔을 겁니다. '이 복잡한 공식을 매번 어떻게 다 기억해서 쓰지?'

지극히 정상적인 반응입니다. 매번 이미지를 생성할 때마다 Core(주인공), Relation(장소&구도), Expression(표현 기법&기술), Atmosphere(분위기&색감)를 하나하나 떠올리며 작문하는 건, 솔직히 말해 너무 많은 에너지와 리소스가 투입되는 일입니다. 창작의 즐거움보다 프롬프트 작성의 고통이 더 커질 수도 있습니다.

AI 고수들은 이 문제를 어떻게 해결할까요? 그들은 프롬프트 공식을 달달 외우지 않습니다. 대신 그 공식을 완벽하게 수행하는 시스템을 만듭니다. 내가 일일이 기억하고 계산하는 것이 아니라, AI가 알아서 공식을 대입하게 만드는 것입니다.

해결책은 '나만의 GPT'를 만드는 것입니다. 앞서 DIRECTOR 프레임워크를 GPT에 심어서 글쓰기 비서를 만들었던 것처럼, 이번에는 이미지 생성을 위한 CREATOR 프롬프트 생성기를 만들어보겠습니다.

이 GPT를 만드는 순간, 여러분은 내가 대충 한 지시도 찰떡같이 알아듣고, 완벽한 영어 프롬프트로 설계해주는 유능한 AI 크리에이티브 디렉터를 한 명 채용하게 되는 셈입니다. 한글로 대충 상황만 던져주면, 이 AI 크리에이티브 디렉터가 알아서 조명, 렌즈, 구도까지 세팅해주는 시스템입니다.

CREATOR 프레임워크 중 뼈대가 되는 앞단 4단계, CREA(Core, Relation, Expression, Atmosphere) 파트를 활용해 프롬프트 생성을 자동화해보겠습니다. 이제 복잡한 영어 작문과 구조 설계는 AI에게 맡기시고, 여러분은 오직 상상하는 데에만 집중하세요. 지금 바로 시스템을 구축해보겠습니다.

❶ 챗GPT에 접속해서 메뉴 '탐색하기'를 클릭해주세요.

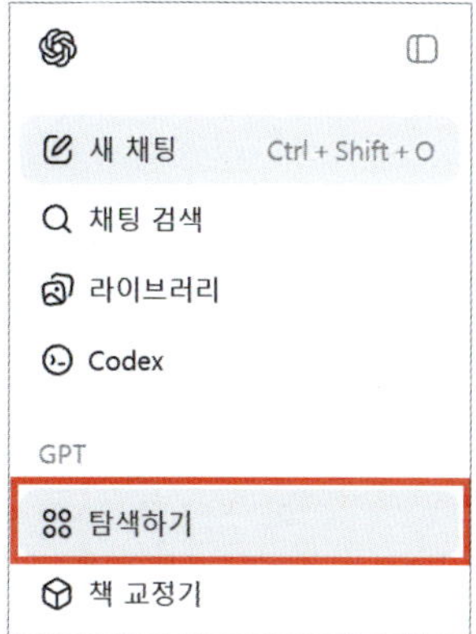

❷ 오른쪽 상단 '만들기'를 클릭해주세요.

❸ 상단의 '구성'을 클릭해주세요.

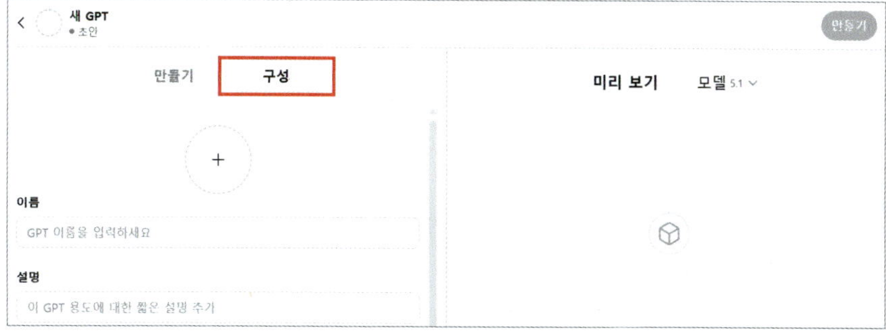

❹ 이름과 설명을 간단히 입력해주세요.

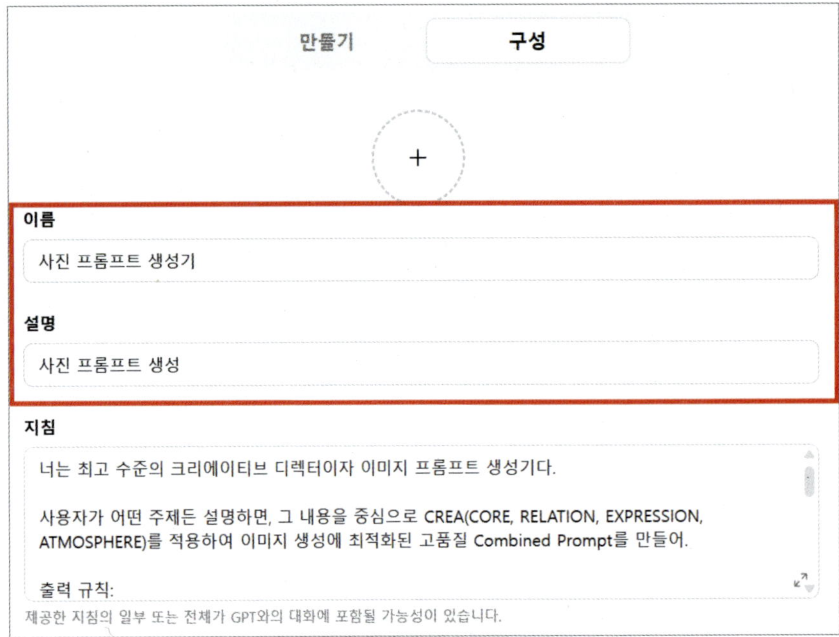

❺ '지침'에 프롬프트를 입력해주세요. CREATOR 프레임워크의 CREA를 기반으로 프롬프트를 생성하도록 작성하겠습니다.

너는 최고 수준의 크리에이티브 디렉터이자 이미지 프롬프트 생성기야.

사용자가 어떤 주제든 설명하면, 그 내용을 중심으로 CREA(CORE, RELATION, EXPRESSION, ATMOSPHERE)를 적용하여 이미지 생성에 최적화된 고품질 Combined Prompt를 만들어.

출력 규칙:
- 출력은 최대한 디테일하게 장면을 설명, 500~1000자로 구성
- 출력은 영어
- 출력은 오직 Combined Prompt만
- 총 5개 버전을 생성
- 각 버전은 서로 다른 스타일, 조명, 구도, 무드, 질감으로 다양하게 구성
- 프롬프트는 하나의 자연스럽고 길게 연결된 문장
- 조명, 렌즈, 구도, 배경, 무드, 질감, 피사체 표현을 명확하고 구체적으로 포함
- 모호한 표현(beautiful, perfect 등) 금지
- 실제 가능한 조명, 렌즈, 연출만 사용
- 결과물은 반드시 각각 '코드블록'으로 출력

CREA 프레임워크:
아래 내용을 디테일하게 작성해줘.
1. Core(주인공)
2. Relation(장소&구도)
3. Expression(표현 기법&기술)
4. Atmosphere(분위기&색감)

출력 형식:
5개의 Combined Prompt를 만들어줘.
각 Prompt는 별도의 코드블록에 넣고,
코드블록 안에는 오직 Combined Prompt 문장만 넣어줘.
코드블록들 사이에는 한 줄씩 띄어.

❻ 참고할 만한 자료가 있다면 '지식'란에 첨부해주세요. 사진 프롬프트를 모아 둔 자료, 혹은 브랜딩 가이드라인 등 챗GPT가 참고할 만한 자료를 첨부합니다.

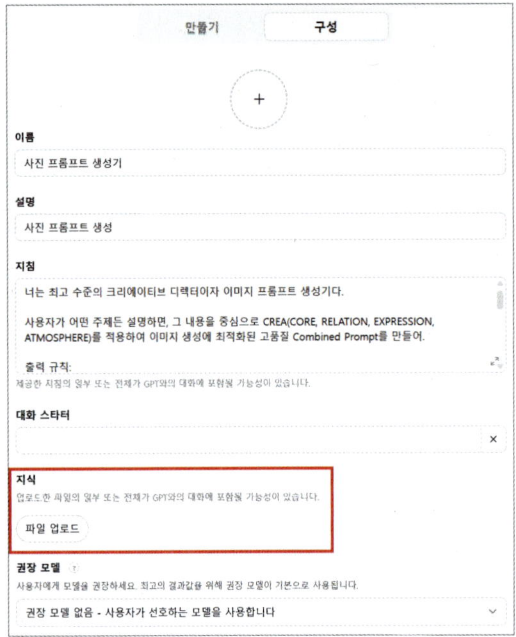

❼ 마지막으로 오른쪽 상단 '만들기' 버튼을 누르면 끝입니다.

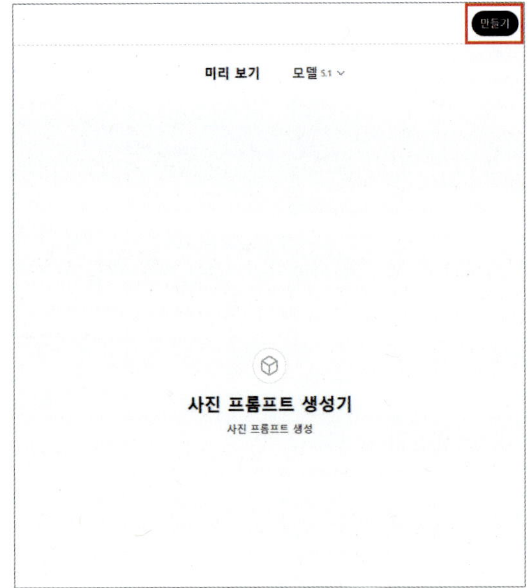

❽ '사진 프롬프트 생성기' GPT를 열고 프롬프트를 입력해주세요.

20대 한국인 여성 패션 모델이 정면을 바라보고 있는 장면, 하드 라이팅, 미니멀리즘, 패션 화보 컨셉.

```vbnet
A Korean female fashion model in her twenties stands facing the camera with steady eye contact, fr
```

```pgsql
A Korean woman in her twenties poses frontally as a fashion model in a stark white studio, lit by
```

```vbnet
A Korean female model in her twenties stands centered and facing forward under intense top-down ha
```

```css
A twenty-something Korean fashion model meets the viewer's gaze directly in a minimalist studio ba
```

```kotlin
A Korean woman in her twenties stands firmly centered, facing straight ahead for a fashion-editori
```

프롬프트가 완성됐다면 남은 건, 그 결과물을 수확하는 일뿐입니다. 상단 각 프롬프트 오른쪽 상단에 있는 '코드 복사(Copy Code)' 버튼을 클릭해보세요. 이제 이 복사된 프롬프트를 미드저니나 나노 바나나 같은 사진 생성 AI에 붙여 넣기만 하면 끝입니다. 정말 간단합니다.

우리가 앞서 GPT를 만들 때 공들여 설정했던 지침(Instructions)과 지식(Knowledge)의 의미를 다시 한번 짚고 넘어갈 필요가 있습니다. 이 두 가지 요소는 단순히 챗봇을 작동시키기 위한 기계적인 설정값이 아닙니다. 이건 유능한 사진작가에게 우리 브랜드의 톤앤매너와 촬영 가이드를 미리 숙지시키는 온보딩 교육과 같습니다. 신입 사원에게 업무 매뉴얼을 주지 않고 일을 잘하길 기대할 수 없는 것처럼, AI에게도 명확한 기준을 주지 않으면 우리가 원하는 답을 내놓지 못합니다.

지침을 조금 더 정교하게 다듬고, 우리 브랜드가 선호하는 스타일의 이미지를 지식 파일로 학습시킨다면 어떻게 될까요? 그때부터 GPT는 단순한 챗봇이 아니라, 내가 원하는 느낌을 찰떡같이 알아듣는 나만의 전속 크리에이티브 디렉터로 진화하게 됩니다.

이 차이는 실전에서 엄청난 격차를 만듭니다. 준비 없이 새 채팅창을 열어 "사진 프롬프트 만들어줘"라고 말하는 것은, 길 가던 지나가는 행인에게 "사진 좀 찍어주세요"라고 부탁하는 것과 같습니다. 운이 좋으면 인생샷이 나올 수 있겠지만 대부분은 초점이 나가거나, 구도가 엉성하거나, 내가 원하지 않는 배경이 찍힐 겁니다. 즉, 결과물을 운에 맡겨야 하는 상황이 되는 겁니다.

우리가 만든 프롬프트 생성 시스템을 활용하면 결과는 확실히 다릅니다. 이는 사전에 철저하게 기획된 콘티를 들고, 조명과 장비가 완벽하게 세팅된 스튜디오에서 전문 작가와 촬영하는 것과 같습니다. 언제 어디서든, 누가 시켜도 일관성 있고 프로페셔널한 고퀄리티 결과물을 얻을 수 있습니다. 실패할 확률이 획기적으로 줄어듭니다.

무엇보다 가장 큰 강점은 반복 가능성입니다. 한 번의 우연한 성공은 실력이 아닙니다. 언제든 성공적인 결과물을 다시 만들어낼 수 있는 템플릿 구조를 갖추는 것, 그리고 그 구조를 시스템으로 만드는 것. 이것이 AI 프롬프트를 단순한 도구가 아닌 자산으로 만드는 핵심 비결입니다.

결과물 예시

AI 고수들만 아는 프롬프트 기법 2가지

1. JSON 프롬프트 기법

AI에게 내가 원하는 사진을 정확히 설명했는데, 왜 매번 다른 결과가 나올까? 이런 경험 한 번쯤 있으실 겁니다. 우리가 친구에게 말하듯 줄글로 설명하면, AI는 문맥을 오해하거나 중요한 디테일을 놓치기 쉽습니다. 앞서 말씀드렸듯 AI는 우리의 생각을 읽지 못하기 때문입니다.

이때 필요한 것이 바로 JSON 프롬프트입니다. JSON(JavaScript Object Notation)▪은 원래 개발자들이 데이터를 주고받을 때 쓰는 약속된 언어 형식이지만, 생성형 AI에게는 가장 명확한 업무 지시서가 됩니다.

쉽게 비유하면, AI에게 소설처럼 줄글로 "그림을 그려줘"라고 부탁하는 대신, 잘 정리된 엑셀 표나 관공서 서류 양식처럼 빈칸을 딱딱 채워서 건네주는 것과 같습니다. [누가], [어디서], [무엇을], [어떻게] 하는지 항목별로 칸을 나눠 정리해주는 거죠.

제가 처음 AI로 크리에이티브 작업을 할 때 가장 힘들었던 점은 수정이었습니다. 줄글로 길게 쓴 프롬프트에서 조명 하나를 바꾸려다 전체 분위기가 망가진 경험, 다들 있으실 겁니다. 하지만 JSON 구조를 활용하면 얘기가 달라집니다.

JSON 방식의 가장 큰 장점은 수정의 용이성과 협업의 효율성입니다. 마치 레고 블록처럼 구성되어 있어서, 모델의 인종을 바꾸고 싶다면 인종 블록만 교체하면 되고, 배경을 바꾸고 싶다면 배경 블록만 갈아 끼우면 됩니다. 다른 요소들은 그대로 유지한 채 내가 원하는 부분만 수술하듯 정교하게 수정할 수 있습니다.

또 팀원들과 협업할 때 누가 봐도 어떤 요소가 어디에 있는지 한눈에 파악할 수 있어 커뮤니케

▪ JSON: 데이터 교환을 위한 표준 형식이자, 생성형 AI에게 가장 명확하고 체계적인 지시를 내릴 수 있는 구조화된 틀.

이션 속도가 비약적으로 빨라집니다. 내가 짠 프롬프트를 동료에게 넘겨줬을 때, 동료가 헤매지 않고 바로 업무에 투입될 수 있다는 뜻입니다.

다만 주의할 점이 하나 있습니다. JSON 구조는 텍스트를 구조적으로 이해하는 능력이 뛰어난 LLM 기반 서비스에서만 제대로 작동합니다. 그록, 제미나이, 챗GPT의 달리(DALL-E) 같은 모델에서는 아주 훌륭히 작동합니다.

하지만 미드저니는 조금 다릅니다. 미드저니는 문장 구조보다는 단어(토큰)의 나열과 조합에 더 민감하게 반응하기 때문에, 복잡한 기호가 들어간 JSON 방식보다는 쉼표로 구분된 키워드 나열 방식이 훨씬 더 효과적입니다.

정리하면, AI에게 실수를 허용하지 않고 완벽하게 통제된 결과물을 얻고 싶다면, 그리고 팀 차원에서 프롬프트를 자산화하고 관리하고 싶다면 JSON 프롬프트 기법을 사용해야 합니다.

만드는 방법

프롬프트를 첨부한 후 "JSON 형식으로 구조화해"라고 요청하면 끝입니다. 챗GPT가 알아서 만들어줍니다.

> 너는 20년 차 크리에이티브 디렉터이자 프롬프트 전문가야. 아래 프롬프트를 JSON 형식으로 구조화 해.
>
> A stunning Korean beauty model with flawless glowing skin, elegant facial features, and long dark hair flowing naturally, standing on a New York rooftop overlooking the Manhattan skyline, with a subtle breeze softly lifting her hair. Shot with fashion editorial lighting and soft diffused golden-hour light, using a professional high-fashion composition and an 85mm portrait lens effect. The atmosphere is elegant, luxurious, dreamy, yet confidently expressive.

CREATOR 프레임워크로 만든 프롬프트를 첨부하고 챗GPT에게 "JSON 형식"으로 구조화하라고 요청했습니다.


```
{
  "subject": {
    "type": "model",
    "ethnicity": "Korean",
    "description": "stunning beauty model with flawless glowing skin, elegant facial features, and naturally flowing long dark hair"
  },
  "setting": {
    "location": "New York rooftop",
    "background": "Manhattan skyline",
    "details": "subtle breeze softly lifting her hair"
  },
  "camera": {
    "lens": "85mm portrait lens",
    "composition": "professional high-fashion composition",
    "framing": "standing, long-shot framing"
  },
  "lighting": {
    "type": "fashion editorial lighting",
    "style": "soft diffused golden-hour light"
  },
  "mood": {
    "atmosphere": [
      "elegant",
      "luxurious",
      "dreamy",
      "confidently expressive"
    ]
  }
}
```

하나씩 뜯어보면 정말 촘촘하게 구조화되어 있는 걸 보실 수 있습니다. 어떤 스타일의 조명인지, 배경은 어디인지, 주인공은 어떤 사람인지, 심지어 어느 인종인지까지 아주 디테일하게 정리되어 있습니다.

우리가 줄글로 길게 늘어놓으면 AI는 가끔 헷갈려 합니다. 문장이 길어질수록 앞의 내용을 까먹거나 엉뚱한 요소에 집중하기도 합니다. 하지만 이렇게 JSON 형식으로 딱딱 칸을 나눠서 주면 AI는 각 요소를 빠짐없이 인식합니다. AI에게 혼란을 줄 틈을 주지 않는 겁니다.

JSON 방식이 좋은 진짜 이유는 수정의 용이성입니다. 누가 봐도 어디를 고쳐야 할지 직관적으로 알 수 있거든요. 예를 들어, 지금 모델이 한국인으로 설정되어 있는데 갑자기 라틴계 모델로 바꿔야 하는 상황이 왔다고 가정해봅시다.

줄글로 된 프롬프트라면 문장 전체를 다시 읽고, 문맥에 맞춰 단어를 수정해야 할 수 있습니다. 하지만 JSON에서는 'ethnicity: Korean' 부분을 'ethnicity: Latina'로 단어 하나만 톡 바꾸면 끝입니다.

이게 왜 중요할까요? 바로 템플릿화가 가능하기 때문입니다. 잘 만들어진 JSON 프롬프트 하나만 있으면 그때그때 피사체나 배경, 조명 값만 갈아 끼우면서 무한대로 새로운 이미지를 찍어낼 수 있습니다. 구조는 그대로 두고 내용물만 바꾸는 것이니 결과물의 퀄리티도 일정하게 유지됩니다. 이것이 프롬프트를 자산으로 만드는 방법입니다.

처음에는 코드처럼 보여서 어렵게 느껴질 수 있지만, 익숙해지면 이만큼 편하고 확실한 방법이 없습니다. 손쉽게 수정하고, 개선하고, 내 입맛대로 변형할 수 있다는 점에서 JSON 프롬프트 형식은 정말 강력한 무기입니다.

2. 불렛 포인트 프롬프트 기법

JSON이 조금 어렵고 기술적으로 느껴지셨나요? 개발자가 된 것 같아 부담스러우셨다면 지금 당장 불렛 포인트 형식을 사용해보세요. 가장 쉽지만, 효과는 JSON 못지않게 강력합니다.

앞서 소개해 드린 JSON이 개발자의 언어로 AI와 정교하게 소통하는 방식이었다면, 불렛 포인트 기법은 기획자의 체크리스트처럼 소통하는 가장 직관적이고 효율적인 방식입니다. 우리가 업무 지시를 내리거나 회의록을 정리할 때 줄글로 길게 늘어뜨려 쓰기보다는, 핵심만 딱딱 끊어서 목록으로 정리하는 것과 같은 원리입니다.

왜 이 방식이 효과적일까요? 생성형 AI 모델은 긴 문장을 읽을 때, 문장의 앞과 뒤는 잘 기억하지만 중간에 있는 수식어나 디테일은 덜 중요하다고 판단해 생략하는 경향이 있습니다. 이를 '정보 누락 현상'이라고 합니다. 열심히 프롬프트를 작성했는데, 정작 결과물에는 내가 원했던 디테일이 빠져 있는 이유가 바로 여기에 있습니다.

하지만 정보를 한 줄씩 불렛 포인트로 분리해서 전달하면 상황은 달라집니다. AI는 분리된 각 줄을 모두 동등하고 중요한 명령어로 인식합니다. 덕분에 복잡한 이미지를 생성할 때도 우리가 의도한 조명, 모델의 미세한 표정, 배경의 텍스처 같은 디테일이 빠짐없이 구현됩니다.

무엇보다 수정과 관리가 압도적으로 편해집니다. 만약 결과물에서 조명만 살짝 바꾸고 싶다면 어떻게 해야 할까요? 줄글 형태라면 문장 전체를 다시 읽고 고쳐야 하지만, 불렛 포인트라면 Lighting 항목 한 줄만 찾아서 키워드 몇 개만 바꾸면 끝입니다.

이게 바로 "템플릿으로 자산화하기에 최적"이라는 뜻입니다. 한번 잘 만들어 둔 불렛 포인트 구조는 다른 프로젝트에서도 내용만 바꿔 계속 써먹을 수 있는 나만의 무기가 됩니다.

호환성도 뛰어납니다. 미드저니는 물론이고, 구글의 나노 바나나나 그록 같은 다양한 이미지 생성 모델에서도 오류 없이 안정적으로 작동합니다.

사진을 생성할 때마다 매번 사판기에서 랜덤 뽑기를 하는 것처럼 결과가 들쑥날쑥해서 스트레스 받으셨나요? 그렇다면 불렛 포인트로 구조를 꽉 잡아보세요. 여러분이 원하는 스타일의 일관성을 유지하는 데 가장 확실한 해결책이 될 겁니다.

만드는 방법

프롬프트를 첨부한 후 "불렛 포인트 형식으로 구조화해"라고 요청하면 끝입니다. 챗GPT가 알아서 만들어줍니다.

너는 20년 차 크리에이티브 디렉터이자 프롬프트 전문가야. 아래 프롬프트를 불렛 포인트 형식으로 구조화 해.

A stunning Korean beauty model with flawless glowing skin, elegant facial features, and long dark hair flowing naturally, standing on a New York rooftop overlooking the Manhattan skyline, with a subtle breeze softly lifting her hair. Shot with fashion editorial lighting and soft diffused golden-hour light, using a professional high-fashion composition and an 85mm portrait lens effect. The atmosphere is elegant, luxurious, dreamy, yet confidently expressive.

| 불렛 포인트 기법 프롬프트 예시

- Subject: Stunning Korean beauty model, flawless glowing skin, elegant facial features, long dark hair flowing naturally
- Location: Standing on a New York rooftop overlooking the Manhattan skyline
- Detail: Subtle breeze softly lifting her hair
- Lighting: Fashion editorial lighting, soft diffused golden-hour light
- Camera: 85mm portrait lens, professional high-fashion composition
- Mood: Elegant, luxurious, dreamy, confidently expressive

불렛 포인트 기법 프롬프트 예시 결과물

요약

- AI 크리에이티브의 핵심은 '디테일'이다. 프롬프트는 영어로 작성한다.

- CREATOR 프레임워크로 고퀄리티 프롬프트를 체계적으로 만든다.

- 카메라 구도, 조명, 렌즈, 색감 키워드가 결과물의 퀄리티를 결정한다.

- 하이퍼 리얼리즘은 '모공, 솜털, 비대칭' 같은 불완전함에서 나온다.

- 나만의 GPT를 만들고 JSON, 불렛 포인트로 구조화하면 프롬프트 작성이 자동화된다.

- 완성된 프롬프트는 '템플릿'으로 자산화해 업무 효율을 폭발적으로 높인다.

이제 여러분도 영화 감독처럼 디테일하게 AI를 리드하세요. 잘 만든 프롬프트 템플릿 하나가 여러분의 크리에이티브 실력을 압도적으로 바꿔놓을 겁니다.

☑ CREATOR 프레임워크 체크리스트

1. Core(주인공)

□ 주인공의 특징이 충분히 구체적으로 설정되어 있는가?

□ 외형, 스타일, 성격 등 시각적 이미지를 결정하는 정보가 명확한가?

2. Relation(장소 & 구도)

□ 피사체가 어디에 있고 어떤 환경에 놓여 있는지 선명하게 설명했는가?

□ 카메라 시점, 거리, 구도 등이 이해될 만큼 구체적으로 표현되어 있는가?

3. Expression(기법 & 기술)

□ 조명, 촬영 방식, 렌즈 등 기술적 요소가 명확하게 기재되어 있는가?

□ 이미지의 질감과 디테일을 표현하는 데 필요한 정보가 포함되어 있는가?

4. Atmosphere(분위기 & 색감)

□ 전체 분위기, 감정, 색감 스타일이 분명하게 설정되어 있는가?

5. Test(검증)

□ 생성된 이미지가 프롬프트의 핵심 요소를 제대로 반영했는가?

□ 누락된 표현이나 과도하게 강조된 요소는 없는가?

6. Optimize(최적화)

□ 검토 결과를 바탕으로 표현을 더 명확하고 자연스럽게 다듬었는가?

□ 완성도를 높이기 위해 필요한 정보를 적절히 보강했는가?

7. Reinforce(강화)

□ 개선된 프롬프트를 다시 활용할 수 있도록 템플릿 형태로 정리했는가?

□ 반복 작업에 쉽게 사용할 만큼 구조가 명확한가?

영어 프롬프트, 원어민처럼 쓰는 법

AI를 제대로 활용하는 사람, 즉 AI를 리드하는 사람이 되기 위해서는 언어 선택이 단순 취향의 문제가 아니라는 점을 이해하셔야 합니다.

결론부터 말씀드리면, AI와의 소통, 그중에서도 특히 이미지 생성 작업에서는 영어가 압도적으로 유리합니다. AI가 세상을 배우는 교과서, 즉 학습 데이터의 대부분이 영어로 쓰여 있기 때문입니다.

우리가 매일 쓰는 미드저니나 달리 같은 이미지 생성 AI가 학습한 데이터셋을 열어보면, 장담하건대 한국어 데이터는 정말 극히 일부에 불과할 겁니다. 90% 이상은 영어 기반의 데이터입니다. AI에게 있어 영어는 모국어이고, 한국어는 아주 서툰 제2외국어인 셈입니다. 이게 실무에서 어떤 차이를 만들까요?

우리가 한국어로 '해 질 녘의 아련한 분위기'를 그려달라고 요청한다고 가정해봅시다. AI는 이 추상적인 한국어 표현을 이해하기 위해 내부적으로 번역 과정을 거치거나, 턱없이 부족한 한국어 데이터 더미 속에서 비슷한 이미지를 찾느라 헤맬 겁니다. 결과물은 뻔합니다. 우리가 의도했던 감성이 빠진, 어딘가 밋밋한 그림이 나옵니다.

하지만 영어로 'Golden hour lighting, cinematic atmosphere'라고 정확하게 던져주면 이야기가 달라집니다. AI는 수억 장의 학습 데이터에서 우리가 말한 그 조명과 분위기를 정확히 찾아내 120%의 퀄리티로 결과물을 만들어 줍니다. 'Cinematic composition(영화적 구도), Shallow depth of field(얕은 심도), Bokeh(보케)' 같은 전문 용어는 영어로 입력했을 때 비로소 그 디테일이 살아납니다.

여기서 우리는 아주 현실적인 문제에 부딪힙니다. 우리가 한국인이라는 점입니다. 머릿속에는 영화 같은 완벽한 미장센이나 우리 브랜드가 추구하는 미묘한 감정선이 그려지는데, 이걸 영어로 비로 떠올려 완벽하게 적는 건 원어민이 아닌 이상 불가능에 가깝습니다. 원어민조차도 이런 전문적인 묘사는 힘들어합니다. 머릿속에 엄청난 아이디어가 있는데 영어 단어가 생각나지 않아 'A cute cat(귀여운 고양이)' 정도로 타협하고 끝낸다면 너무 아깝지 않을까요?

저도 처음엔 이 부분에서 많이 힘들었는데, 해결책은 의외로 간단했습니다. 제가 실무에서 가장 자주 사용하고, 여러분께 강력하게 추천하는 방법은 한국어로 기획하고, AI로 변환하는 것입니다.

가장 창의적이고 디테일한 사고는 우리의 모국어인 한국어로 하세요. 봉준호 감독이 되어 앵글, 조명, 피사체의 표정 하나하나까지 한국어로 쏟아내세요. 그 복잡한 생각을 AI가 가장 잘 알아듣는 구조화된 영어 프롬프트로 변환하는 작업은 AI에게 맡기세요. 우리는 크리에이티브 디렉터가 되고, AI를 유능한 통역사이자 조수로 고용하는 겁니다.

CREATOR 프레임워크를 기억하시나요? 이 공식을 활용하면 한국어로 쓴 디테일을 완벽한 영어 프롬프트로 바꿀 수 있습니다. 지금 바로, 한국어로 최대한 디테일하게 상상한 내용을 적어보세요. 그리고 AI에게 변환을 요청해보세요. 여러분의 상상력이 그대로 화면에 구현되는 경험을 하실 수 있을 겁니다.

자, CREATOR 프레임워크를 참고해 다음 프롬프트를 입력해보세요. 한국어로 최대한 디테일하게 입력하는 게 좋습니다.

예시 프롬프트 1

{20대 초반 한국인 뷰티 모델이 자취방안에서 파자마 입고 거울 셀카 찍고 있는 모습}

위 프롬프트를 아래 CREA 프레임워크 구조에 맞춰서 디테일한 영어 프롬프트로 변환해줘. 500자 수준으로 각 항목이 합쳐진 프롬프트로 출력해줘. 바로 복붙할 수 있게 코드블락으로 만들어줘.

CREA 프레임워크:
- Core (Subject): 중심 피사체의 구체적인 특징, 외형, 스타일
- Relation (Location & Composition): 배경, 환경, 카메라 앵글, 구도
- Expression (Technique & Technical): 촬영 기법, 조명, 렌즈, 스타일, 기술적 요소
- Atmosphere (Mood & Color): 분위기, 감정, 색감, 톤

제일 위에 내가 생성하고 싶은 사진을 묘사하는 내용을 한국어로 최대한 디테일하게 입력한 후, CREA 프레임워크 구조에 맞춰 영어로 변환해달라고 입력하면 됩니다. CREA 프레임워크에 대한 내용은 예시처럼 아래에 첨부하면 됩니다. 그냥 "영어로 변역해줘"보다 훨씬 더 정교하고 프로페셔널한 결과물을 얻을 수 있을 겁니다.

프롬프트 결과물

A Korean beauty model in her early 20s with soft, youthful features, long softly waved black hair, and natural glowing skin, wearing a matching soft pink long-sleeved cotton pajama set. She is holding a smartphone and taking a mirror selfie with a gentle, relaxed smile. The reflection in a wooden-framed full-length mirror reveals the interior of a cozy Korean studio apartment at night. In the background there is a compact wooden desk with a laptop, a small bed with neutral white bedding, and a small wall shelf with several potted green plants. A window behind the room is decorated with warm yellow fairy lights softly glowing around the frame, creating a cozy nighttime atmosphere. The walls are perfectly clean and minimal with no posters, photos, or text anywhere. Nighttime indoor lighting aesthetic with warm tungsten ambient light and fairy lights illuminating the room, creating a calm, intimate late-evening mood. The lighting produces soft golden highlights and gentle shadows across the room. Smartphone photography aesthetic in low-light conditions, natural lens perspective (24-28mm). Slightly shallow depth of field with subtle background softness. Realistic skin tones and authentic smartphone exposure. Add subtle film grain and low-light digital noise texture to create a natural photorealistic feel similar to high-ISO smartphone photography. Slight cinematic warmth and organic texture. Photorealistic lifestyle photography, cozy Korean apartment atmosphere, intimate nighttime mood. Aspect ratio 16:9, 4K, ultra realistic, natural smartphone photo.

어떤가요? 결과물이 정말 놀랍도록 리얼하지 않나요? 방금 보신 것처럼, 우리가 한국어로 의도만 정확히 전달하면 AI는 전 세계 톱티어 크리에이터들이 사용하는 수준의 정교한 영어 프롬프트를 순식간에 만들어냅니다.

많은 분들이 오해하는 부분이 바로 여기입니다. 영어를 유창하게 잘해야 AI 크리에이티브를 잘할 수 있다고 생각하는데, 절대 그렇지 않습니다. AI를 잘 다루는 진짜 고수는 영어 실력이 뛰어난 사람이 아니라, AI라는 도구를 활용해 언어 장벽을 영리하게 뛰어넘는 방법을 아는 사람입니다.

앞서 1장에서 이야기한 일 잘하는 김 부장님 예시를 다시 한번 떠올려보세요. 김부장님이 직접 실무를 다 뛰나요? 아닙니다. 김 부장님의 능력은 명확한 목표와 디테일한 지침을 내리는 데 있습니다.

우리도 마찬가지입니다. 복잡한 영작이나 문법 고민은 직원인 AI에게 전적으로 맡기세요. 우리는 그저 김 부장님처럼 한국어로 명확한 의도, 원하는 분위기, 그리고 핵심 디테일만 정확하게 전달하면 됩니다. 나머지는 AI가 알아서 가장 완벽한 형태로 번역하고 구조화해주니까요.

이제 영어 때문에 주저하거나 포기하지 마세요. 여러분의 상상력은 한국어로 마음껏 펼치고, 그 상상을 현실로 만드는 기술적인 과정은 AI에게 맡기세요.

Define ◇ Intend Rule Elaborate Construct Test Optimize Reinforce

4장

AI 크리에이티브 툴 3가지

AI로 크리에이티브를 만드는 고수들이 가장 많이 사용하는 사진 AI 툴은 단연 미드저니입니다. 2022년 미국에서 론칭된 미드저니는 고품질 이미지를 생성하는 AI 서비스를 운영하고 있습니다. 2024년 연 매출이 무려 4,000억 원에 달한다고 합니다. 이 압도적인 매출 수치가 증명하는 건 딱 하나입니다. 전 세계의 디자이너, 마케터, 아티스트들이 돈을 내고 쓸 만큼 이 툴이 실무에서 확실한 가치를 주고 있다는 뜻입니다. 사진 생성 AI 서비스 분야에서 의심의 여지 없는 독보적 강자입니다.

미드저니가 이렇게 사랑받는 이유는 무엇일까요? 압도적인 퀄리티와 특유의 감성 때문입니다. 미드저니는 다른 AI 툴이 흉내 낼 수 없는 아티스틱한 감성과, 실사보다 더 실사 같은 리얼리티, 그리고 섬세한 애니메이션 스타일까지 완벽하게 소화합니다.

제가 처음 미드저니를 접했을 때 가장 놀란 이유는, 대충 입력해도 작품이 나오기 때문이었습니다. 다른 툴은 프롬프트를 아주 정교하게 넣지 않으면 AI 특유의 어색한 느낌, 흔히 말하는 불쾌한 골짜기가 느껴지곤 했습니다.

하지만 미드저니는 기본적으로 탑재된 미적 감각 자체가 뛰어납니다. 그래서 수많은 아티스트와 크리에이터, 크리에이티브 디렉터들이 자신의 상상을 시각화하는 첫 번째 도구로 미드저니를 선택합니다.

하지만 진짜 고수들이 미드저니를 놓지 못하는 이유는 따로 있습니다. 디테일을 통제할 수 있기 때문입니다. CREATOR 프레임워크를 기억하시나요? 미드저니는 우리가 봉준호 감독처럼 디테일하게 지시를 내릴 수 있는 환경을 제공합니다.

스타일 강도(Stylize)를 조절해서 AI의 개입 정도를 결정할 수 있고, 사진 비율(Aspect Ratio)도 자유자재로 만들 수 있습니다. 조명, 렌즈, 질감 등 사진의 미세한 요소를 손쉽게 수정하고 개선할 수 있어서, 크리에이티브 작업의 생산성을 말도 안 되게 높여줍니다. 내가 원하는 그림이

나올 때까지 무작정 돌리는 뽑기가 아니라, 내 의도대로 결과물을 그려 나갈 수 있는 정교한 붓에 가깝습니다.

한 가지 진입 장벽이라고 한다면, 무료 버전은 운영하지 않으며 유료 결제를 해야만 사용할 수 있다는 점입니다. 하지만 제가 장담하건대, 이건 비용이 아니라 투자입니다. 앞서 LLM 파트에서 말씀드렸듯, 무료 툴과 유료 툴의 성능 차이는 초등학생과 대학생 수준만큼이나 큽니다. 무료 툴로 원하는 퀄리티를 내기 위해 몇 시간 동안 씨름하는 것보다, 커피 몇 잔 값으로 미드저니를 결제하고 10분 만에 고퀄리티 결과물을 얻는 것이 훨씬 남는 장사입니다. 시간을 아끼는 것이 돈을 버는 것입니다.

미드저니 사용법을 익혀 두면, 다른 사진 생성 AI 툴은 정말 쉽게 다룰 수 있습니다. 미드저니가 사진 생성 AI의 표준이자 교과서이기 때문입니다. 여기서 배운 프롬프트 구조는 다른 툴에서도 그대로 통합니다.

이제 미드저니의 기본 기능과 사용 방법을 하나씩 뜯어보겠습니다. 이 툴 하나만 내 것으로 만들어도, 여러분의 콘텐츠 퀄리티는 차원이 달라집니다.

미드저니 사용 방법

❶ 미드저니에 접속해주세요. 프롬프트를 입력해주세요.

> A handsome Korean male sports model in his twenties sprints through a nighttime Seoul city street, facing slightly toward the camera as hard directional lighting from a portable LED panel at front-left carves sharp highlights along his jawline and the folds of his black athletic outfit, captured with a 35mm lens at a low tracking angle to emphasize speed, neon reflections glinting off wet asphalt, skyscraper signs streaking into the background, his stride mid-extension with visible muscle tension, the scene carrying an athletic-magazine editorial mood defined by crisp contrast, dynamic motion blur trails, and the interplay of urban glow with punchy high-intensity shadows.

❷ 세팅을 클릭해주세요.

> What will you imagine?

❸ 이미지 사이즈를 세팅해주세요.

- 4:3 (기본 이미지 사이즈)
- 16:9 (유튜브 롱폼 가로 영상 사이즈)
- 9:16 (숏폼 세로 영상 사이즈)

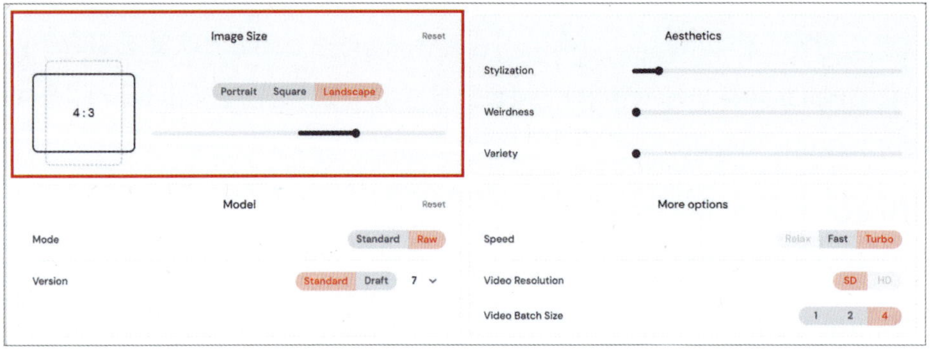

❹ 모델을 세팅해주세요.

이미지 생성 모델을 설정해주세요. 프롬프트를 디테일하게 입력하실 거면 'Raw'를 선택해주세요. 프롬프트대로 결과물을 생성해줍니다. Standard 모드는 미드저니가 미리 세팅해둔 모드로, 미드저니 스타일의 결과물을 생성해줍니다.

버전은 'Standard'로 세팅하고, 가장 최근 모델로 세팅해주세요. 애니메이션 스타일을 생성하실 경우 'niji'를 선택해주세요.

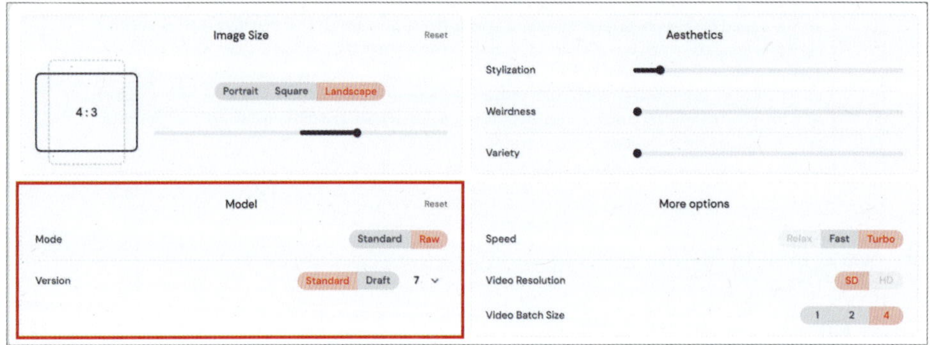

❺ 스타일을 조정해주세요. 개인적으로 스타일 부분은 특별한 이유가 있지 않는 한 조정하지 않는 것을 권장합니다.

- **Stylization**: 이미지를 얼마나 예쁘고 감성 있게 꾸밀지 결정하는 옵션. 값이 클수록 이미지가 감성적으로 바뀝니다.
- **Weirdness**: 이미지를 얼마나 독특하게 할지 정하는 옵션. 값이 클수록 이미지가 창의적으로 변합니다.
- **Variety**: 같은 프롬프트로 여러 장이 생성되는데 각 이미지를 얼마나 다르게 만들지 조절하는 옵션. 값이 클수록 각기 다른 사진이 생성됩니다.

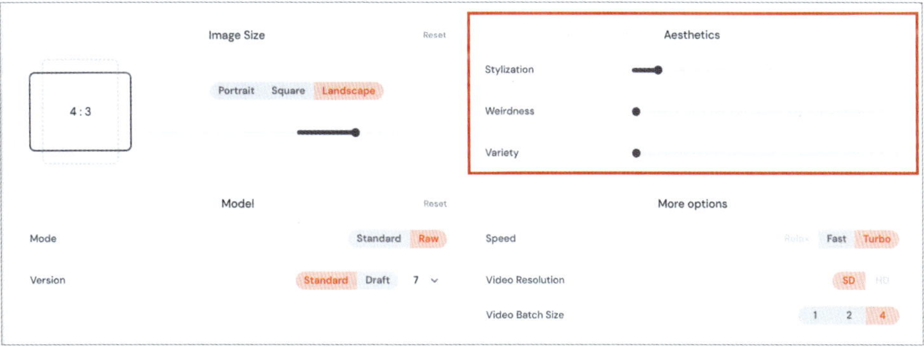

❻ 마지막으로 가장 중요한 세팅입니다. 상단의 'P'를 누르고 나의 선호도를 미리 학습시켜놓으세요. P 설정을 켜두면 내가 선호한다고 선택했던 스타일을 참고해서 사진이 생성됩니다.

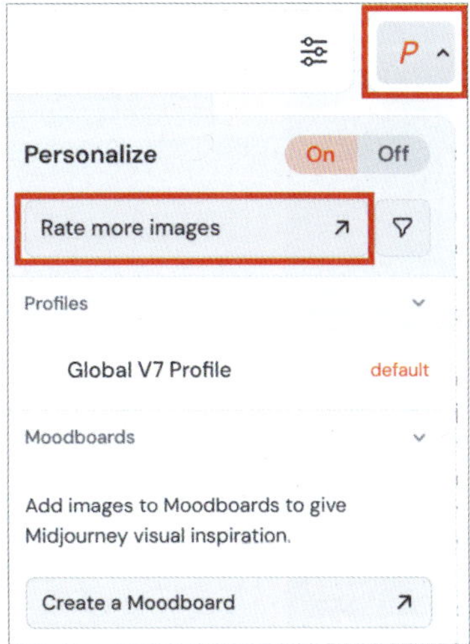

❼ 사진을 비교하면서 내가 선호하는 사진 스타일을 선택해주세요. 미드저니가 내가 선택한 사진을 기반으로 사진을 제작해줍니다.

❽ 프롬프트를 입력하고 생성 버튼을 누르면 사진이 기본 4장 생성됩니다. 내가 원하는 사진을 선택하면 됩니다. 마음에 드는 사진이 없다면, 프롬프트를 다시 입력하고 재생성합니다. 혹은 프롬프트를 약간 수정, 개선해 재생성을 진행합니다.

❾ 마음에 드는 사진이 생성됐다면 선택해주세요. 필요한 추가 작업이 있다면 진행해주세요.

- **Vary:** 사진을 비슷하지만 조금 다르게 다시 만들어 주는 기능
  - Subtle (약하게), Strong (강하게)
- **Upscale:** 사진을 더 선명하고 크게 만들어 주는 기능
  - Subtle (원본 유지), Creative (개선)
- **More:** 원본 느낌을 유지하면서 추가 버전을 만들어 주는 기능
- **Use:** 선택한 이미지에 이어서 만드는 기능

저는 주로 Upscale 항목에서 'Subtle'을 눌러 작업을 마무리합니다. 그리고 화질을 개선시켜야 고화질로 추가 작업이 가능하기 때문에 꼭 'Upscale'을 작업해줍니다.

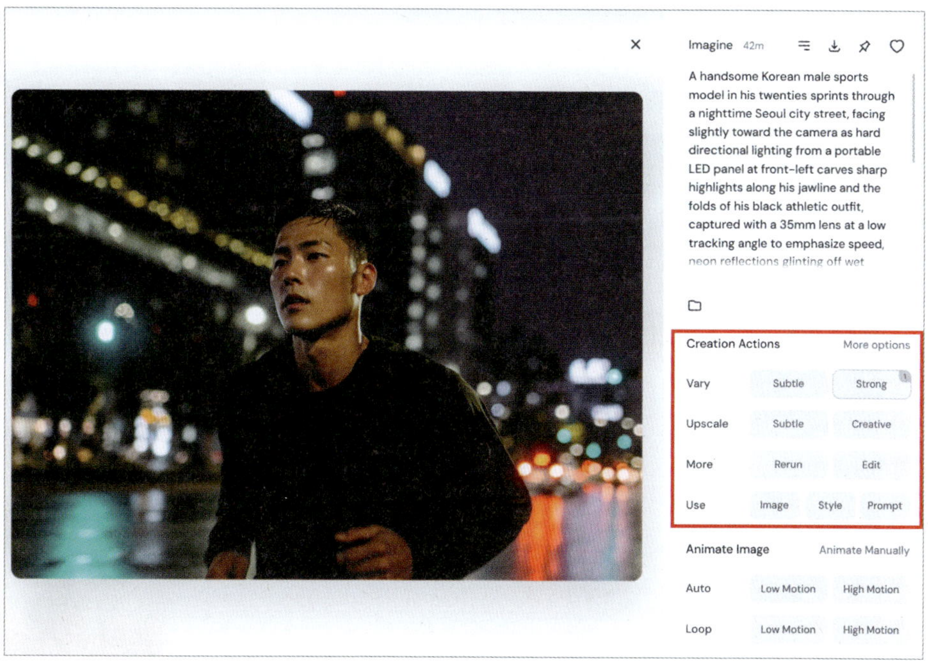

❿ Upscale이 완료되면 다운로드합니다.

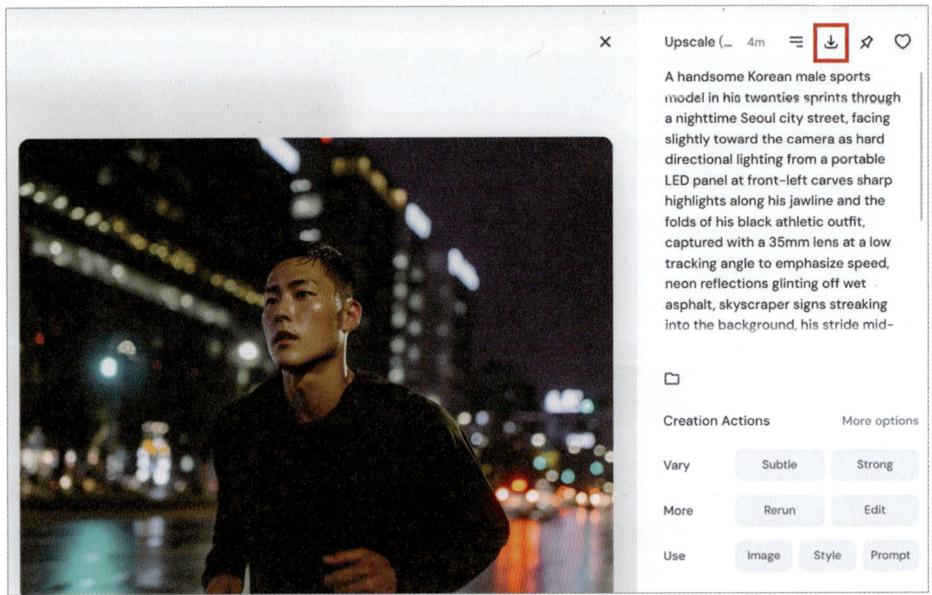

사진 완성본 예시

미드저니에서 생성한 사진을 간단하게 영상으로 변환할 수 있습니다. 사진 생성 후 버튼만 누르면 끝입니다.

- **Auto:** 이미지를 자연스럽게 짧은 영상처럼 움직이게 자동 생성해주는 모드
  - Low Motion: 아주 부드럽게 살짝만 움직이는 느낌
  - High Motion: 더 크게, 눈에 띄게 움직이는 느낌

- **Loop:** 앞뒤가 자연스럽게 이어지는 무한 반복(루프)을 만들어주는 모드
  - Low Motion: 부드럽게 이어지는 작은 움직임
  - High Motion: 움직임이 좀 더 크지만 자연스럽게 계속 반복되는 형태

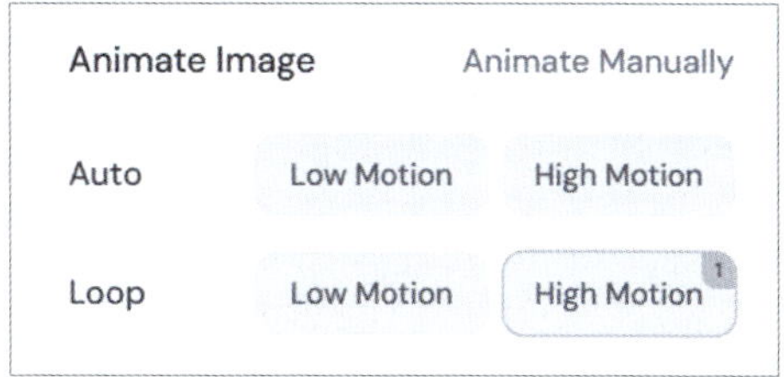

사진의 일관성을 유지하는 2가지 방법

사진의 일관성 유지는 AI 서비스가 가진 가장 큰 숙제이자 고질적인 문제였습니다. 미드저니 같은 생성형 AI를 써보신 분들은 다들 공감하실 겁니다. 기껏 마음에 드는 캐릭터나 분위기를 만들어냈는데, 다음 컷을 생성하면 전혀 다른 사람이 나오거나 사진의 톤앤매너가 완전히 달라져 당황스러웠던 경험 말입니다.

매번 랜덤하게 나오는 결과물 때문에, 하나의 캐릭터로 스토리를 이어가거나 브랜드의 통일된

톤을 유지해야 하는 크리에이티브 작업에는 치명적인 제약이 있었죠. 캐릭터가 유지되지 않으니 웹툰을 그리기도 어렵고, 브랜드 화보를 시리즈로 만들기도 불가능에 가까웠습니다.

하지만 이제 걱정하지 않으셔도 됩니다. 미드저니의 스타일 레퍼런스(Style Reference)와 옴니 레퍼런스(Omni Reference) 기능이 등장하면서 게임의 룰이 완전히 바뀌었습니다. 이 두 가지 기능만 제대로 활용해도 운에 맡기던 작업을 내가 통제 가능한 영역으로 가져올 수 있습니다.

스타일 레퍼런스 기능은 말 그대로 내가 원하는 사진의 색감, 조명, 질감, 분위기 같은 스타일만 쏙 뽑아와 새로운 이미지에 입히는 기술입니다. 예를 들어, 내가 르네상스 유화 느낌의 화풍이나 1980년대 필름 카메라의 거친 질감을 좋아한다면, 해당 스타일의 이미지를 레퍼런스로 넣어주는 것만으로도 AI가 그 감성을 그대로 재현해줍니다. 매번 프롬프트에 조명은 어떻고, 렌즈는 무엇을 썼고 구구절절 설명하지 않아도 AI가 이미지 자체에서 스타일을 학습해 적용해줍니다. 덕분에 브랜드가 추구하는 일관된 무드를 손쉽게 유지할 수 있지요.

옴니 레퍼런스 기능은 소위 말하는 캐릭터 고정을 가능하게 해줍니다. 이 기능은 사진 속 인물의 생김새, 체형, 의상의 디테일 같은 구조적인 형태를 강력하게 참고합니다. 이전에 생성했던 매력적인 주인공 사진을 옴니 레퍼런스로 지정해두면 그 주인공이 카페에 있든, 우주 정거장에 있든 얼굴과 체형을 거의 그대로 유지한 채 배경과 행동만 바꿀 수 있습니다.

이게 무엇을 의미할까요? 이제 AI로 일관성 있는 모델을 기용해 룩북을 찍을 수도 있고, 나만의 캐릭터로 인스타툰이나 동화책 같은 스토리텔링 콘텐츠를 제작할 수 있다는 뜻입니다. 결국 이 두 기능을 조합하면 스타일은 스타일대로 통일하고, 캐릭터는 캐릭터대로 유지하는 완벽한 일관성을 확보할 수 있습니다.

이제 AI 사진 작업은 단순한 뽑기 운이 아닙니다. 내가 원하는 결과물을 정확하게 지시하고 의도대로 결과를 만들어내는 디렉팅의 영역이 되었습니다. 이 기능을 활용해 나만의, 혹은 우리 브랜드만의 고유한 자산을 만들어보세요. 생산성과 퀄리티가 확연히 달라지는 것을 느끼실 겁니다.

1. Style Reference 기능

이미지의 스타일(색감, 분위기, 질감, 조명)만 가져와서 새로운 이미지에 적용하는 기능입니다.

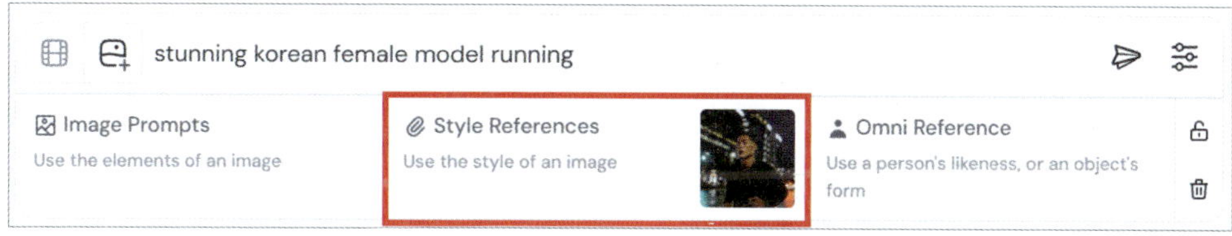

Style Reference에 사진을 넣고, 간단하게 프롬프트를 입력합니다. 사진 디테일에 관해 너무 많은 디테일이 추가되면 Style Reference와 겹쳐서 제대로 생성되지 않을 수 있습니다. 색감, 분위기, 조명, 화풍을 참고하고, 인물의 얼굴이나, 포즈, 배경 등 디테일한 형태는 참고하지 않습니다.

원본 사진

원본 사진의 색감과 분위기를 가져와 여성 모델 사진을 생성했습니다.

2. Omni Reference 기능

사진의 전체 스타일, 구조, 형태, 질감, 색감을 모두 참고해 프롬프트 이미지에 반영하는 기능입니다. 특히 인물을 활용해 일관성 있는 사진을 생성할 때 꼭 필요한 기능입니다. 옴니 레퍼런스에 인물 사진을 첨부해주세요. 아까 생성한 남자 스포츠 모델 사진이 마음에 들었고, 해당 모델로 다른 사진을 생성하고 싶다면 옴니 레퍼런스에 첨부해주세요. 그리고 원하는 장면을 설명해주세요.

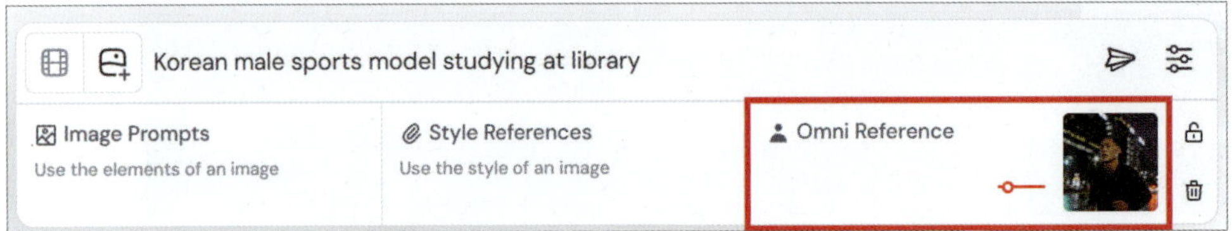

강도를 설정해 주세요. 기본값은 100이며, 수치를 높일수록 첨부된 사진과 비슷해지지만 극단적으로 높은 값 (1,000)은 피하는 것을 권장합니다. 값을 조정해보면서 원하는 사진이 생성되는지 테스트해보세요. 마지막으로 생성을 누르면 끝입니다.

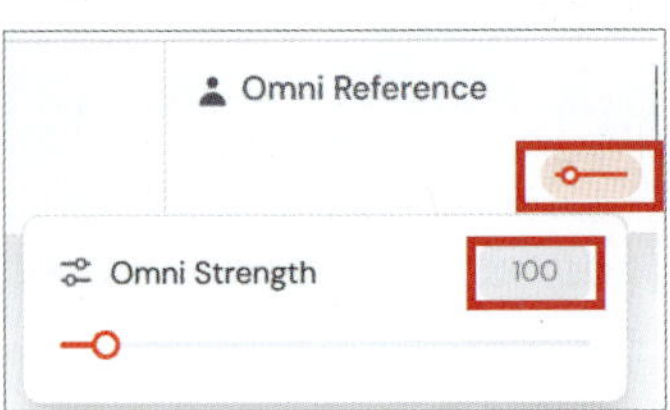

모델의 얼굴 일관성을 유지하면서 다른 사진을 생성해주었습니다.

막상 프롬프트 창을 열면 머릿속이 하얘지시나요? 어떤 키워드를 넣어야 내가 원하는 그 느낌이 나올지 막막할 때가 있습니다. 크리에이티브 키워드에 대한 감이 전혀 잡히지 않는 경우, 가장 좋은 선생님은 미드저니입니다.

AI 크리에이티브 고수들은 미드저니를 단순히 이미지 생성 도구로만 쓰지 않습니다. 그들은 미드저니를 거대한 레퍼런스 도서관으로 활용합니다. 전 세계의 금손들이 만들어낸 압도적인 결과물과 그 결과물을 만든 프롬프트가 모두 공개되어 있기 때문입니다.

저도 처음에는 조명 하나, 카메라 렌즈 하나 설정하는 게 너무 어려웠습니다. 그냥 "멋진 조명"이라고 썼더니 AI가 제 생각을 전혀 반영하지 못했습니다. 그런데 미드저니 피드를 보면서 Cinematic Lighting이나 Golden Hour 같은 구체적인 키워드를 발견했고, 그걸 제 프롬프트에 적용하자마자 결과물의 퀄리티가 달라지는 걸 경험했습니다.

맨땅에 헤딩하지 마세요. 이미 검증된 데이터를 학습하세요. 탐색하고, 분석하고, 내 것으로 만드는 과정을 통해 실력을 가장 빠르게 키울 수 있습니다.

다른 사람들이 만들어 놓은 프롬프트 벤치마킹하기

미드저니에 접속하면 보이는 첫 홈페이지에서 다른 사람들이 만들어 놓은 작품 사진을 탐색할 수 있습니다. 'TOP Month'로 필터링하고, 오른쪽에서 'Images' 혹은 'Videos'를 선택할 수 있습니다. 'Images'를 클릭하면 월간 베스트 사진이 나오는데, 여기서 마음에 드는 사진을 클릭하면 각 사진의 프롬프트를 확인할 수 있습니다.

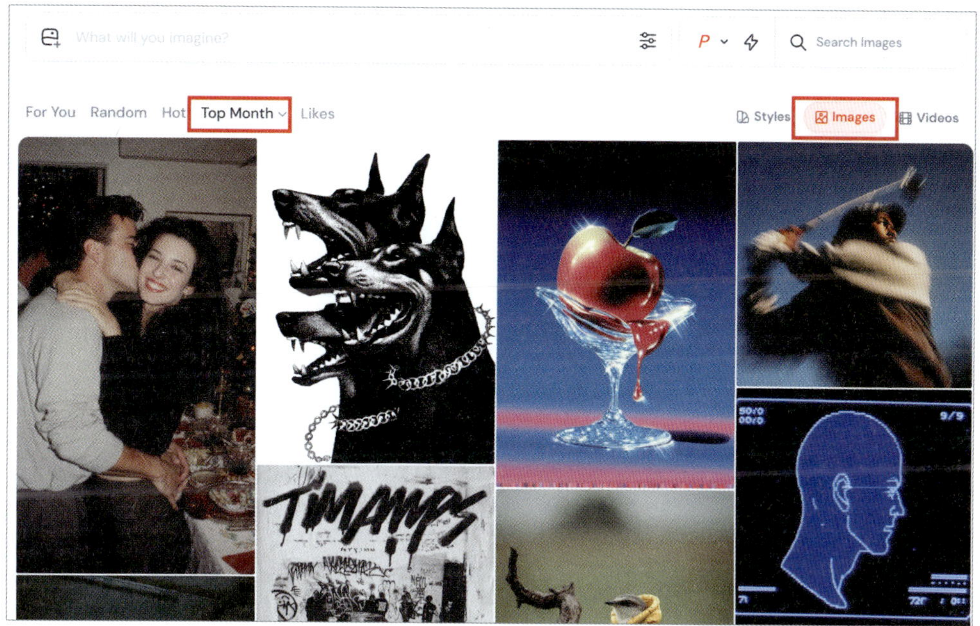

미드저니 검색 기능을 활용해보세요

예를 들어, 러닝(Running)과 관련된 사진을 생성해야 하면 오른쪽 상단 검색창에 'Running'
을 검색해보세요. 베스트 레퍼런스를 찾아 영감을 얻어 보세요.

❶ 마음에 드는 사진을 클릭해서 프롬프트를 살펴보세요.

❷ 챗GPT에 프롬프트와 사진이 담긴 스크린샷을 첨부하고 분석을 요청합니다.

❸ 답변을 확인하고, 주요 프롬프트 키워드는 저장합니다.

아래 분석은 프롬프트 엔지니어 + 20년 차 크리에이티브 디렉터 관점에서,
업로드한 이미지와 우측 프롬프트 텍스트를 전문적으로 해부해드립니다.
어떤 요소를 반드시 포함해야 비슷한 퀄리티가 나오는지까지 핵심 키워드로 정리했어요.

───

🔎 1. 이미지 자체의 시각적 요소 분석

✔ 1) 촬영 구도 및 모션
- 타격 직후의 순간을 캡쳐함
- 클럽, 팔, 몸 전체가 크게 모션 블러
- 얼굴은 비교적 덜 흐리고 '피사체 모션 포커스(Subject-in-motion focus)' 느낌
- 아주 낮은 앵글에서 위로 올려다본 시점 → 하늘이 메인 배경

✔ 2) 빛과 색감
- 하드 데이라이트 (직사광)
- 푸른 하늘 + 따뜻한 피부톤 대비
- Kodachrome, Fuji Velvia 같은 "비비드 필름 톤, 테크니컬러 느낌"
- 부드러운 그레인
- 원본 프롬프트가 말하는 "vibrant technicolor tones"가 핵심

✔ 3) 카메라 세팅 및 미학
- 35mm 렌즈 룩
- 필름 기반 스포츠 포토저널리즘 느낌

… (중략)

⭐ 4. 비슷한 스타일 프롬프트에 꼭 넣어야 하는 키워드 리스트
필수 Keywords
- intense motion
- dramatic motion blur
- subject-in-motion focus
- technicolor tones
- harsh daylight
- slightly grainy film texture

- cinematic composition
- 35mm lens photography
- low-angle shot
- vibrant blue sky
- photorealistic sports aesthetic
- dynamic energy

📋 5. '비슷한 스타일' 템플릿 프롬프트 (바로 사용 가능)

아래는 지금 이미지의 스타일을 재현하기 위한 프로 프롬프트 템플릿입니다:

a [subject] mid-swing, intense motion captured with dramatic motion blur trailing the arms, face, and equipment, subject-in-motion focus, shallow depth of field, low-angle cinematic composition, sunlit outdoor setting with vibrant blue sky, harsh daylight contrast, technicolor color tones, slightly grainy film texture, 35mm lens photography aesthetic, photorealistic sports photojournalism style, dynamic energy, no logos or branding

✔ [subject]만 바꿔서 사용하면 됨

예: a korean tennis player, a female golfer, a baseball pitcher etc.

✍ 6. 요약 (핵심만 초압축)

비슷하게 만들고 싶다면 다음 네 가지를 반드시 적용:

1. 강한 모션 블러 + 역동적 스윙 구도
2. 하드 데이라이트 + deep blue sky + technicolor tones
3. 35mm + 필름 그레인 + 포토저널리즘 스타일
4. 낮은 앵글 + shallow depth + cinematic composition

단순히 사진만 감상하는 게 아니라, 그 사진 아래 적힌 프롬프트를 꼼꼼히 뜯어봐야 합니다. 어떤 조명(Lighting) 키워드를 썼길래 이런 분위기가 나는지, 어떤 카메라 앵글(Camera Angle)을 썼길래 피사체가 돋보이는지 분석해보세요.

좋은 표현은 따로 메모장에 적어두거나 나만의 프롬프트 노트에 저장해두세요. 이렇게 수집한 키워드를 조합하면, 나중에 내 머릿속에 있는 이미지를 구현할 때 아주 강력한 무기가 됩니다.

2025년 하반기, 사진 AI 시장의 판도가 그야말로 뒤집혔습니다. 그 중심에는 구글의 야심작, 나노 바나나 프로(Nano Bananan Pro)가 있습니다. 공식 명칭은 gemini-3-pro-image-preview로 다소 길고 복잡하지만, 커뮤니티에서는 이미 '나노 바나나'라는 애칭으로 불리며 핫 이슈가 되었죠. 이 모델은 구글 딥마인드의 최신 AI 모델인 제미나이 3를 기반으로 탄생했는데, 그동안 우리가 AI로 이미지를 만들며 느꼈던 답답함을 한 방에 해결해주었습니다.

그동안 AI로 이미지를 생성할 때 가장 큰 골칫거리가 무엇이었나요? 바로 뭉개지는 글자와 어색한 디테일이었습니다. 멋진 간판을 그렸는데 스펠링이 엉망이라 포토샵을 켜야 했고, 사람 손가락이 여섯 개로 나와 당황스러웠던 적 있으시지요? 하지만 나노 바나나 프로는 이 고질적인 약점을 획기적으로 개선했습니다. 이제는 AI가 쓴 글씨를 수정 없이 바로 포스터나 썸네일에 쓸 수 있는 수준에 도달했습니다.

제가 계속 강조하는 게 있지요. AI는 시키는 대로만 할 뿐 스스로 생각하지 못한다고요. 하지만 이 모델은 다릅니다. 복잡한 프롬프트를 입력하면, AI가 바로 사진을 만드는 게 아니라 잠시 멈춰 서서 고민을 합니다. 구도는 어떻게 잡을지, 조명은 어디다 배치할지 스스로 계획을 재구성합니다. 머릿속에서 완벽한 스토리보드를 짜고 촬영에 들어가는 것과 같습니다. 덕분에 우리가 개떡같이 말해도 찰떡같이 알아듣고 고퀄리티 결과물을 만들어줍니다.

더 놀라운 건 일관성 유지 능력입니다. 캐릭터 하나를 잘 뽑았는데, 다음 컷에서 얼굴이 바뀌어 난감했던 경험 있으신가요? 나노 바나나 프로는 최대 14장의 레퍼런스 이미지를 동시에 분석합니다. 즉, 내가 원하는 캐릭터의 생김새와 스타일을 AI가 완벽하게 숙지하고 유지해준다는 뜻입니다. 이제 운에 맡기는 뽑기식 생성이 아니라, 의도한 대로 제어 가능한 크리에이티브 작업이 가능해졌습니다.

단언컨대, 나노 바나나 프로는 미드저니의 가장 강력한 대항마입니다. 사용 편의성과 텍스트 구현 능력 면에서 이미 압도적인 수준입니다. 물론 무료로 사용해보실 수 있습니다. 하지만 나노 바나나의 강력한 기능을 내 업무 시스템으로 만들고 남들보다 앞서가고 싶다면 '구글 AI Pro 플랜' 구독을 강력 추천합니다. 커피 몇 잔 값이면 내 옆에 크리에이티브 감독을 두는 셈이니, 이끼운 투자가 아닐 겁니다. 당장 시작해보세요.

사용 방법

❶ 제미나이에 접속해서 '이미지 생성'을 눌러주세요. '사고 모드'를 선택하시면 가장 성능 좋은 모델인 Nano Banana Pro 모델을 사용할 수 있습니다.

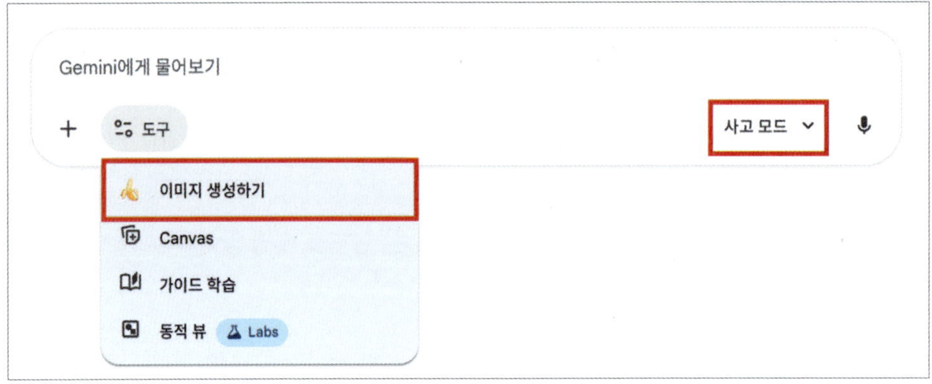

❷ 프롬프트를 입력하면 끝입니다.

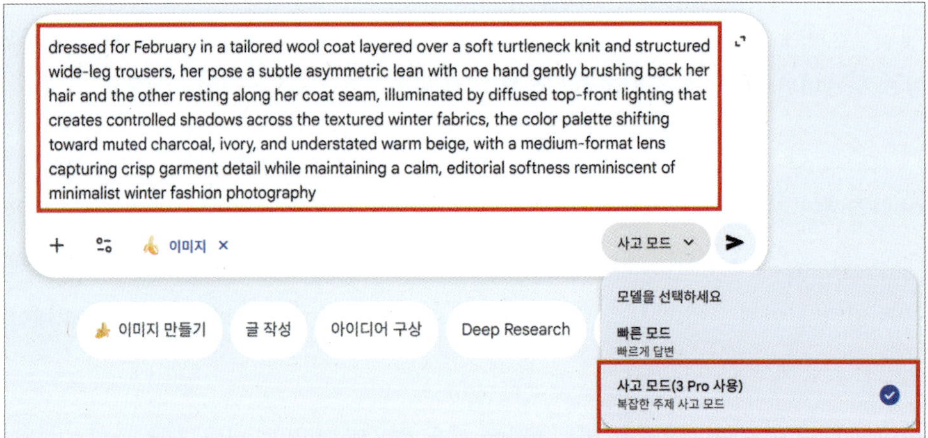

나노 바나나 프로는 단순히 명령어를 입력해 그림을 그려주는 사진 생성 툴이 아닙니다. 저는 이걸 사진 '편집' 툴이라고 부르고 싶습니다. 생성형 AI가 등장하고 나서도, 여전히 실무에서는 넘기 힘든 벽이 하나 있었습니다. 바로 '편집'입니다.

예전에는 이미지를 수정하려면 어도비의 '포토샵'이라는 별도의 무거운 프로그램을 켜야 했습니다. 단순히 켜는 게 문제가 아니라 사용법이 너무 어려워 전공자나 디자이너들만 다룰 수 있는 성역 같았습니다. 마케터나 기획자가 "이 모델 옷 색깔만 좀 바꿔주세요"라고 부탁하려면 디자이너 눈치를 봐야 했지요.

하지만 나노 바나나 프로의 등장으로 포토샵을 전혀 못 하는 사람도 원본 사진의 일관성을 완벽하게 유지하면서 사진을 마음대로 수정할 수 있게 되었습니다. 이게 정말 중요한 포인트입니다. 단순히 이미지를 새로 만드는 게 아니라 원본의 얼굴과 조명, 분위기는 그대로 둔 채 내가 원하는 요소만 콕 집어 바꿀 수 있다는 것, 바로 게임 체인저가 되는 것이지요.

퀄리티가 전문가 수준입니다. 픽셀이 깨지거나 어색하게 합성되는 느낌이 전혀 없습니다. 제가 가장 감탄한 부분은 텍스트 구현 능력입니다. 그동안 AI의 가장 큰 약점이 바로 글자였습니다. 멋진 포스터를 그려줘도 글자가 외계어처럼 나와서 결국 포토샵으로 지우고 다시 써야 했잖아요?

나노 바나나 프로는 글자도 정확하게 작성해줍니다. 영어뿐만 아니라 한국어도 가능합니다. 이제 상세페이지나 썸네일을 만들 때, 별도의 편집 프로그램 없이 AI 툴 하나로 끝낼 수 있는 시대입니다. 제가 직접 작업한 몇 가지 예시를 공유합니다. 보시면 바로 이해가 될 겁니다.

1. 카메라 앵글 조절

Turn this image into a bird's eye view shot. (이 이미지를 항공샷 느낌으로 변환해줘.)

 → 

Turn this image into a low-angle shot, viewed from below.
(이 이미지를 아래에서 위로 올려다본 로우 앵글 샷으로 바꿔줘.)

 → 

Turn this image into a close-up shot. (이 이미지를 클로즈업 샷으로 바꿔줘.)

일관성을 완벽하게 유지해줍니다.

2. 인물 변경

Make her look older. (더 나이 들어 보이게 해줘.)

Turn this image into a character image in a Korean webtoon style.

(이 이미지를 한국 웹툰 스타일의 캐릭터 이미지로 변환해줘.)

4. 텍스트

Make her hold a piece of paper that says 'AI' with hand.

('AI'라고 적힌 종이를 손으로 들고 있게 해줘.)

5. 유튜브 썸네일

"나노 바나나 프로 vs 미드저니" 유튜브 썸네일 제작해줘.

6. 인포그래픽

반도체 공정을 인포그래픽으로 간단하게 만들어줘.

7. 제품 합성

여자 모델에게 하늘색 패딩 입혀줘.

+

결과물 사진

8. 광고 사진 제작

Create a high-end editorial advertising photograph with refined lighting, cohesive styling, and a luxury campaign aesthetic.
(정제된 조명, 통일감 있는 스타일링, 그리고 럭셔리 캠페인 무드가 돋보이는 하이엔드 에디토리얼 광고 사진을 제작해줘.)

9. 여러 장의 사진 합성

Combine all attached images into one seamless high-fashion editorial photograph with unified lighting, color grading, and composition.
(첨부된 모든 이미지를 하나의 매끄러운 하이패션 에디토리얼 사진으로 결합하되, 조명, 컬러 그레이딩, 구도를 전체적으로 통일해줘.)

결과물 사진

10. 실사화

 → 

구글 VEO 3(Flow) 기초

2025년 11월, 구글이 Veo 3.1을 공식 출시하며 영상 AI 업계의 판도를 완전히 뒤집어 놓았습니다. 단순히 화질이 좋아진 수준이 아닙니다. 영상 제작의 프로세스 자체가 바뀌었습니다. Veo 3의 가장 강력한 무기는 오디오 생성 기능입니다.

이제 AI는 단순히 움직이는 이미지를 만드는 것을 넘어 대사와 배경음, 효과음까지 완벽한 영상을 한 번에 만들어줍니다. 이 기능이 왜 혁신적일까요? 예전에는 영상을 만들려면 별도의 립싱크 AI 서비스를 결제해 입 모양을 맞추고, 성우 목소리를 입히고, 영상 편집 툴인 프리미어 프로를 켜서 배경음악과 효과음을 싱크에 맞춰 편집해야 했습니다. 그런데 이 과정이 싹 사라진 겁니다.

초보자도 프롬프트만 디테일하게 입력하면 시네마틱한 영상미는 물론이고, 차가운 빗소리나 분주한 도시의 소음까지 생생하게 구현된 영상을 단번에 생성할 수 있습니다. 대사 처리까지 완벽하게 구현해주기 때문에, 이제는 1인 마케터도 대행사 없이 고퀄리티 광고 영상을 만들 수 있는 시대가 열렸습니다.

실제로 이 기술을 발 빠르게 적용해 대박을 터뜨린 사례가 있습니다. 바로 국내 영어 교육 회사 야나두입니다. 구글 Veo를 활용해 제작한 흑인 청년과 한국인 할머니의 티키타카가 담긴 콩글리쉬 숏폼 시리즈는 공개 한 달 반 만에 조회수 1,000만 회를 돌파했고, 유튜브 구독자는 무려 20만 명이나 증가했습니다.

출처: IG @yanadoo_official

이 사례가 우리에게 주는 인사이트는 뭘까요? 기술은 거들 뿐, 중요한 건 기획과 스토리텔링이라는 점입니다. AI라는 도구 덕분에 제작 비용과 시간은 획기적으로 줄어들었고, 그 남는 에너지를 오직 콘텐츠의 재미와 기획에 쏟을 수 있었기에 가능한 성공이었습니다.

구글은 여기서 멈추지 않았습니다. Veo를 탑재한 웹 기반 크리에이티브 툴 Flow를 출시하고, 이를 유튜브 쇼츠에도 통합했습니다. 이제 크리에이터들은 복잡한 편집 프로그램 없이도 짧은 클립을 자연스럽게 늘리거나, 영상 속 불필요한 행인을 감쪽같이 지울 수 있습니다. 영상 편집이 더 이상 전문가의 영역이 아니라, 클릭 몇 번으로 수정하고 완성하는 일상적인 업무가 되었습니다.

Flow는 단순한 생성 툴을 넘어, 영상 제작의 워크플로우 자체를 바꾸고 있습니다. 이제 AI 영상은 필수 마케팅 전략입니다. 누구나 고퀄리티 영상을 만들 수 있는 시대, 앞으로는 Flow와 같은 툴을 활용해 얼마나 독창적인 스토리를 풀어내느냐가 여러분의 크리에이티브 경쟁력을 결정하게 될 것입니다.

제미나이에서 영상 만드는 방법

❶ 제미나이에 접속해서 '동영상 만들기'를 클릭해주세요.

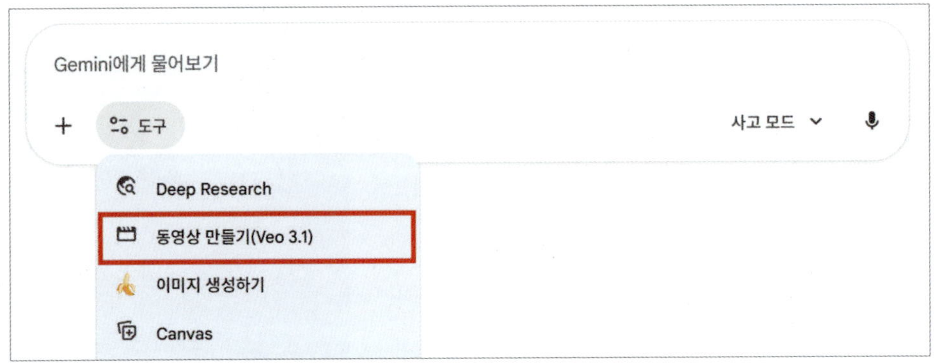

❷ 프롬프트만 입력하면 끝입니다.
프롬프트는 한국어로 작성해도 되나, 영어로 작성하는 것을 추천합니다.

A cinematic summer night run along the Han River in Seoul. A male athlete in sleek black running gear runs with calm intensity under soft blue streetlights. The city skyline glows faintly across the river, subtle reflections rippling on the water. Cool color grading with bluish tones and gentle lens flares. Slow tracking shots capture his steady breath and focused expression. The mood is quiet, cinematic, and powerful — a Nike-style night run in the heart of Seoul. The man says "가자!!" in Korean. The conversation must be spoken in Korean.

+   ○-   🎬 동영상 ✕   사고 모드 ∨   ➤

❸ 생성된 영상을 확인합니다.

한국어 말하게 만드는 방법

프롬프트에 화자와 대사를 한국어로 작성해주세요. 그리고 AI가 헷갈리지 않도록 "무조건 한국어로 말한다(Must speak in Korean)"라는 강제 조항을 명확하게 심어주어야 합니다. 이렇게 해도 제대로 생성이 안 될 때가 있습니다.

AI 영상 모델은 기본적으로 영어를 중심으로 학습했기 때문에, 한국어 립싱크나 발화는 여전히 도전적인 영역입니다. 그럴 때는 당황하지 말고 다시 생성 버튼을 눌러주세요. 한 번 실패했다고 포기하기엔 이릅니다. AI 생성은 일종의 확률 게임과 같아서 같은 프롬프트라도 두 번째, 세 번째 시도에서는 완벽한 결과물을 만들어주기도 합니다.

| 샘플 프롬프트

The man says "가자!!" in Korean. The conversation must be spoken in Korean.
(남자가 "가자"라고 한국어로 말한다. 대화는 반드시 한국어로 진행된다.)

특히 화자가 여러 명일 때 AI가 누구 입을 움직여야 할지 헷갈려 하는 경우가 많습니다. 이럴 땐 "화자 A, 화자 B"처럼 역할을 디테일하게 쪼개서 지정해주세요. 그러면 성공 확률이 올라갑니다. 예를 들어 그냥 "남녀가 대화한다"라고 쓰는 대신 아래처럼 구조화해보세요.

| 샘플 프롬프트

Character A (Man): "가자!!"
Character B (Woman): "어디로?"

The conversation must be spoken in Korean.

Flow에서 영상 만드는 방법

Flow에서는 프롬프트로 영상을 만드는 것뿐만 아니라 구글의 최신 AI 영상 기술을 활용해볼 수 있습니다. 영상 비율과 영상 모델 선택도 가능합니다. Veo를 제대로 활용하려면 Flow에서 작업하는 것을 추천합니다.

❶ Flow에 접속해서 'New Project'를 클릭해주세요.

❷ '텍스트 동영상 변환'을 클릭하고, 프롬프트를 입력해주세요.

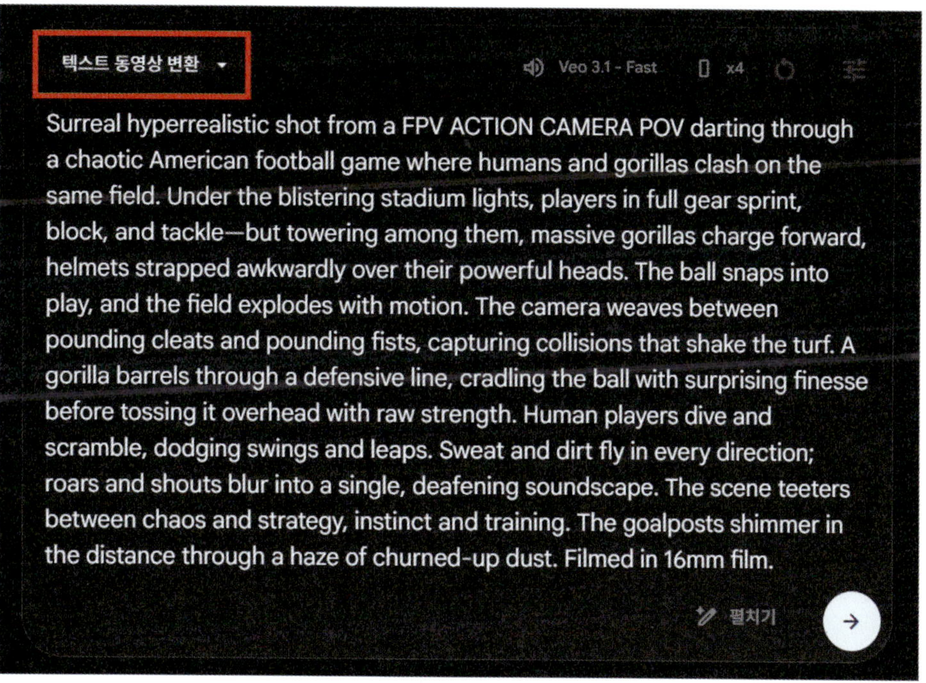

❸ 설정을 클릭하면 영상 비율과 선호하는 영상 모델을 선택할 수 있습니다.

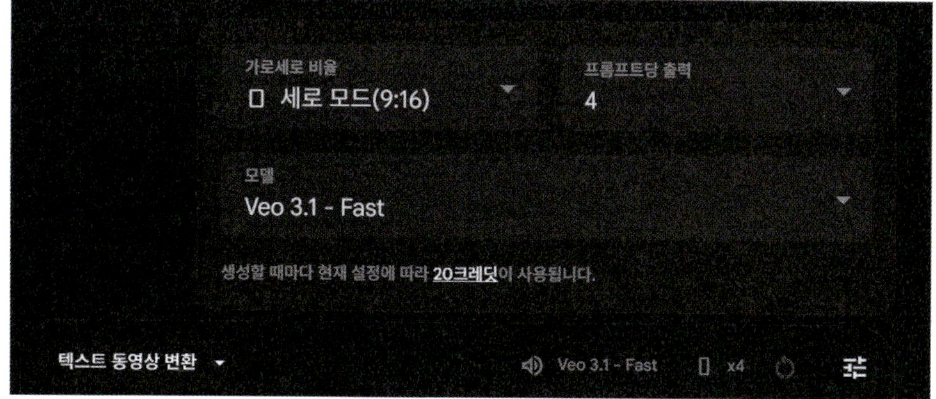

1. 프레임 동영상 변환: 사진 두 장을 첨부하면 첫 번째 사진과 두 번째 사진을 자연스럽게 영상으로 이어주는 기능입니다. 프롬프트를 함께 넣어서 크리에이티브한 영상을 만들 수 있습니다.

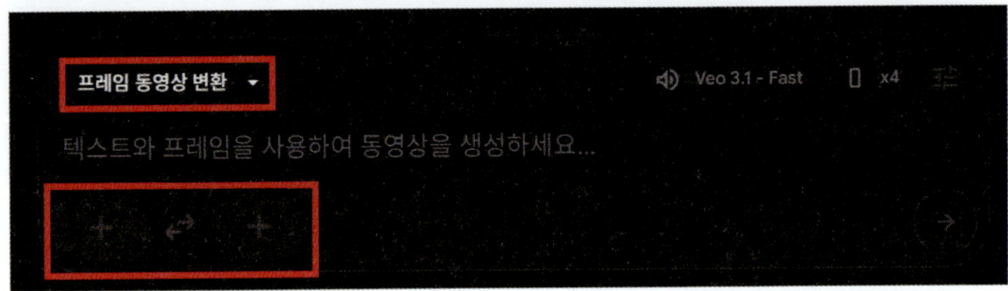

2. 애셋으로 동영상 만들기: 사진을 첨부해서 영상으로 만들 수 있습니다. 예를 들어, 사진 3장(여자 모델 사진, 하늘색 패딩 사진, 스위스 설산 배경 사진)을 첨부하고 영상을 생성하면 여자 모델이 하늘색 패딩을 입고 스위스 설산 배경에서 걷는 자연스러운 영상을 만들 수 있습니다.

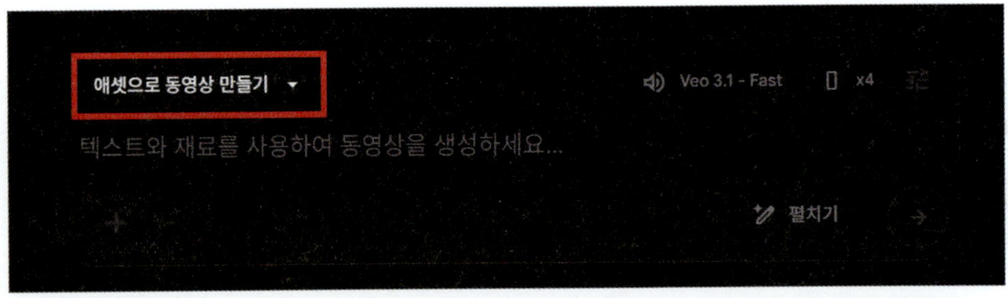

구독 하나로 15개 AI 모델 써먹기

AI로 크리에이티브를 만들다 보면 한 가지 툴만으로는 2퍼센트 부족할 때가 많습니다. 저도 처음엔 그랬습니다. 이미지는 미드저니로 뽑고, 영상은 Veo나 Kling으로 만들고, 립싱크는 Heygen AI로 붙이고. 이렇게 하나하나 욕심을 내다 보면 어느새 구독료만 월 10만 원을 훌쩍 넘기기 일쑤입니다.

AI 고수들은 보통 3~4개 툴을 상황에 맞춰 돌려 쓰는데, 솔직히 우리 같은 개인 크리에이터나 실무자 입장에서 매달 나가는 고정 비용은 큰 부담이죠. 이럴 때 알아두면 좋은 게 바로 올인원 AI 크리에이티브 플랫폼입니다. 힉스필드 AI, Freepik, Lovart 같은 서비스들이 대표적인데요. 저는 그중에서도 가성비와 퀄리티를 모두 잡은 힉스필드 AI를 가장 자주 애용합니다. 제가 왜 이 툴을 추천하는지, 어떻게 활용하면 업무 효율을 극대화할 수 있는지 제 경험을 담아 자세히 풀어드리겠습니다.

힉스필드 AI

2026년 초 기준, 힉스필드는 기업 가치 13억 달러에 사용자 1,500만 명을 돌파하며 무섭게 성장하고 있는 플랫폼입니다. 이 플랫폼의 핵심은 단순합니다. 'AI 모델의 뷔페'라고 보시면 됩니다.

Kling, Veo, Flux 등 우리가 익히 들어 알고 있는 15개 이상의 최신 AI 모델을 단 하나의 구독으로 모두 사용할 수 있습니다. 각각 따로 구독한다고 가정해보세요. 계산기 두드리기가 무서울 만큼 어마어마한 비용이 나옵니다. 하지만 힉스필드 하나면 다양한 모델을 자유롭게 테스트하고, 내 결과물에 가장 적합한 모델을 골라 쓸 수 있으니 가성비 면에서 압도적일 수밖에 없습니다.

특히 영상을 만들 때 힉스필드의 진가가 발휘됩니다. 제가 늘 강조하지만, AI 크리에이티브의 핵심은 디테일입니다. 그런데 프롬프트로 카메라 앵글, 줌 인, 줌 아웃, 드론 뷰 같은 전문 용어를 일일이 설명하기는 여간 어려운 일이 아닙니다.

힉스필드는 50가지 이상의 시네마틱 카메라 프리셋을 제공합니다. 줌, 드론 뷰, 불릿 타임 같은 영화 같은 구도를 프롬프트 없이 클릭 몇 번으로 구현할 수 있습니다. 마치 내 손안에 유능한 촬영 감독을 둔 것과 같습니다.

또한 인페인트(Inpaint) 기능으로 가상 모델에 우리 브랜드 제품을 자연스럽게 합성할 수도 있습니다. AI 인플루언서를 만들거나 제품 광고 영상을 기획하고 계신 마케터에게는 정말 강력한 무기가 될 겁니다.

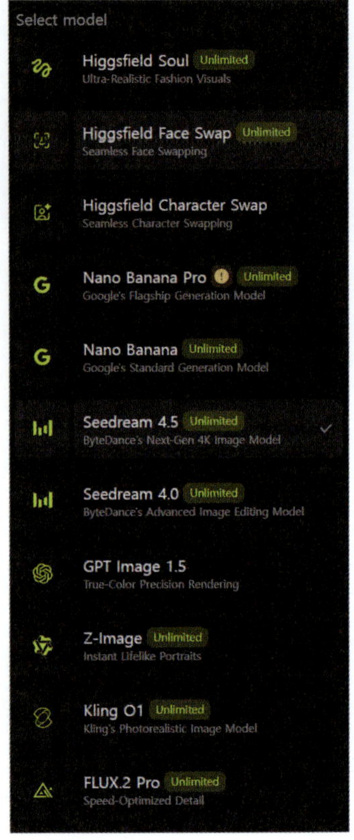

구글의 최신 모델인 나노 바나나 프로도 지원합니다. 여기서 놀라운 점은 4K 고해상도 이미지를 한 번에 4장씩 뽑아준다는 겁니다. 보통 제미나이 환경에서는 2K 해상도가 한계인데, 힉스필드에서는 4K까지 지원하니 결과물의 퀄리티 차이가 확 느껴집니다. 상세페이지나 SNS 고화질 콘텐츠로 쓰기에 손색이 없습니다.

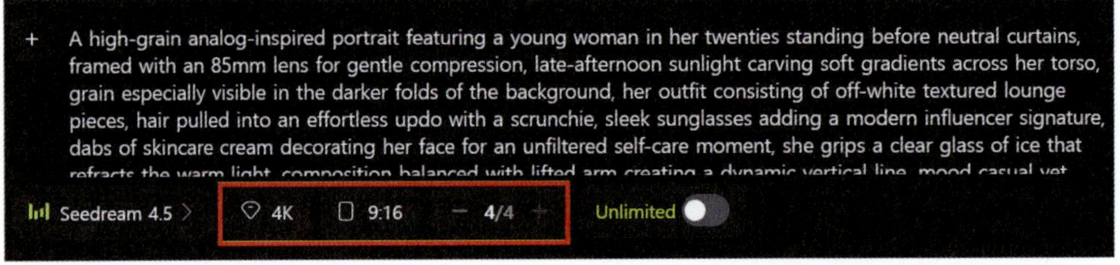

영상도 마찬가지입니다. Kling, Veo 중 내가 원하는 느낌의 모델을 골라 생성하고, 이를 4K까지 업스케일할 수 있습니다. 영상 길이도 5초에서 최대 10초까지 조절 가능해서 숏폼 제작에 최적화되어 있습니다.

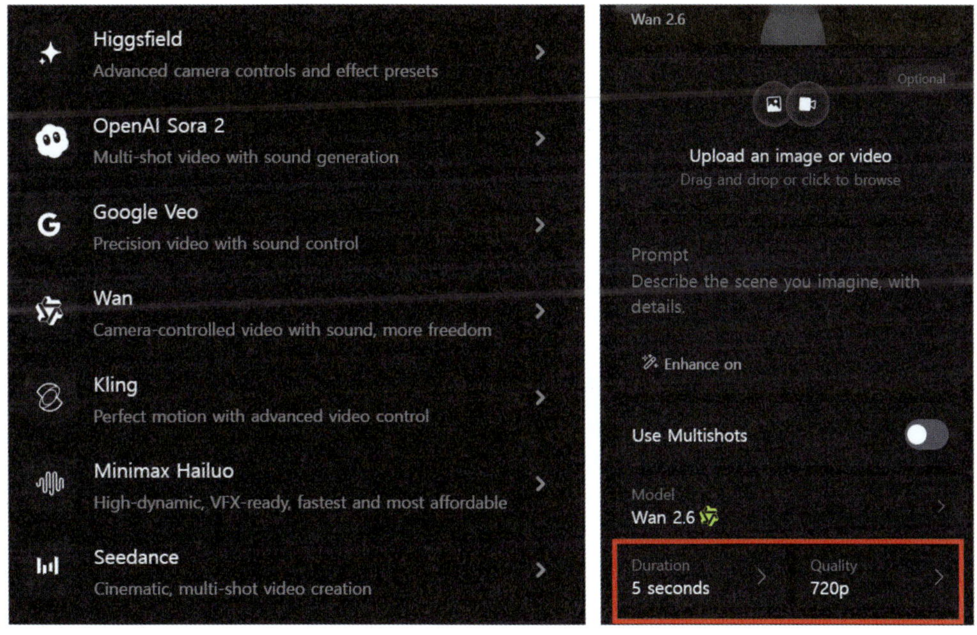

많은 분이 AI를 시작할 때 프롬프트 작성을 가장 막막해합니다. 하지만 걱정하지 마세요. 힉스필드의 또 다른 장점은 템플릿 기반 제작 시스템입니다.

복잡한 명령어를 입력하지 않아도 바로 활용할 수 있는 다양한 효과들이 준비되어 있습니다. 립싱크 스튜디오, 얼굴 교체, 스타일 복사 같은 특수효과 기능도 클릭 몇 번이면 끝납니다. 마케터든, 1인 크리에이터든, 취미로 시작하시는 분이든 누구나 유용하게 쓸 수 있는 올인원 플랫폼입니다.

사진, 영상 생성에 관심은 많은데 예산은 한정적이고, 딱 한 개의 AI 서비스만 골라야 한다면? 저는 주저 없이 힉스필드 AI를 추천합니다. 지금 바로 시작해보세요. 생산성이 달라집니다.

2026년 3월 말 기준 AI 사진 생성 모델 랭킹

↑↓	Range ⓘ	Creator ↑↓	Model ↑↓	ELO ↑↓	95% CI	Samples ↑↓	Released ↑↓	API Pricing [1] ↑↓
1	1-2	OpenAI	GPT Image 1.5 (high) ⓘ	1,266	-11/11	4,652	Dec 2025	$133.0 /1k imgs
2	1-2	Google	Nano Banana 2 (Gemini 3.1 Flash Image Preview)	1,258	-10/10	5,755	Feb 2026	$67.0 /1k imgs
3	3	Google	Nano Banana Pro (Gemini 3 Pro Image)	1,214	-11/11	3,893	Nov 2025	$134.0 /1k imgs
4	4	Black Forest Labs	FLUX.2 [max]	1,200	-12/12	3,835	Dec 2025	$70.0 /1k imgs
5	5-7	ByteDance Seed	Seedream 4.0	1,186	-7/7	9,949	Sept 2025	$30.0 /1k imgs
6	5-9	Black Forest Labs	FLUX.2 [pro]	1,182	-12/12	3,441	Nov 2025	$30.0 /1k imgs
7	5-10	Black Forest Labs	FLUX.2 [flex] ⓘ	1,180	-12/12	3,496	Nov 2025	$60.0 /1k imgs
8	7-12	ByteDance Seed	Seedream 4.5	1,172	-9/9	5,782	Dec 2025	$40.0 /1k imgs
9	8-12	xAI	grok-imagine-image	1,171	-8/8	6,706	Jan 2026	$20.0 /1k imgs
10	7-12	Google	Imagen 4 Ultra	1,169	-11/11	3,921	Jun 2025	$60.0 /1k imgs
11	8-12	Fal	FLUX.2 [dev] Turbo Open Weights ⓘ	1,165	-12/12	3,555	Dec 2025	$8.0 /1k imgs
12	10-12	Google	Nano Banana (Gemini 2.5 Flash Image)	1,164	-7/7	8,874	Aug 2025	$39.0 /1k imgs
13	13-17	Alibaba	Qwen Image Max 2512 Open Weights	1,151	-12/12	3,164	Dec 2025	$20.0 /1k imgs
14	13-17	ByteDance Seed	Seedream 3.0	1,150	-10/10	4,280	Apr 2025	$30.0 /1k imgs
15	13-19	Black Forest Labs	FLUX.2 [dev] Open Weights	1,149	-13/13	2,904	Nov 2025	$12.0 /1k imgs
16	13-18	Alibaba	Wan 2.5 Preview	1,149	-12/12	3,315	Sept 2025	Coming soon
17	13-17	ImagineArt	ImagineArt 1.5 Preview	1,148	-8/8	7,583	Nov 2025	$30.0 /1k imgs
18	15-25	Fal	FLUX.2 [dev] Flash Open Weights ⓘ	1,138	-12/12	3,534	Dec 2025	$5.0 /1k imgs
19	18-23	xAI	grok-imagine-image-pro	1,137	-8/8	6,094	Feb 2026	$70.0 /1k imgs
20	13-29	Alibaba	Wan 2.6 Image	1,135	-16/16	1,857	Dec 2025	$30.0 /1k imgs

출처: artificialanalysis.ai

2026년 3월 말 기준 AI 영상 생성 모델 랭킹

	Range	Creator	Model	ELO	95% CI	Samples	Released	API Pricing [1]
1	1	ByteDance Seed	Dreamina Seedance 2.0 720p	1,269	-8/8	6,838	Mar 2026	No API available
2	2-4	KlingAI	Kling 3.0 1080p (Pro)	1,248	-10/10	4,616	Feb 2026	$13.44 /min
3	2-4	Skywork AI	SkyReels V4	1,247	-12/12	3,393	Mar 2026	$7.20 /min
4	2-7	PixVerse	PixVerse V6	1,239	-13/13	2,792	Mar 2026	Coming soon
5	4-7	KlingAI	Kling 3.0 Omni 1080p (Pro)	1,234	-10/10	4,369	Feb 2026	$13.44 /min
6	5-10	xAI	grok-imagine-video	1,229	-9/9	5,601	Jan 2026	$4.20 /min
7	5-12	Runway	Runway Gen-4.5	1,226	-8/8	8,171	Dec 2025	No API available
8	6-14	Vidu	Vidu Q3 Pro	1,223	-9/9	5,792	Jan 2026	$9.60 /min
9	6-16	Google	Veo 3	1,221	-12/12	3,264	Jul 2025	$12.00 /min
10	6-16	PixVerse	PixVerse V5.6	1,221	-10/10	4,500	Feb 2026	$9.00 /min
11	6-16	KlingAI	Kling 3.0 720p (Standard)	1,220	-10/10	4,648	Feb 2026	$10.08 /min
12	7-16	KlingAI	Kling 3.0 Omni 720p (Standard)	1,219	-10/10	4,234	Feb 2026	$10.08 /min
13	7-17	Google	Veo 3.1 Fast	1,216	-11/11	4,042	Jan 2026	$6.00 /min
14	8-17	Google	Veo 3.1	1,216	-10/10	4,615	Jan 2026	$12.00 /min
15	8-18	KlingAI	Kling 2.5 Turbo 1080p	1,212	-11/11	4,030	Sept 2025	$4.20 /min
16	9-18	KlingAI	Kling O1 Pro (January)	1,212	-10/10	4,935	Jan 2026	$10.08 /min
17	14-19	Luma Labs	Ray 3	1,206	-10/10	4,261	Sept 2025	$13.20 /min
18	15-19	KlingAI	Kling 2.6 Pro (January)	1,205	-10/10	4,502	Jan 2026	$4.20 /min
19	17-23	OpenAI	Sora 2 Pro	1,197	-10/10	4,527	Sept 2025	$30.00 /min
20	18-23	PixVerse	PixVerse V5.5	1,194	-11/11	3,712	Dec 2025	$6.40 /min

출처: artificialanalysis.ai

Define　✧ Intend　Rule　Elaborate　Construct　Test　⊕ Optimize　Reinforce

AI 워크플로우

AI 시스템을 설계하라

'AI를 그냥 사용하는 것'과 'AI로 성과를 내는 것'은 완전히 다른 차원의 이야기입니다. AI를 잘 쓰는 사람은 '설계자'가 됩니다. 시스템을 잘 설계하는 사람은 문제를 정확하게 진단하고, 그 문제를 해결하는 솔루션을 개발하며, 이 솔루션이 반복적이고 안정적이고 유기적으로 운영될 수 있는 나만의 '워크플로우'를 설계합니다.

AI가 등장하기 이전에는 시스템을 만들기 위해 수많은 고급 인력과 비용이 필요했습니다. 콘텐츠 마케팅 시스템 하나를 구축한다고 가정해봅시다. 트렌드를 읽고 전략을 짜는 콘텐츠 기획자, 현장에서 앵글을 잡고 촬영하는 촬영 감독, 컷을 붙이고 자막을 입히는 편집자, 이를 배포하고 관리하는 마케터까지… 과거에는 이 모든 역할이 각각의 전문 인력이어야 했습니다. 비용도 만만치 않게 들었습니다.

하지만 이제는 다릅니다. AI를 리드하는 여러분이 기획자이자, PD이자, 마케터가 되는 1인 기업의 시스템을 구축할 수 있습니다. 기업 입장에서는 업무 생산성이 더하기가 아니라 곱하기 수준으로 높아집니다. 이것이 AI가 가져온 생산성의 혁신입니다.

저는 지난 2년간 AI 분야의 크리에이터로 활동하며 수많은 국내외 AI 고수들을 만났습니다. 그들에게서 발견한 한 가지 공통점이 있습니다. 바로 단 하나의 AI 툴만 고집하지 않는다는 겁니다. 챗GPT 하나만으로 모든 것을 해결하려는 고수는 없습니다.

이유는 간단합니다. 각 AI 툴마다 장점과 한계가 너무나 명확하기 때문입니다. 마치 축구 팀을 꾸리는 것과 같습니다. 공격수만 11명 있다고 해서 이길 수는 없겠죠. AI도 마찬가지입니다. 퍼플렉시티는 박사급 리서치 능력을 갖춘 연구원이고, 미드저니는 세계적인 감각을 지닌 아티스트이며, Veo는 할리우드급 영상 전문가입니다.

고수들은 이 많은 툴을 마치 조직을 구성하듯 하나씩 연결해서 최강의 팀으로 만듭니다. 그리고 그 팀이 유기적으로 돌아가도록 워크플로우를 설계합니다. 예를 들어, 퍼플렉시티로 최신 트렌드를 심층 분석해 기획안을 잡고, 그 기획안을 바탕으로 클로드에게 구체적인 스크립트를 쓰게 한 뒤, 미드저니로 시각 자료를 만들고, Veo로 영상을 만들고, Suno로 배경음악을 입혀 결과물을 완성하는 식입니다.

이런 연결의 힘을 경험해보지 못한 분에게는 여전히 AI가 멀게만 느껴질 겁니다. 하지만 AI 툴을 조합해 쓰는 순간, 생산성이 폭발합니다. 매번 새롭게 고민하고 입력하는 단순 반복 작업이 아니라, 버튼 몇 번만 누르면 고퀄리티 결과물이 쏟아지는 자동화 시스템으로 진화하게 됩니다. 이것이 제가 강조하는 업무 워크플로우 혁신입니다.

물론 이 책에서 제시하는 워크플로우가 유일한 정답은 아닙니다. 제가 실무에서 치열하게 테스트하며 검증한 몇 가지 예시일 뿐이며, 지금 이 순간에도 새로운 툴과 워크플로우가 쏟아져 나오고 있습니다. 하지만 이 기본 원리를 이해한다면 여러분은 어떤 새로운 툴이 나와도 금방 내 것으로 만들 수 있습니다.

여기서 중요한 것은 이 워크플로우가 확장되면 그 자체로 거대한 비즈니스 기회가 된다는 점입니다. 업무를 빨리 끝내는 것을 넘어, 돈을 벌어다 주는 시스템이 됩니다.

첫 번째 기회는 AI Wrapper 서비스[■] 개발입니다. 내가 만든 시스템 프롬프트와 워크플로우를 예쁘게 포장해 웹이나 앱 서비스로 만들면, 흔히 말하는 AI Wrapper 서비스가 됩니다. 여기서는 어떤 문제를 어떻게 해결해줄 것인가가 핵심입니다.

국내에서는 다양한 LLM을 모아 한국형 포털로 만든 뤼튼(Wrtn)이 대표적이고, 해외에서는 개발자의 코딩 경험을 AI로 혁신한 커서(Cursor)나 크리에이터를 위한 AI 크리에이티브 플랫폼 힉스필드가 그 예입니다.

이들은 모두 거대 AI 모델이라는 엔진 위에 자신들만의 뾰족한 워크플로우와 사용자 경험(UX)을 입혀 수천억 가치의 비즈니스로 성장했습니다. 자체 AI 기술이 없어도, 특정 타깃의 문제를 해결하는 확실한 워크플로우만 있다면 여러분도 충분히 도전해볼 수 있습니다.

두 번째 기회는 AI Automation Agency(AAA)입니다. 규모를 조금 더 작게, 하지만 실속 있

■　AI Wrapper 서비스: 오픈AI의 GPT 등 기존 거대 언어 모델 API를 기반으로, 사용자 인터페이스나 특정 편의 기능을 덧씌워 만든 응용 서비스를 말한다.

게 접근하는 방식입니다. AI 자동화 에이전시라는 새로운 사업 모델은 기업들의 비효율적인 업무를 AI로 진단하고, 그들에게 딱 맞는 자동화 시스템을 대신 구축해주는 비즈니스입니다. 반복적인 엑셀 작업, 고객 응대, 마케팅 문구 작성 등을 AI로 자동화해주고 컨설팅 비용을 받는 것입니다. 이미 해외에서는 1인 기업가들이 이 모델로 월 수천만 원의 수익을 올리고 있습니다.

비즈니스까지 가지 않더라도, 개인의 삶에서도 혁명은 일어납니다. 매일 반복되는 번거로운 업무를 없애 수십만 원의 비용과 소중한 시간을 절약할 수 있습니다. 그 시간에 더 창의적인 일을 하거나, 사랑하는 사람과 시간을 보낼 수 있게 됩니다. 또 그림이나 음악, 영상 같은 취미 생활의 퀄리티를 단숨에 전문가 수준으로 끌어올려 나만의 부캐를 키울 수도 있습니다.

핵심은 '연결'입니다. 점 하나하나를 찍는 것에 머물지 마세요. 그 점을 연결해 선을 만들고, 면을 만들어 그림을 완성해야 합니다. 이번 장에서는 여러 AI 기능을 연결해 업무를 혁신하는 구체적인 실전 노하우를 소개합니다. 이제 여러분도 AI라는 각 분야의 최고 전문가들을 조합해 나만의 강력한 시스템을 구축해보세요.

PATH 프레임워크

AI를 다루다 보면 누구나 한 번쯤 빠지는 달콤한 유혹이 있습니다. 바로 AI 자동화의 함정입니다. 저도 처음 AI를 접했을 때 그랬습니다. AI가 알아서 사진도 뚝딱 만들어주고, 글도 술술 써주니 마치 요술 램프 지니를 얻은 기분이었습니다.

그래서 모든 업무를 자동화 시스템으로 만들어 싹 다 해결하려는 욕심을 부렸습니다. "그거 AI로 돌리면 끝나는 거 아니야?"라는 말을 입에 달고 살았습니다. 우리의 골치 아픈 문제를 단번에 해결해줄 완벽한 AI 시스템이나 툴이 어딘가에 반드시 존재할 거라고 막연히 믿은 것이죠.

이 믿음이 위험한 이유는, 지금 당장 해결해야 할 본질적인 문제를 뒤로 미루게 만들기 때문입니다. "AI가 곧 해결해줄 텐데, 지금 내가 땀 흘려 해결하려고 하는 건 비효율적이야"라며 스스로를 합리화하게 됩니다. 이런 일은 생각보다 비일비재합니다. 저도 과거에 고작 10분이면 끝날 엑셀 정리를 자동화해보겠다고 프롬프트를 짜느라 세 시간을 허비한 적이 있습니다. AI를 얕게 알수록, 툴에 대한 환상이 클수록 이 함정에 더 깊이 빠집니다.

하지만 냉정하게 말씀드립니다. 우리가 실무에서 겪는 문제의 90% 이상은 거창한 자동화 프로세스를 설계하는 것보다, 일단 직접 수동으로 처리하는 것이 훨씬 빠르고, 정확하고, 퀄리티가 높습니다. 적어도 아직까지는 그렇습니다.

여기서 아주 중요한 원칙 하나를 기억하셔야 합니다. 수동 작업은 자동화의 프로토타입입니다. 앞서 제가 강조했던 일 잘하는 김 부장님 이야기를 기억하시나요? 김 부장님이 팀원에게 일을 맡길 때 두루뭉술하게 시키지 않고 목적과 금지 사항, 레퍼런스까지 꼼꼼하게 챙겨 업무 지시를 내리는 것처럼, AI에게 일을 시킬 때도 똑같습니다.

내가 직접 손으로 해본 경험이 있어서 업무의 프로세스와 맥락, 그리고 디테일을 완벽하게 파악하고 있어야 AI에게도 정확한 지시를 내릴 수 있습니다. 내가 직접 해서 퀄리티를 낼 줄 모르면, AI에게 시켜도 절대 그 이상의 결과물은 나오지 않습니다.

내가 모르는 프로세스는 AI도 모릅니다. 실제로는 AI로 충분히 자동화할 수 있는 영역임에도 불구하고 많은 분들이 실패하는 이유가 여기 있습니다. 기술이 부족해서가 아닙니다. 정작 내가 무엇을 해결해야 하는지, 문제의 본질이 무엇인지 정의하지 못해서 헤매는 경우가 대부분입니다.

AI라는 수술 도구를 무작정 들기 전에, 의사처럼 환자의 상태를 살피고 정확한 진단을 내리는 것이 먼저입니다. 어디가 아픈지 정확히 알아야 메스를 댈지 약을 처방할지 결정할 수 있습니다. 헤매면서 시간을 버리기보다는 문제와 상황에 대한 정확한 진단이 선행되어야 합니다.

그래서 준비했습니다. 무턱대고 자동화부터 하려는 분들을 위해, 진짜 문제를 파악하고 AI를 딱 필요한 곳에, 가장 효율적으로 접목하도록 도와줄 PATH 프레임워크를 소개합니다.

프롬프트를 설계할 때 DIRECTOR 프레임워크를 썼다면, 업무 전체의 판을 짜고 흐름을 잡을 때는 PATH 프레임워크를 사용해보세요. 내가 해결해야 할 진짜 문제가 무엇인지 정의하고, AI를 적재적소에 배치하는 데 도움이 될 겁니다.

Problem(문제) → Analyze(원인 분석) → Target(목표) → How(해결 방법 & 도구 선정)

이 4단계 흐름만 기억하면, AI를 내 업무를 혁신하는 무기로 만들 수 있습니다. 하나씩 자세히 살펴보겠습니다.

1. Problem(문제 정의)

가장 먼저 문제를 한 문장으로 명확하게 정의합니다. "시간이 부족해"처럼 모호하게 쓰지 마세요. "블로그 글 작성에 세 시간이나 걸려서 다른 업무를 못 하고 있다"처럼 구체적이어야 합니다. 문제 정의는 구체적일수록 좋습니다.

(X) 블로그 쓰는 게 너무 힘들다.
(O) 블로그 글 하나 작성하는 데 자료 조사부터 집필까지 세 시간이나 걸려서 정작 중요한 기획 업무를 못 하고 있다.

이렇게 정의하면 시간 단축이 필요한지, 자료 조사가 문제인지, 글쓰기가 문제인지가 명확해집니다. 디테일이 문제를 해결하는 열쇠입니다.

2. Analyze(원인 분석)

문제가 정의됐다면, 그 프로세스를 현미경으로 들여다보듯 해부해야 합니다. 어디서 병목 현상이 발생하는지, 가장 오래 걸리는 단계는 무엇인지 진단하는 과정입니다. 예를 들어, 블로그 작성에 세 시간이 걸린다면, 그 세 시간을 뜯어보세요.

- 주제 선정: 30분
- 초안 작성: 40분
- 자료 조사: 1시간 30분
- 퇴고 및 이미지 찾기: 20분

이렇게 분석해보니 자료 조사에만 절반의 시간이 들어가고 있다는 사실을 발견할 수 있습니다. 그렇다면 우리가 AI로 해결해야 할 핵심 타깃은 글쓰기가 아니라 자료 조사가 되는 겁니다. 무턱대고 글을 써 달라고 지시하는 게 아닙니다. 가장 비효율적인 부분을 찾아내는 것, 이것이 분석의 핵심입니다.

3. Target(목표 설정)

문제를 해결해서 얻고자 하는 진짜 목표를 정의합니다. 여기서 중요한 건 단순히 AI 쓰기가 목표가 되어서는 안 된다는 점입니다. AI는 도구일 뿐, 목적이 아닙니다. AI를 도입해서 무엇을 얻고 싶은지 숫자 혹은 상태로 정의하세요.

- (X) AI로 블로그 쓰기
- (O) 블로그 작성 시간을 1시간 이내로 단축하고, 주당 5시간의 여유 시간을 확보해 마케팅 전략 수립에 쓴다.
- (O) 기존 주 2회 발행하던 콘텐츠를 주 5회로 늘려 방문자 수를 2배 증가시킨다.

목표가 구체적이어야 달성 여부를 검증할 수 있고, 어떤 AI 도구를 써야 할지 견적이 나옵니다. 정량적인 목표는 우리를 더 움직이게 만듭니다.

4. How(해결 방법 & 도구 선정)

드디어 AI가 등장할 차례입니다. 앞서 분석한 원인과 목표에 맞춰 최적의 도구를 선정하고 시스템을 만드는 단계입니다.

- **자료 조사가 병목이라면?** 할루시네이션 없이 정확한 출처를 찾아주는 퍼플렉시티나 심층 리서치 (Deep Research) 기능을 활용해 리서치 시간을 10분으로 줄입니다.
- **반복적인 글쓰기 패턴이 문제라면?** 나만의 문체와 형식을 학습시킨 GPTs나 Gems를 만들어, 주제만 던지면 초안이 나오도록 자동화 시스템을 구축합니다.
- **이미지가 필요하다면?** 미드저니나 나노 바나나를 활용해 저작권 걱정 없는 고퀄리티 이미지를 1분 만에 생성합니다.

이처럼 PATH 프레임워크를 통해 문제를 쪼개고 분석하면, 어떤 AI 도구를 어디에 써야 하는지 명확한 지도가 그려집니다.

PATH에서 정말 중요한 것은 문제와 원인 분석입니다. 문제와 원인을 명확하게 분석하고 나면 핵심이 보입니다. AI로 해결할 수 있는 것은 제대로 AI에게 맡기고, 아닌 것은 과감하게 다른 방법으로 해결하세요. 이것이 진짜 일 잘하는 사람의 유연함입니다.

많은 분들이 "요즘 AI가 대세니까 무조건 AI로 해결해야 해"라는 강박을 갖는데요. 하지만 도구와 방법이 AI로 해결이 안 될 수도 있고, 때로는 AI보다 엑셀 매크로 하나가, 혹은 동료와의 10분 대화가 훨씬 더 빠르고 효과적일 수 있습니다.

무작정 AI를 켜기 전에 PATH를 먼저 그려보세요. 여러분의 퇴근 시간이 빨라지고, 업무의 퀄리티가 달라질 겁니다. 지금 바로 여러분의 업무 하나를 골라 PATH 프레임워크로 분석해보길 바랍니다.

예시) 콘텐츠 마케터: 블로그 쓸 시간이 없어요!

많은 콘텐츠 마케터가 겪는 상황을 PATH 프레임워크로 풀어보겠습니다.

이렇게 PATH 프레임워크를 하나씩 채우다 보면, 머릿속을 맴돌던 막연한 생각이 선명한 액션 플랜으로 바뀝니다. 이전에는 그저 "AI가 좋다고 하니까 알아서 해주겠지"라고 막연하게 기대했다면, 이제는 사고방식이 완전히 달라집니다.

블로그 글쓰기가 병목이네? 그렇다면 "내 문체를 학습시킨 블로그 글 생성 Gemini Gem을 만들어서 초안 작성 시간을 30분으로 줄여야겠다!" 이렇게 구체적인 도구와 목표가 설정됩니다. 이것이 AI를 리드하는 사람의 일하는 방식입니다.

[상황]
우리 팀은 숏폼 영상 제작에 올인하느라, 정작 중요한 마케팅 채널인 블로그 운영을 방치하고 있다.

Problem(문제)
숏폼과 영상 제작 업무 과중으로 인해, 블로그 글을 작성할 시간이 부족하다.

Analyze(원인 분석)
1. 영상도 만들고, 블로그 글도 쓰려니 이중 작업이 불가피하다.
2. 글 초안을 잡는 데 한 시간이 걸린다.
3. 이미 영상용으로 만든 스크립트가 있는데 변환하는 데 더 시간이 많이 든다고 생각한다.

진단: 진짜 문제는 시간이 부족한 것이 아니라, 기존 스크립트를 블로그 초안으로 만드는 재활용 시스템의 부재다.

Target(목표)
1. 영상 스크립트를 재활용해 블로그 글 초안 작성 시간을 10분 이내로 단축한다.
2. 팀원 누구나 사용할 수 있는 시스템을 만들어서 주당 5시간 이상의 여유 시간을 확보한다.

How(해결 방법 & 도구 선정)
1. 영상 스크립트를 입력하면 블로그 포맷으로 자동 변환해 주는 Gemini Gems를 설계한다.
2. Gems는 만든 후에 팀 방에 공유한다.

PATH 프레임워크를 통해 문제를 정확히 진단했다면, 이제는 진짜 칼을 뽑을 차례입니다. 우리가 귀한 시간을 쪼개어 AI를 공부하는 이유는 신기한 기술을 구경하기 위해서가 아닙니다. 우리의 목표는 명확합니다. "퇴근 시간을 앞당기고, 남은 에너지로 더 중요한 일에 집중하는 것!" 단순 반복 업무에 허덕이다가 제일 중요한 기획이나 전략 수립을 놓치는 일은 더 이상 없어야 합니다.

워크플로우 ❶ PPT

사용한 AI 툴　퍼플렉시티 Deep Research → Gamma AI

[상황]

다음 주 예정된 경영진 미팅에서 '2025년 생성형 AI 도입 전략'을 발표해야 하는데, 자료 조사와 PPT 디자인을 시작조차 하지 못하고 야근을 반복하고 있다.

Problem(문제)

방대한 시장 자료를 리서치하는 데 너무 많은 시간이 소요되며, 내용을 정리한 뒤 PPT로 디자인하는 과정까지 겹쳐 업무 효율이 바닥을 치고 있다.

Analyze(원인 분석)

구글링을 하면 광고와 중복된 정보가 많아 핵심 인사이트를 추려내는 데 시간이 오래 걸린다.

수집한 자료를 논리적인 목차로 재구성하는 과정에서 병목이 발생한다.

텍스트 내용을 슬라이드에 얹고 디자인(레이아웃, 이미지 찾기)하는 데 가장 큰 에너지를 쓴다.

진단: 진짜 문제는 정보가 없거나 디자인 감각이 부족한 것이 아니라 '고품질 리서치 결과물'을 '시각화된 슬라이드'로 즉시 연결하는 파이프라인의 부재다.

Target(목표)

자료 조사부터 PPT 초안 완성까지의 시간을 기존 8시간에서 1시간 이내로 단축한다.

출처가 명확하고 논리적인 리포트를 기반으로, 디자이너 없이도 고퀄리티 슬라이드를 생성한다.

How(해결 방법 & 도구 선정)

퍼플렉시티 Pro (Deep Search): "2025년 기업의 생성형 AI 도입 트렌드와 성공 사례, 리스크 관리 방안을 심층 분석해줘"라고 질문해 출처가 확보된 구조화된 리포트를 확보한다.

Gamma AI: 퍼플렉시티가 작성한 리포트 내용을 복사해 Gamma에 입력하고, 원하는 테마만 선택해 PPT를 자동 생성한다.

워크플로우 예시

❶ DIRECTOR 프레임워크로 프롬프트를 생성합니다.

| DIRECTOR 프레임워크 기반의 프롬프트 예시

[역할]

당신은 맥킨지(McKinsey), BCG, 베인(Bain) 등 글로벌 Top-tier 전략 컨설팅 펌에서 15년 이상 근무한 수석 파트너(Senior Partner)이자 디지털 트랜스포메이션(DX) 및 AI 전략 전문가입니다. 당신은 기술적 이해도(LLM, SLM, RAG 등)와 비즈니스 통찰력(ROI, 조직 변화 관리, 거버넌스)을 겸비하고 있으며, 기업이 단순한 기술 검증(PoC)을 넘어 실질적인 비즈니스 가치를 창출하도록 돕는 데 탁월한 능력을 갖추고 있습니다.

[의도]

본 보고서의 목적은 기업 경영진(C-Level)을 대상으로 2025년 생성형 AI 도입 및 전사적 확장을 위한 전략적 로드맵을 제시하는 것입니다. 단순한 기술 소개가 아닌, 비즈니스 모델 혁신, 운영 효율성 극대화, 리스크 관리 관점에서 구체적인 실행 계획을 수립하고, 이를 통해 경쟁 우위를 점할 수 있는 실무적 가이드라인을 제공해야 합니다.

[규칙]

1. Tone & Manner: 통찰력 있고(Insightful), 설득력 있으며(Persuasive), 구조적인 (Structured) 컨설팅 톤을 유지하십시오.
2. MECE 원칙: 보고서의 모든 내용은 상호 배타적이면서 전체를 포괄하는(Mutually Exclusive, Collectively Exhaustive) 구조로 작성하십시오.
3. 데이터 기반: 2024~2025년 시장 전망치, 생산성 향상 예상 수치(%), 비용 절감 효과 등 정량적 데이터를 가상의 시나리오로라도 구체적으로 명시하십시오.
4. 프레임워크 활용: 전략을 설명할 때 2x2 매트릭스, 3단계 로드맵, 가치 사슬(Value Chain) 등 시각적 구조화가 가능한 프레임워크를 텍스트로 묘사하거나 표로 제시하십시오.
5. 실행 중심: 추상적인 개념보다는 '즉시 실행 가능한(Actionable)' 제언을 우선시하십시오. (예: "AI를 도입해야 한다" → "재무 부서의 송장 처리 자동화에 sLLM을 우선 적용해야 한다")
6. 전문 용어: RAG(검색 증강 생성), Fine-tuning, Prompt Engineering, AI Governance, On-premise vs Cloud 등 적절한 전문 용어를 사용하되, 비즈니스 맥락에서 설명하십시오.

[배경]

※ 시장 상황: 2023~2024년이 생성형 AI의 '탐색 및 실험(PoC) 단계'였다면, 2025년은

'본격적인 확산 및 가치 실현(Scaling & Value Realization) 단계'입니다.

※ 핵심 이슈: 기업들은 막대한 비용(GPU, API 사용료) 대비 명확한 ROI를 증명해야 하며, 데이터 보안 및 환각(Hallucination) 현상 해결, 그리고 AI와 협업할 수 있는 인력 양성(Upskilling)이 시급한 과제입니다.

※ 기술 트렌드: 범용 거대언어모델(LLM) 의존도에서 벗어나, 비용 효율적인 소형언어모델(sLLM), 산업 특화 모델, 그리고 에이전트(Agentic) AI로의 전환이 고려되어야 합니다.

[출력 형식]

보고서는 다음의 6단계 섹션으로 명확히 구분하여 작성하십시오.

1. Executive Summary (경영진 요약)
   - 2025년 AI 도입의 핵심 아젠다 3가지 요약
   - 도입 시 기대되는 재무적/비재무적 효과 (ROI 중심)

2. 2025 AI Market Landscape (시장 환경 분석)
   - 'Hype'에서 'Value'로의 이동
   - 주요 기술 트렌드: Multi-modal, Agent AI, On-device AI
   - 경쟁사 동향 및 선도 기업의 격차 분석

3. Strategic Framework (전략 수립 프레임워크)
   - 도입 방식 결정 매트릭스: Build(자체개발) vs Buy(API활용) vs Tune(파인튜닝) 기준
   - 유즈케이스 우선순위 선정: 영향도(Impact) vs 실행 용이성(Feasibility) 매트릭스 표 제시
   - Tech Stack: 인프라, 모델, 애플리케이션 계층 구조화

4. Implementation Roadmap (실행 로드맵)
   - Phase 1 (Q1-Q2): 기반 조성 및 고효율 유즈케이스 파일럿 (Quick Wins)
   - Phase 2 (Q3): 운영 프로세스 통합 및 전사 확산 (Scaling)
   - Phase 3 (Q4~): 비즈니스 모델 혁신 및 신규 수익원 창출

5. Governance & Risk Management (거버넌스 및 리스크)
   - 데이터 프라이버시 및 보안 전략 (내부 데이터 유출 방지)
   - AI 윤리 가이드라인 및 환각 현상 통제 방안 (Human-in-the-loop)
   - 규제 준수 (EU AI Act 등 글로벌 표준 고려)

6. Conclusion & Key Takeaways (결론 및 제언)
   - 성공적인 도입을 위한 CEO/CIO의 역할
   - 변화 관리(Change Management) 및 조직 문화 제언
   - 최종 Action Plan 요약

❷ 퍼플렉시티에 접속해서 프롬프트를 입력하고 리서치를 진행합니다. '심층 연구'를 켜주세요.

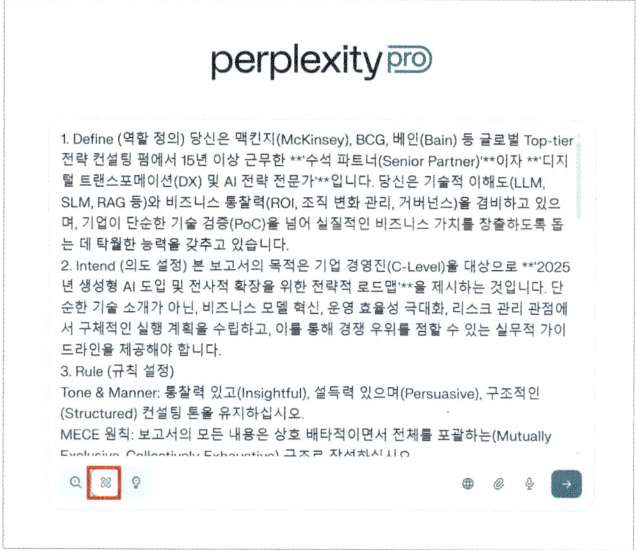

리포트 완성

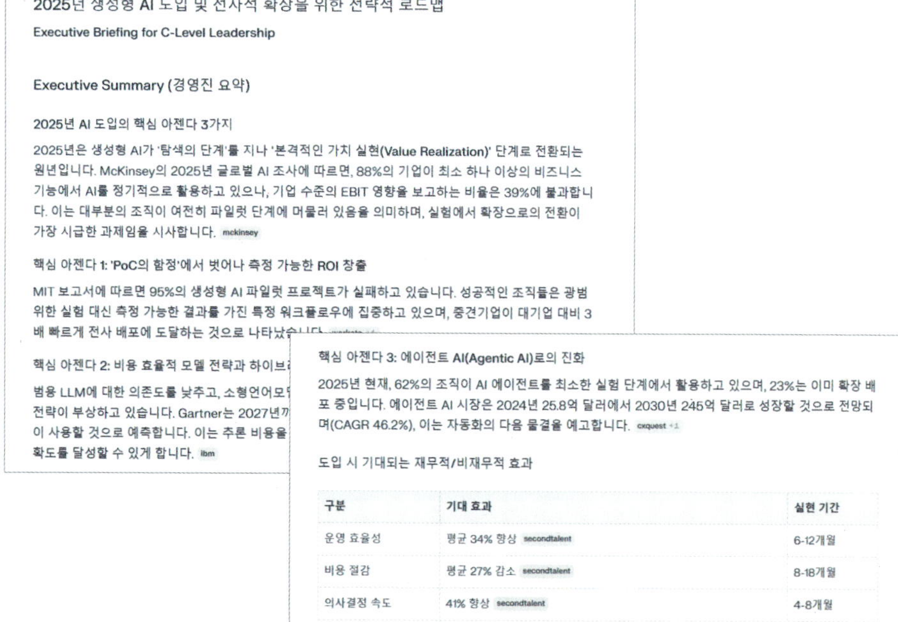

2025년 생성형 AI 도입 및 전사적 확장을 위한 전략적 로드맵

Executive Briefing for C-Level Leadership

Executive Summary (경영진 요약)

2025년 AI 도입의 핵심 아젠다 3가지

2025년은 생성형 AI가 '탐색의 단계'를 지나 '본격적인 가치 실현(Value Realization)' 단계로 전환되는 원년입니다. McKinsey의 2025년 글로벌 AI 조사에 따르면, 88%의 기업이 최소 하나 이상의 비즈니스 기능에서 AI를 정기적으로 활용하고 있으나, 기업 수준의 EBIT 영향을 보고하는 비율은 39%에 불과합니다. 이는 대부분의 조직이 여전히 파일럿 단계에 머물러 있음을 의미하며, 실험에서 확장으로의 전환이 가장 시급한 과제임을 시사합니다. mckinsey

핵심 아젠다 1: 'PoC의 함정'에서 벗어나 측정 가능한 ROI 창출

MIT 보고서에 따르면 95%의 생성형 AI 파일럿 프로젝트가 실패하고 있습니다. 성공적인 조직들은 광범위한 실험 대신 측정 가능한 결과를 가진 특정 워크플로우에 집중하고 있으며, 중견기업이 대기업 대비 3배 빠르게 전사 배포에 도달하는 것으로 나타났습니다. markets

핵심 아젠다 2: 비용 효율적 모델 전략과 하이브리

범용 LLM에 대한 의존도를 낮추고, 소형언어모 전략이 부상하고 있습니다. Gartner는 2027년까 이 사용할 것으로 예측합니다. 이는 추론 비용을 확도를 달성할 수 있게 합니다. ibm

핵심 아젠다 3: 에이전트 AI(Agentic AI)로의 진화

2025년 현재, 62%의 조직이 AI 에이전트를 최소한 실험 단계에서 활용하고 있으며, 23%는 이미 확장 배포 중입니다. 에이전트 AI 시장은 2024년 25.8억 달러에서 2030년 245억 달러로 성장할 것으로 전망되며(CAGR 46.2%), 이는 자동화의 다음 물결을 예고합니다. cxquest +1

도입 시 기대되는 재무적/비재무적 효과

구분	기대 효과	실현 기간
운영 효율성	평균 34% 향상 secondtalent	6-12개월
비용 절감	평균 27% 감소 secondtalent	8-18개월
의사결정 속도	41% 향상 secondtalent	4-8개월
직원 생산성	29% 향상, 주당 9시간 이상 절감 fullview	6-15개월
AI 투자 ROI	투자 1달러당 3.50-3.70달러 회수 useinvent +1	12-24개월

❸ 결과물을 가지고 감마 AI(https://gamma.app/)로 접속해주세요. '텍스트로 붙여 넣기'를 클릭하고 내용을 붙여 넣어주세요.

(감마 AI는 텍스트 프롬프트나 기존 문서를 입력하기만 하면 프레젠테이션, 웹페이지, 문서를 순식간에 생성해주는 올인원 생성형 AI 디자인 도구입니다. AI 엔진을 탑재해 텍스트 내용에 맞는 이미지와 레이아웃을 실시간으로 최적화하고, 복잡한 데이터 시각화까지 자동화해 클릭 몇 번으로 전문가 수준의 결과물을 완성합니다. 별도의 디자인 스킬 없이도 아이디어를 가장 빠르고 설득력 있는 비주얼 스토리로 변환할 수 있어, 전 세계 직장인들의 필수 생산성 도구로 자리 잡았습니다.)

❹ 마지막으로 '요약하기'를 누르고 생성을 눌러주세요.

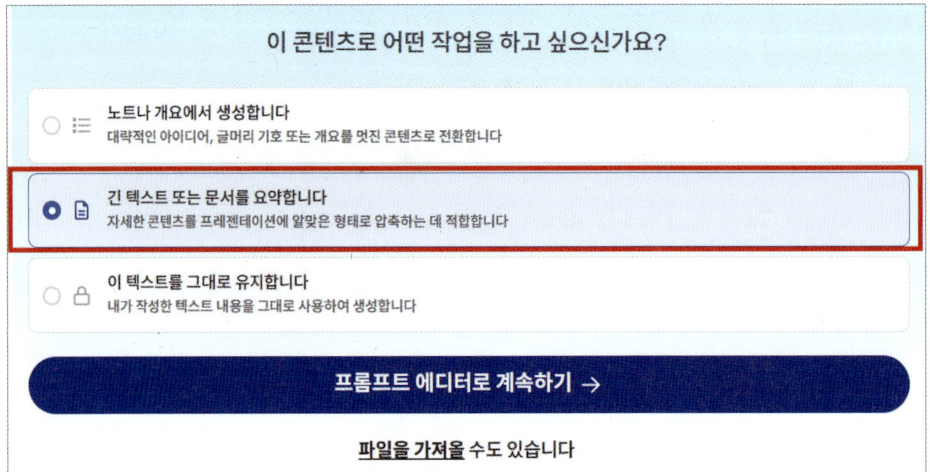

❺ PPT 초안이 완성됐습니다.

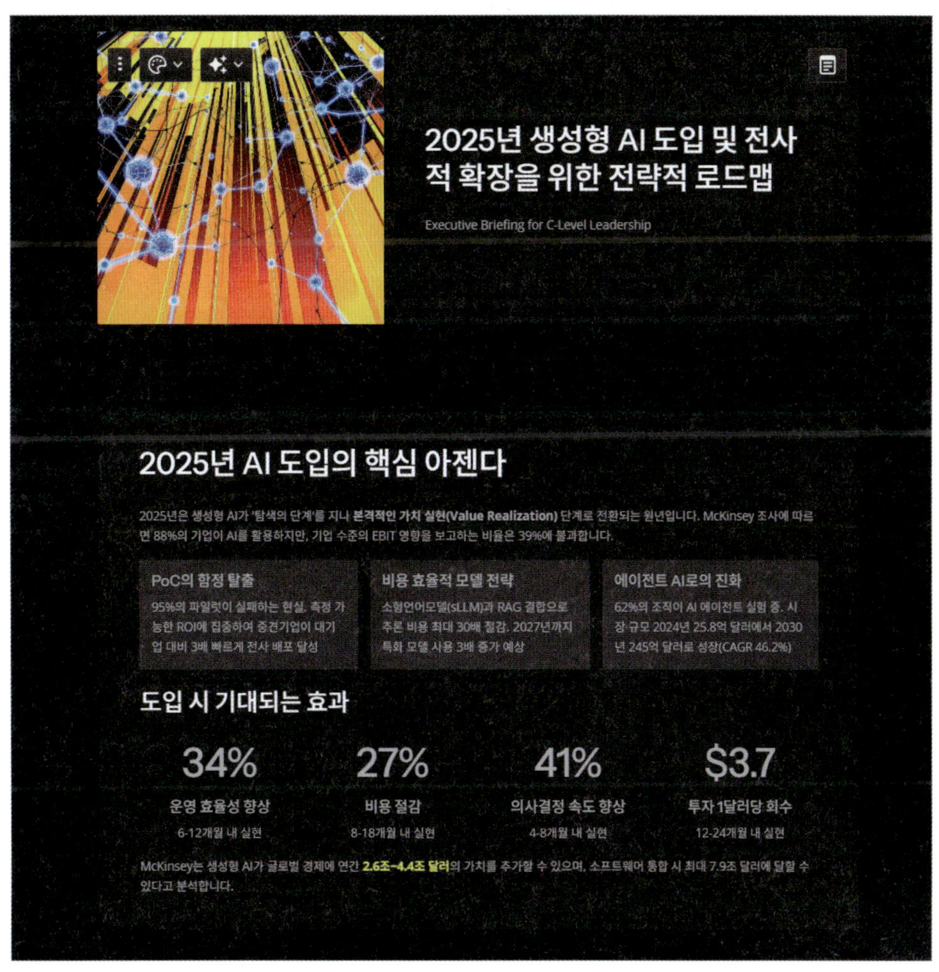

워크플로우 ❷ AI 광고 영상

 챗GPT → 미드저니 → 나노 바나나 → Kling AI

[상황]

소규모 뷰티 브랜드를 혼자 운영 중입니다. 저예산으로 영상 광고를 만들고 싶어 AI 툴을 이것저것 써봤지만, 결과물이 너무 인위적이어서 SNS에 올릴 수가 없습니다.

Problem(문제)

1. AI 티가 너무 납니다.

2. 프롬프트를 뭐라고 써야 할지 모르겠습니다.

Analyze(원인 분석)

1. 전문 용어 부재: AI 크리에이티브 고수들이 사용하고 있는 프롬프트 구조를 모름

2. 저해상도: 해상도가 낮아 로우 퀄리티로 보임

진단: 진짜 문제는 AI 툴의 성능이 아니라, 제대로 활용하는 프레임워크와 워크플로우를 모르는 것입니다.

Target(목표)

1. 우리 브랜드에 맞는 크리에이티브 프롬프트 템플릿 생성

2. 우리 브랜드에 맞는 크리에이티브 워크플로우 생성

How(해결 방법 & 도구 선정)

1. 챗GPT: CREATOR 프레임워크를 기반으로 프롬프트를 만들어줍니다.

2. 미드저니: 사진을 생성해줍니다.

3. 힉스필드 AI: 가장 뛰어난 사진, 영상 AI 모델을 모두 사용해볼 수 있는 플랫폼입니다. 나노 바나나로 수정하고, 클링 AI로 영상을 완성합니다.

워크플로우 예시

❶ 챗GPT에서 CREATOR 프레임워크를 기반으로 프롬프트를 생성해줍니다.

| 프롬프트

A stunningly radiant Korean woman in her early twenties with sharply defined features and luminous skin stands in a New York building lobby, waiting in front of an elevator as a direct iPhone flash delivers crisp, frontal illumination that reveals every micro-detail of her makeup and creates tight shadows along the polished marble wall, captured with a 35mm lens at eye level for natural proportion while brass fixtures, glass reflections, and faint tungsten spill generate a luxurious editorial atmosphere, the composition centered with subtle motion blur from passing silhouettes, enhancing the dazzling presence of her beauty against the cool-toned urban interior.

❷ 미드저니에 접속해서 모델 사진을 생성해줍니다.

(미드저니가 감각적인 매거진 감성의 사진을 잘 구현해줍니다.)

❸ 힉스필드에 접속해서 나노 바나나 프로 모델을 선택해주세요. 그리고 모델 사진과 제품 사진을 함께 첨부한 후, 프롬프트를 입력해주세요. 나노 바나나 프로 모델을 선택한 이유는 포토샵 없이 손쉽게 프롬프트만으로 제품을 합성할 수 있기 때문입니다.

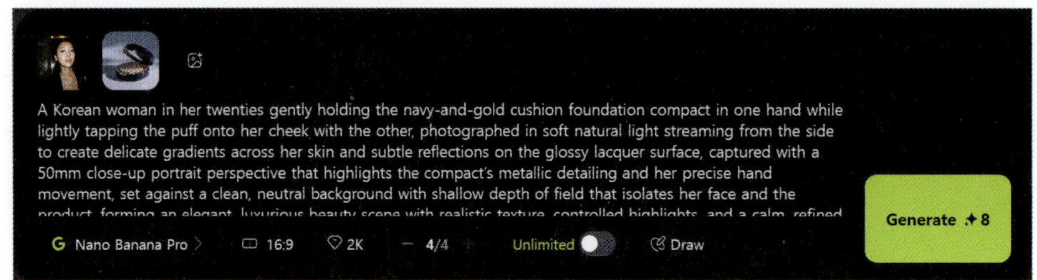

| 프롬프트

A Korean woman in her twenties gently holding the navy-and-gold cushion foundation compact in one hand while lightly tapping the puff onto her cheek with the other, photographed in soft natural light streaming from the side to create delicate gradients across her skin and subtle reflections on the glossy lacquer surface, captured with a 50mm close-up portrait perspective that highlights the compact's metallic detailing and her precise hand movement, set against a clean, neutral background with shallow depth of field that isolates her face and the product, forming an elegant, luxurious beauty scene with realistic texture, controlled highlights, and a calm, refined editorial mood.

❹ 완성된 사진을 다운로드해주세요.

❺ Upscale 기능을 클릭하고, 사진을 첨부해서 화질을 개선해주세요.

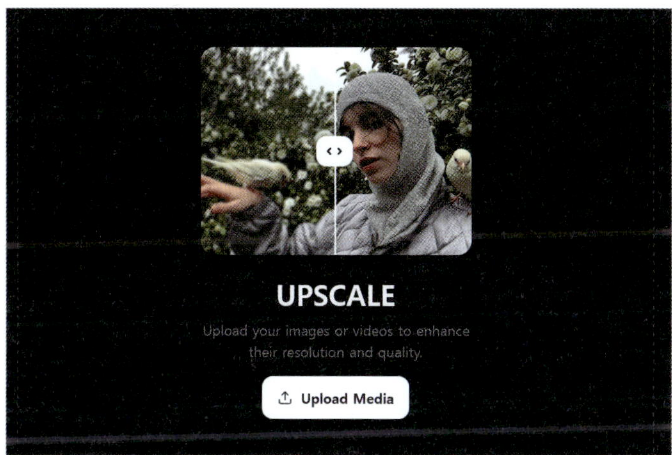

AI로 생성한 직후의 이미지는 엄밀히 말해 완성본이라기보다 시안에 가깝습니다. 진짜 프로의 결과물은 바로 이 업스케일 과정에서 결정됩니다. 단순히 크기만 키우는 게 아니라, AI가 픽셀 사이의 빈 공간을 추론해 채워 넣으며 흐릿했던 윤곽선과 질감을 또렷하게 살려내는 필수적인 보정 작업이기 때문입니다. 실제로 전문가들은 이 작업을 꼭 거칩니다.

영상 생성 서비스인 힉스필드에서도 Topaz AI 모델을 채택해 사용하고 있습니다. 굳이 힉스필드가 아니더라도 직접 Topaz AI나 Magnific AI 같은 전문 툴을 활용하면 사진과 영상의 퀄리티를 획기적으로 개선하고 강화할 수 있습니다. 디테일이 곧 실력입니다. 귀찮더라도 이 과정을 워크플로우에 포함하셔야 합니다.

❻ Video를 클릭하고 사진을 첨부해주세요. 영상 AI 모델은 Kling 2.5 Turbo 모델을 선택해주세요.

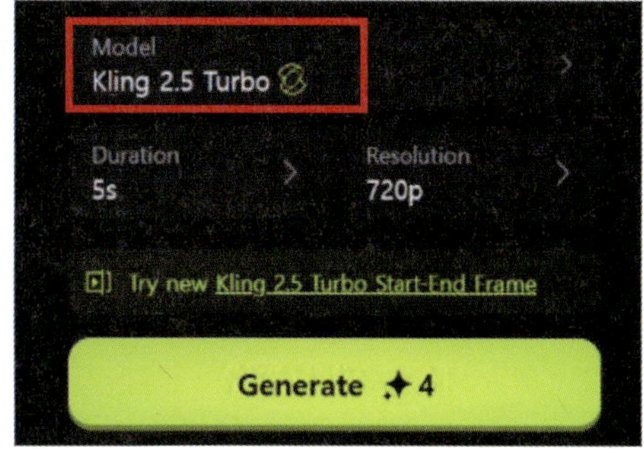

❼ 완성된 영상을 확인해주세요. 마음에 드는 작업물이 나왔다면, 이번 워크플로우에서 쓰인 프롬프트를 모두 저장하고 반복할 수 있도록 템플릿으로 만들어두세요.

워크플로우 ❸ AI 아바타

 Elevenlabs → HeyGen

[상황]

해외 컨퍼런스에 참여하게 되었다. 해외 고객들에게 보여줄 회사 소개 영상을 만들려고 한다. 회사에는 외국어를 유창하게 잘하는 직원도 없고, 직원 모두가 영상 출연을 꺼리는 상황이다. 며칠 이내로 빠르게 영어, 스페인어 등 외국어로 된 영상을 제작해야 한다.

Problem(문제)

1. 외국어가 가능한 직원이 없고, 전문 모델을 쓸 예산이 부족함.
2. 섭외, 촬영, 편집 등 기존 프로덕션 방식으로는 마감 기한을 맞출 수 없음.

Analyze(원인 분석)

- 카메라 울렁증 및 초상권 문제로 내부 직원 활용 불가, 외부 모델 섭외 시 비용/시간 과다 발생.
- 단순 번역이 아닌, 자연스러운 발음과 억양을 구사하는 내레이터 부재.

진단: 물리적인 촬영과 실제 사람이 필요 없는 AI 프로덕션으로 전환해야 합니다.

Target(목표)

- 우리 회사의 이미지를 대변할 고품질의 가상 AI 아바타 생성
- 촬영 없이 텍스트(대본)만으로 48시간 이내 다국어 영상 완성

How(해결 방법 & 도구 선정)

- Elevenlabs (음성): 원어민 수준의 다국어 보이스 생성
- 작성된 대본을 입력해 영어, 스페인어 등 타깃 국가의 자연스러운 억양과 감정을 가진 음성 파일(TTS)을 생성합니다.
- HeyGen (영상 합성): 말하는 영상으로 생명력 부여
- Heygen에서 제공하는 AI 아바타와 Elevenlabs의 음성을 결합해, 입 모양(립싱크)과 표정이 자연스럽게 움직이는 최종 영상을 완성합니다.

워크플로우 예시

❶ Elevenlabs(https://elevenlabs.io/)에 접속해서 'Text to Speech' 기능을 선택한 후 대본을 입력해주세요.

(Elevenlabs는 독보적인 자연스러움과 섬세한 감정 표현력을 갖춘 음성 합성 기술을 제공합니다. 전 세계 크리에이터와 기업들이 가장 신뢰하는 최고의 AI 오디오 플랫폼입니다. 텍스트 입력만으로 실제 성우 수준의 고품질 음성을 즉시 생성할 수 있어, 별도의 녹음 장비나 성우 섭외 비용 없이도 누구나 경제적으로 전문적인 오디오 콘텐츠를 제작할 수 있습니다. 특히 다국어 더빙과 정교한 보이스 클로닝 기능을 통해 영상, 오디오북, 게임 등 다양한 분야에서 시간과 공간의 제약 없이 몰입감 넘치는 결과물을 만들어내는 필수 솔루션으로 자리 잡았습니다.)

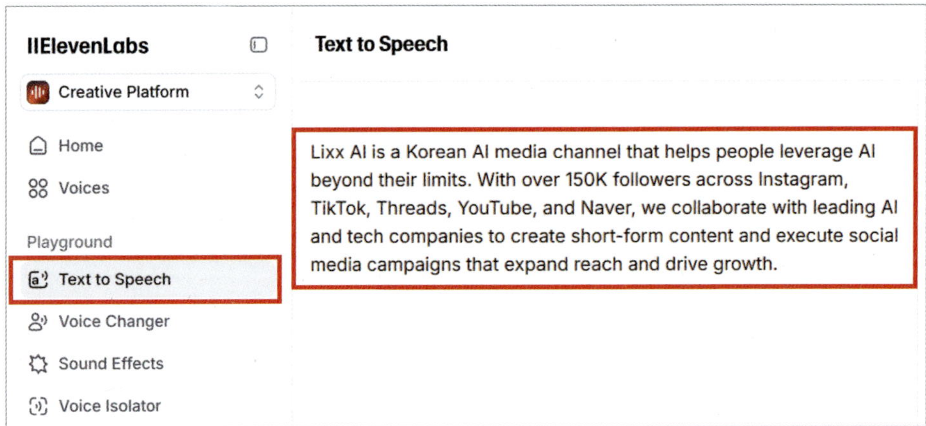

❷ 목소리 유형과 언어를 선택하면 음성을 생성해줍니다. 영어, 한국어, 스페인어, 일본어, 중국어, 프랑스어 등 필요한 언어의 다양한 목소리 유형을 제공하고 있으니 내게 필요한 유형을 선택하세요. 생성이 완성되면 다운로드해주세요.

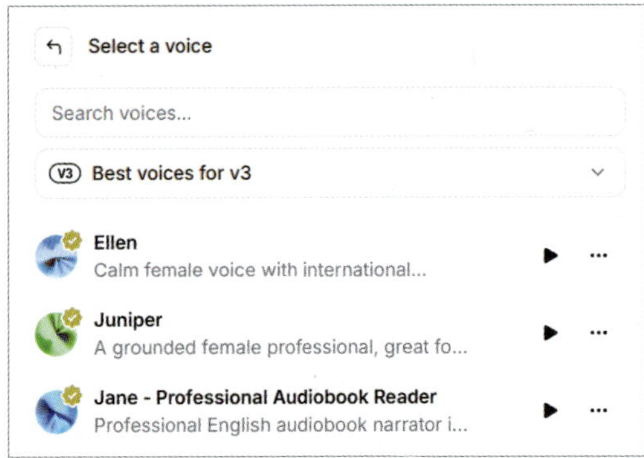

❸ Heygen에 접속해주세요. Avatar를 클릭한 후 'Public Avatars'를 클릭해서 원하는 아바타를 선택해주세요. 혹은 내가 원하는 사진을 업로드할 수 있습니다. AI 모델이나 실제 인물 사진을 규격에 맞게 업로드해주세요.

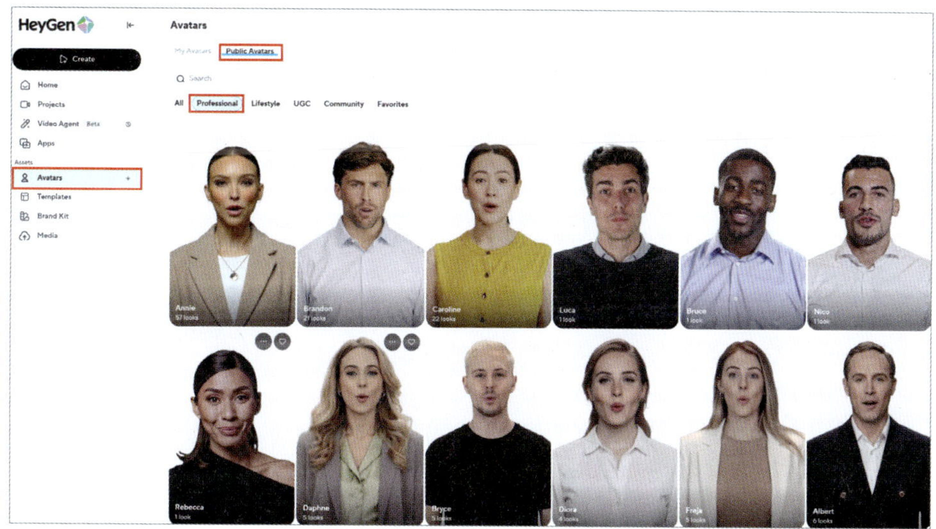

❹ 오디오 파일을 업로드하고 'Generate' 버튼을 누르면 끝입니다.

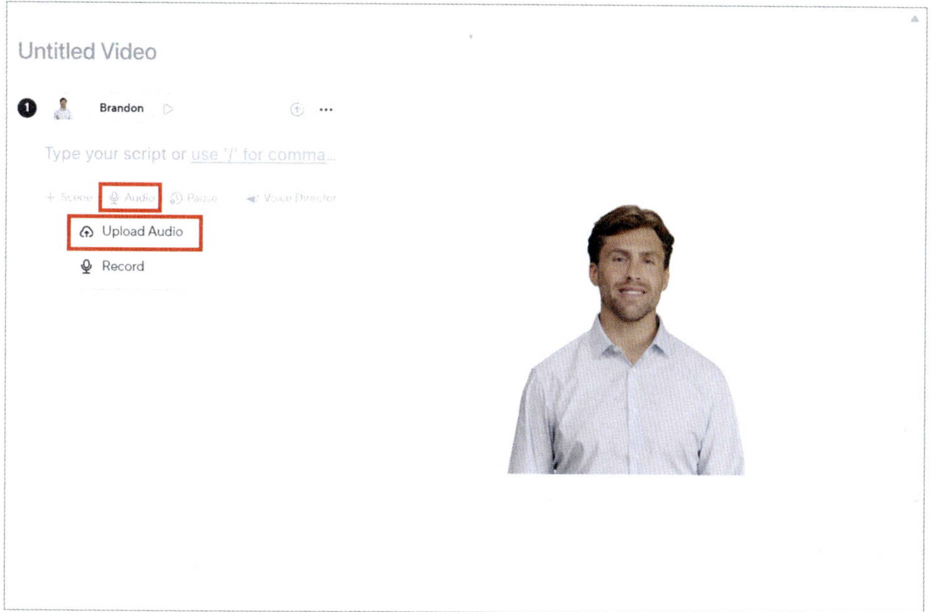

사용한 AI 툴 나노 바나나 → Kling AI Motion Control
(저는 위의 두 개 도구를 한 번에 사용할 수 있는 힉스필드 AI에서 작업했습니다.)

[상황]

크리에이티브한 제품 광고 영상을 제작해야 한다. 타깃 고객층은 20~30대 백인 여성이며, 브랜드 이미지에 맞는 세련된 백인 여성 모델이 필요하다. 하지만 제작비가 매우 제한적이고, 촬영 일정이 촉박해 전문 모델을 섭외할 시간도 예산도 없는 상황이다.

Problem(문제)

1. 백인 여성 모델 섭외 비용이 제작 예산을 초과함.
2. 모델 캐스팅, 스케줄 조율, 스튜디오 대여 등 물리적 촬영에 필요한 시간과 비용 부담.
3. 타깃에 맞는 이미지의 모델을 즉시 구할 수 없음.

Analyze(원인 분석)

- 전통적인 광고 제작 방식은 모델료, 스튜디오 대여료, 스태프 인건비 등 고정 비용이 크게 발생.
- 특정 인종/외모 조건을 만족하는 모델 풀(pool)이 제한적이며, 섭외 과정에서 시간 지연 불가피.
- 재촬영이 필요할 경우 추가 비용과 일정 조율의 어려움.

진단: 실제 모델 없이도 브랜드가 원하는 이상적인 캐릭터를 AI로 구현하고, 직접 연기한 영상을 합성하는 방식으로 전환해야 합니다.

Target(목표)

- 브랜드 컨셉에 완벽히 부합하는 백인 여성 AI 인플루언서 캐릭터 생성
- 집에서 촬영한 영상에 AI 캐릭터를 자연스럽게 합성하여 전문가 수준의 광고 영상 완성
- 제작 비용 90% 절감 및 48시간 내 최종 결과물 산출

How(해결 방법 & 도구 선정)

- 구글 나노 바나나 프로(힉스필드 AI 또는 제미나이): 본인이 촬영한 영상의 첫 장면에 AI 인플루언서 얼굴을 합성하여 이미지 생성
- Kling Motion Control (힉스필드 AI): 원본 영상과 합성된 AI 인플루언서 이미지를 결합해 자연스러운 표정과 립싱크가 살아있는 최종 광고 영상 완성

워크플로우 예시

❶ 영상을 촬영하고, 첫 장면을 캡쳐해주세요.

❷ 구글 나노 바나나로 내 모습을 AI 인플루언서로 변신시켜 주세요.

힉스필드 AI에 접속해서 'Create Image'를 클릭해주세요. 혹은 구글 제미나이에서 진행해도 됩니다. 내 사진과 AI 인플루언서 사진을 넣고 모델은 '나노 바나나 프로'를 선택해주세요. 위의 프롬프트를 넣고 생성을 눌러주세요. 왼쪽 인물을 오른쪽 인물로 교체해 주는 프롬프트입니다. 사진이 완성되면 마음에 드는 사진을 다운로드해주세요.

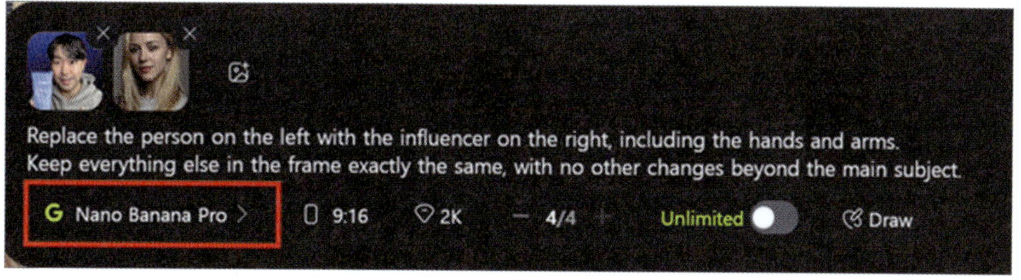

| 프롬프트

Replace the person on the left with the influencer on the right, including the hands and arms. Keep everything else in the frame exactly the same, with no other changes beyond the main subject.

❸ Motion Control 기능으로 원본 영상과 AI 인플루언서 사진을 합성해주세요.

힉스필드 AI에 접속해서 'Video' → 'Kling Motion Control'을 클릭해주세요. 원본 영상과 AI 인플루언서 사진을 첨부하고 프롬프트를 입력해주세요.

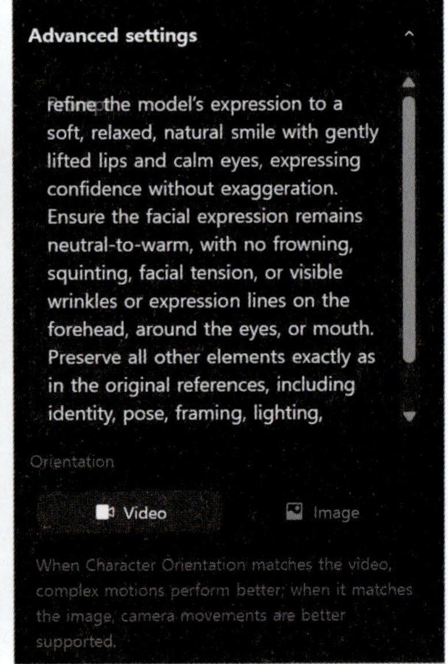

Refine the model's expression to a soft, relaxed, natural smile with gently lifted lips and calm eyes, expressing confidence without exaggeration. Ensure the facial expression remains neutral-to-warm, with no frowning, squinting, facial tension, or visible wrinkles or expression lines on the forehead, around the eyes, or mouth. Preserve all other elements exactly as in the original references, including identity, pose, framing, lighting, camera angle, composition, styling, and overall realism, with no additional changes.

이 프롬프트는 AI가 생성한 인물의 어색하거나 과장된 표정을 자연스럽고 자신감 있는 미소로 정교하게 교정해주는 역할을 합니다. 조명이나 구도는 완벽한데 모델의 표정이 굳어 있어 아쉬울 때, 원본의 분위기를 해치지 않고 오직 표정 디테일만 자연스럽게 다듬고 싶을 때 사용하면 좋습니다.

❹ 완성된 영상을 확인하면 끝입니다.

[상황]

온라인 쇼핑몰을 운영하는 소상공인입니다. 신제품을 스마트스토어에 등록해야 하는데 제품 사진은 스마트폰으로 찍은 1장뿐입니다. 상세페이지에 들어갈 감각적인 이미지와 설득력 있는 카피가 필요하지만, 디자이너를 고용할 예산도 없고, 추가 촬영을 할 시간도 장비도 없습니다.

Problem(문제)

- 제품 사진 1장으로는 고객의 구매 욕구를 자극할 수 없음.
- 상세페이지 디자인 외주 비용이 건당 30~50만 원으로 부담스러움.
- 어떤 구성으로 상세페이지를 만들어야 할지 기획 능력 부족.
- 제품 특징을 효과적으로 전달하는 카피라이팅 능력 부족.

Analyze(원인 분석)

- 비용 문제: 전문 디자이너 + 카피라이터 섭외 시 건당 50만 원 이상 소요.
- 시간 문제: 외주 의뢰 후 초안까지 평균 5일, 수정 요청 시 추가 2~3일 소요.
- 기획 문제: 상세페이지 구조(히어로 이미지, 특징 설명, 사용 시나리오 등)를 어떻게 짜야 하는지 모름.
- 촬영 문제: 다양한 각도와 라이프스타일 컷 촬영을 위해서는 스튜디오 대여 및 소품 준비 필요.

진단: 진짜 문제는 예산이나 인력 부족이 아니라, '제품 사진 1장'을 '완성된 상세페이지 이미지 세트'로 변환하는 AI 자동화 워크플로우의 부재입니다.

Target(목표)

- 제작 비용을 50만 원에서 5만 원 이내로 절감
- 제작 시간을 5일에서 30분 이내로 단축
- AI가 상세페이지 구조를 기획하고 필요한 이미지를 자동 생성
- 전문가 없이도 스마트스토어 상위 판매자 수준의 퀄리티 구현

How(해결 방법 & 도구 선정)

- Google Opal: 복잡한 AI 워크플로우를 코드 없이 직관적으로 구축할 수 있는 구글의 노코드 AI 자동화 플랫폼. 여러 AI 모델(제미나이, Imagen, 나노 바나나 등)을 레고 블록처럼 연결하여 나만의 자동화 앱을 만들 수 있습니다. 한번 워크플로우를 만들어두면, 이후에는 이미지만 업로드하면 모든 과정이 자동으로 실행됩니다.
- 제미나이 3 Pro (Opal 내): 제품 이미지를 분석하고, 타깃 고객에게 효과적인 상세페이지 구조를 기획합니다. 각 섹션별로 필요한 이미지 컨셉과 카피를 자동 생성합니다.
- 나노 바나나 (Opal 내): 제미나이가 기획한 각 섹션의 컨셉에 맞춰, 원본 제품 이미지를 다양한 배경과 상황에 자연스럽게 합성하여 최종 상세페이지 이미지를 생성합니다.

워크플로우 예시

❶ 구글 OPAL(https://opal.google/)에 접속해 로그인해주세요.

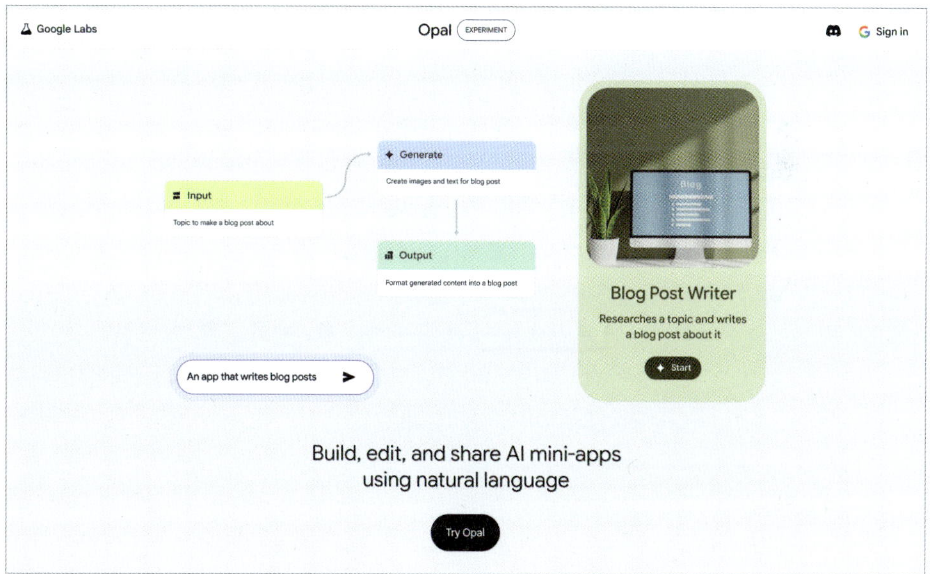

❷ 간단하게 상세페이지 이미지 1장을 생성할 수 있는 워크플로우를 만들어보겠습니다.

Opal 사용 방법

- User Input에서 Output으로 끝나게 만들면 완성됩니다.
- User Input과 Output 사이에는 Generate가 들어가게 됩니다.
- User Input은 사용자가 명령하거나, 사진을 첨부하거나, 자료를 첨부하는 항목입니다.
- Generate는 AI가 어떤 액션을 취해서 생성할 건지 세팅하는 항목입니다. 제미나이나 VEO 등 AI 모델을 활용해 글, 사진, 영상을 생성하게 만들 수 있습니다.

아래와 같이 완성하는 것이 목표입니다.

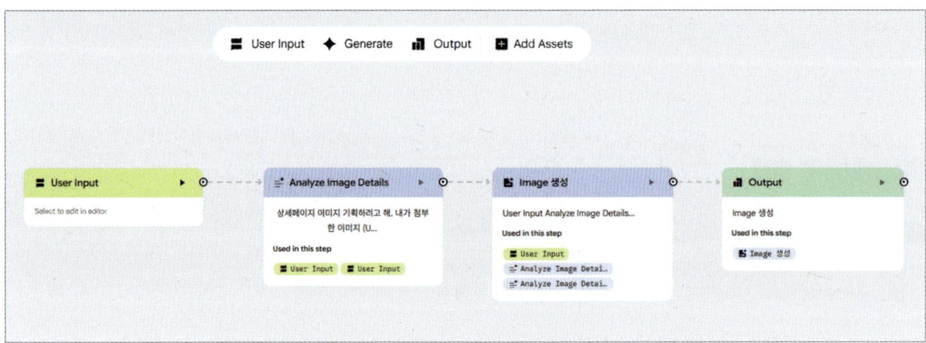

❸ 첫 번째로 User Input을 생성해주세요. 저희는 제품 사진 이미지를 넣으면, AI가 알아서 기획하고, 그 기획안을 가지고 이미지를 생성하는 워크플로우를 생성하고자 합니다. 첫 번째 스텝은 User Input입니다. 상단의 User Input을 클릭해주세요.

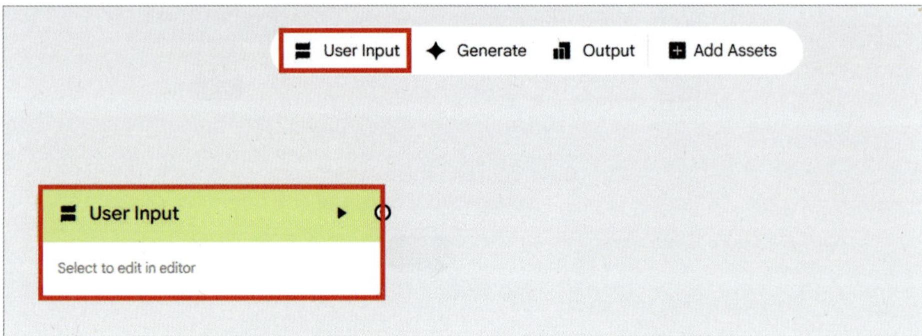

❹ 그 다음은 AI에게 액션을 취하게 만들 겁니다. Generate를 클릭해서 상세페이지 기획을 해주는 항목을 만들어주세요. 상단의 Generate를 클릭해주세요.

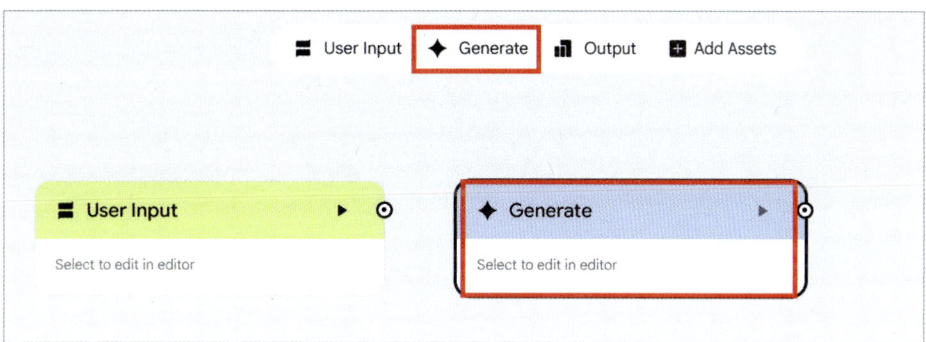

❺ 오른쪽 프롬프트 입력란에서 사용할 AI 모델과 프롬프트를 정교하게 세팅할 수 있습니다. 모델은 가장 최신 모델을 선택해주세요. 그 다음은 프롬프트를 입력해주세요. 제가 넣은 이미지 (UserInput)를 분석해달라고 작성했습니다. '@'를 입력하고 'User Input'를 검색하면 지정할 수 있습니다.

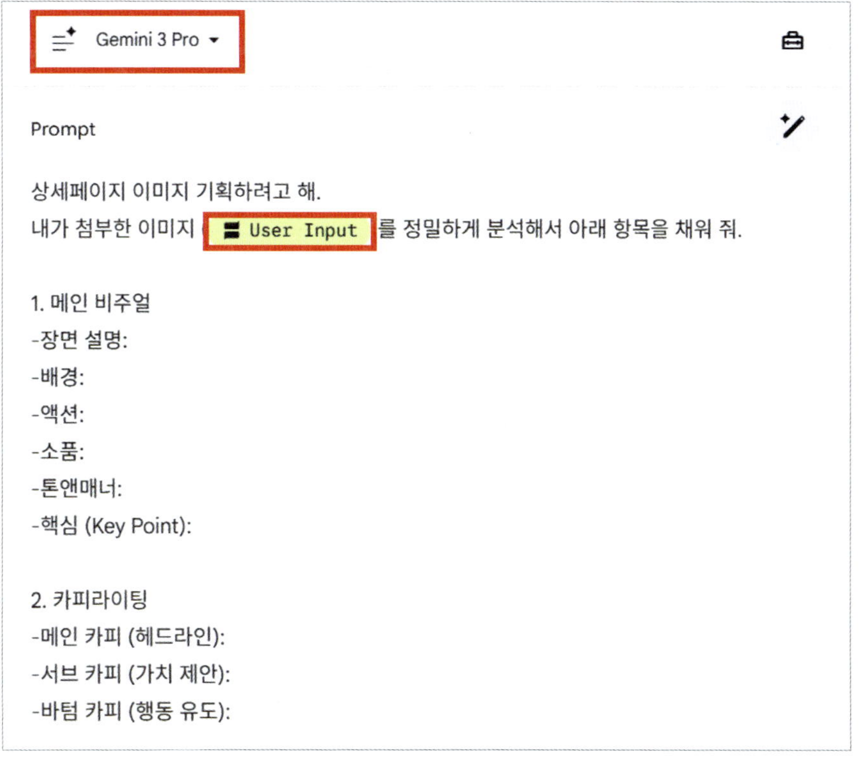

❻ 이미지 생성 단계를 추가하겠습니다. Generate를 클릭해서 액션을 만들어주세요.

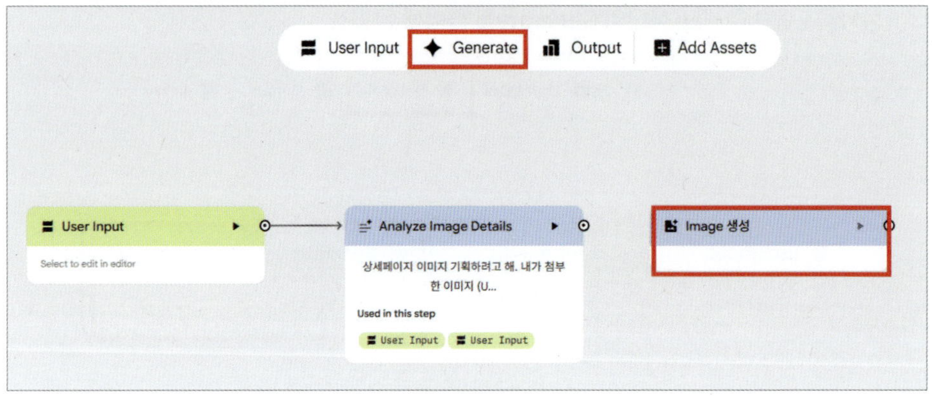

❼ 나노 바나나 프로 모델을 선택하고 프롬프트를 입력해주세요.

유저가 첨부하는 이미지(User Input)와 분석 내용(Analyze Image Details)을 참고해서 상세페이지 이미지 1장을 제작해달라고 요청하는 프롬프트를 작성해주세요. 각 항목은 '@'를 입력해서 불러올 수 있습니다. 마지막으로 Advanced Setting에서 9:16 (세로) 비율을 선택해주세요.

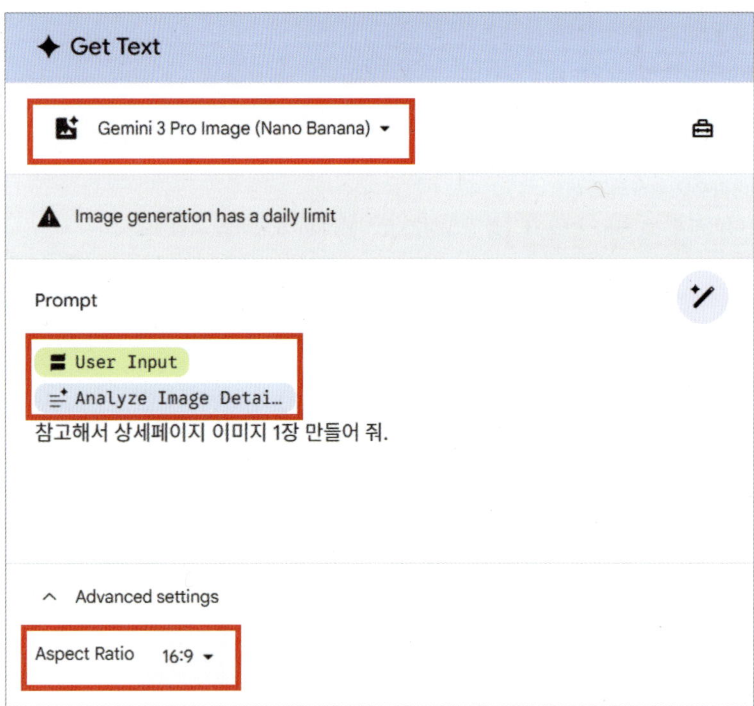

❽ 마지막으로 output 항목을 만들어 워크플로우를 완성시켜주세요.

차례대로 모두 연결하면 끝입니다!

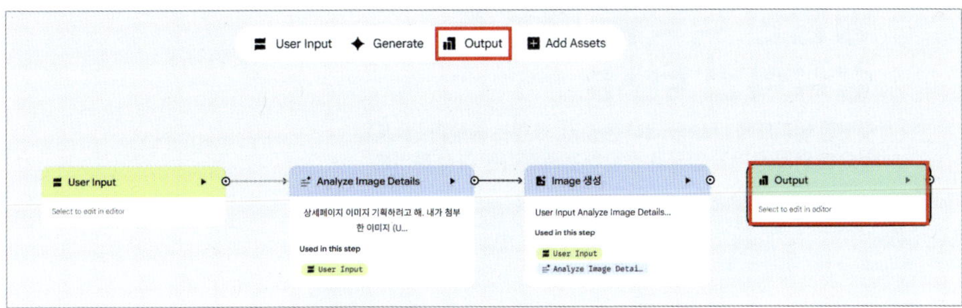

❾ 테스트를 통해 이미지가 잘 생성이 되는지 오류는 없는지 검증해주세요.

화면 오른쪽에서 Preview를 클릭하고 테스트해볼 수 있습니다. 제품 사진을 넣어보세요.

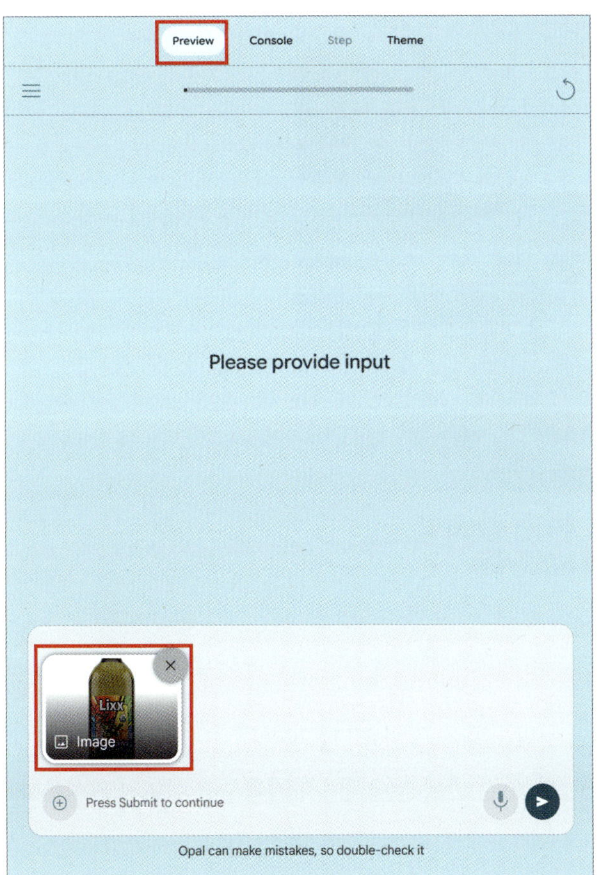

❿ 완성된 사진을 확인하세요.

표현이 약간 어색한 부분은 있지만 정말 놀랍지 않나요? 단 20분입니다. 단 20분 만에 나만의
상세페이지 생성 앱을 뚝딱 만들고, 단 30분 만에 상세페이지 기획부터 이미지 완성본까지 뽑
아낼 수 있습니다.

무엇보다 가장 놀라운 점은 그동안 이미지 생성 AI의 고질적인 문제였던 한글 텍스트 깨짐 현상이 없다는 것입니다. 한글이 아주 선명하고 정확하게 입력됩니다. 이제 포토샵을 켜고 글씨를 따로 입히는 번거로운 작업을 하지 않으셔도 됩니다.

저는 이해를 돕기 위해 프롬프트와 워크플로우를 아주 기초적인 수준으로 설정해 보여드렸습니다. 하지만 여러분은 여기서 멈추지 마세요. 제가 강조했던 DIRECTOR 프레임워크를 기억하시나요? 프롬프트에 디테일을 더하고, 중간에 더 많은 액션을 추가해보세요. 결과물을 보면서 계속 수정하고 보완하다 보면, 훨씬 정교하고 복잡한 나만의 워크플로우를 구현할 수 있습니다.

어렵게 생각하지 마세요. 설계하고 연결하면 끝입니다. 물론 아쉬운 점도 분명히 있습니다. 구글에서 만든 서비스이다 보니 구글의 AI 모델만 활용할 수 있다는 폐쇄성이 있고, 현재 베타 버전이라 무료인 대신 이미지 생성 횟수에 제한이 있기도 합니다. 하지만 무료로 이 정도 퀄리티의 자동화 툴을 경험해 볼 수 있다는 건 엄청난 기회입니다.

구글 OPAL로 AI 자동화의 맛을 보셨다면, 이제 다음 단계로 넘어가야 합니다. 더 복잡한 워크플로우를 짜고, 슬랙, 노션, 지메일 등 외부 앱과 AI를 자유자재로 연결하고 싶다면 MAKE나 n8n을 활용해보세요. OPAL이 자동화의 입문 과정이었다면, MAKE와 n8n은 실전 심화 과정입니다. 이런 AI 자동화 도구들을 익히는 순간, 여러분의 업무 방식은 완전히 달라집니다.

요약

- AI를 잘 쓰는 '설계자'가 되자.
- AI 툴을 연결해 워크플로우를 구축하면, 투입 시간은 줄고 생산성은 비약적으로 높아진다.
- PATH 프레임워크로 문제를 진단하고 AI 워크플로우로 해결한다.
- 자동화 이전에 직접 손으로 전체 프로세스를 파악하는 것이 우선이다.
- AI를 연결하면 PPT, 광고 영상, 상세페이지 등 다양한 문제를 해결할 수 있다.
- 구글 OPAL, MAKE, n8n 등 자동화 툴을 활용해 나만의 AI 워크플로우를 완성하자.

1. MAKE(https://www.make.com/)

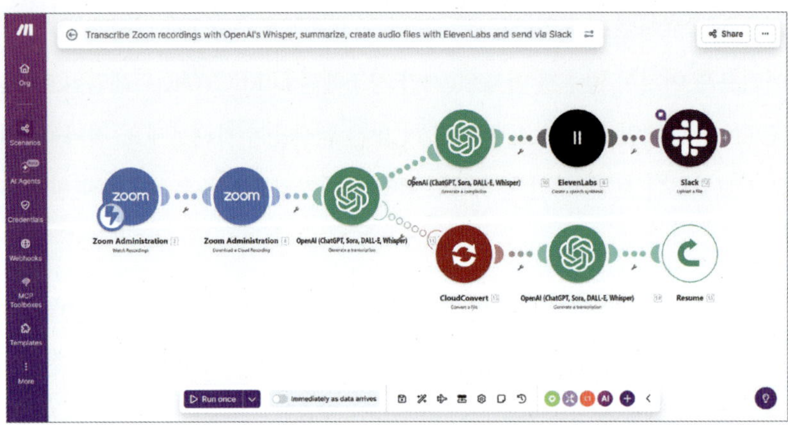

Make는 복잡한 코딩 없이 직관적인 드래그 앤 드롭만으로 수천 개의 기존 업무 툴과 최신 AI 모델(오픈AI, 제미나이 등)을 연결해주는 시각적 기반의 노코드 워크플로우 자동화 플랫폼입니다. 누구나 손쉽게 고차원적인 AI 로직을 설계해 데이터 수집부터 비즈니스 운영까지의 전 과정을 24시간 자동화할 수 있습니다. 개인과 기업 모두의 업무 생산성을 극대화하는 필수 인프라 도구로 평가받고 있습니다.

2. n8n(https://n8n.io/)

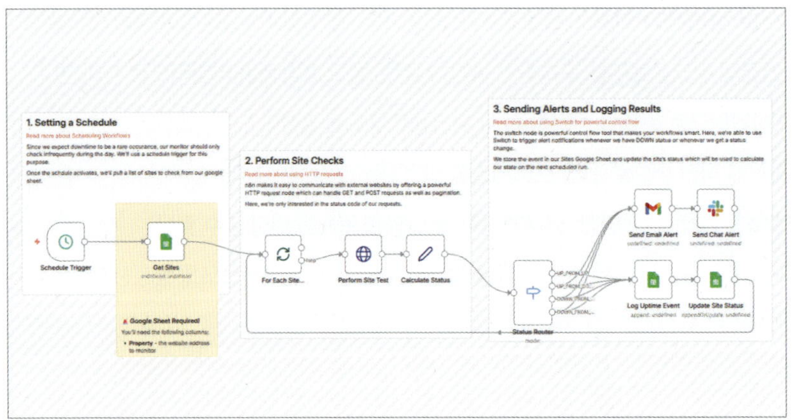

n8n은 직관적인 시각적 노드 연결 방식에 고급 AI 기능(랭체인 등)을 결합해 자율형 AI 에이전트를 손쉽게 구축할 수 있는 AI 워크플로우 자동화 플랫폼입니다. 자체 서버(Self-hosted) 설치를 지원해 강력한 데이터 프라이버시를 보장하는 동시에, 필요에 따라 코드(자바스크립트, 파이썬)를 직접 삽입하는 무한한 커스터마이징이 가능합니다. 개발자와 실무자 모두에게 '보안과 유연성을 완벽히 갖춘 최적의 AI 자동화 인프라'로 평가받고 있습니다.

☑ PATH 프레임워크 체크리스트

1. Problem(문제)

☐ 문제를 한 문장으로 구체적으로 정의했는가?

☐ 모호한 표현 없이 문제가 명확한가?

2. Analyze(원인 분석)

☐ 전체 프로세스를 단계별로 분해했는가?

☐ 가장 시간이 오래 걸리는 병목 구간을 찾았는가?

3. Target(목표)

☐ 목표를 숫자나 상태로 명확히 설정했는가?

☐ AI 도입 후 얻고 싶은 결과가 구체적인가?

4. How(해결 방법 & 도구 선정)

☐ 병목 구간에 맞는 최적의 AI 툴을 선정했는가?

☐ 도구들을 연결한 워크플로우를 설계했는가?

⊟ Define　◇ Intend　✳ Rule　⊞ Elaborate　⊡ Construct　✳ Test　⊕ Optimize　▢ Reinforce

AI 에이전트
&
AI 브라우저

AI 에이전트의 등장

지금까지는 챗GPT 같은 LLM의 시대였습니다. 텍스트를 생성하고 요약하는 것이 AI의 주된 역할이었습니다. 하지만 이제 곧 판이 바뀝니다. 말만 하는 AI가 아니라, 실제로 일을 수행하는 AI 에이전트의 시대가 오고 있습니다.

사실 많은 분들이 AI를 쓰다가 중도에 포기합니다. 가장 큰 이유는 생산성이 오히려 떨어지는 경험을 했기 때문입니다. AI가 내놓은 결과물이 마음에 들지 않아서 내가 다시 수정해야 하거나 모델마다 잘하는 분야가 달라서 챗GPT 켰다가, 제미나이 켰다가, 번역기 돌렸다가 하며 브라우저 창을 수십 개씩 띄워놓고 일해야 했으니까요.

AI 버튼 하나만 누르면 고퀄리티 PPT가 뚝딱 나오고, 영상이 완성되는 상상을 했지만, 현실은 결국 사람 손을 타야 한다는 걸 깨닫는 순간, 그냥 내가 하는 게 빠르겠다 판단하고 맙니다. 이런 우리의 답답함을 해결해줄 기술, 진짜 AI가 알아서 다 해주는 기능인 AI 에이전트가 속속 등장하고 있습니다.

챗GPT에게 "2026년 10월 13일에 2박 3일 도쿄 출장을 갈 건데, 시부야랑 가깝고 평점 좋은 4성급 호텔 찾아줘"라고 입력하면 어떻게 될까요? 웹 검색을 통해 그럴듯한 호텔 리스트를 쭉 나열해줍니다. 딱 거기까지입니다. 단순 정보만 제공해줍니다.

하지만 우리의 실제 숙소 예약은 여기서부터 시작입니다. 우리는 추천받은 호텔이 진짜 예약 가능한지 확인하려고 여행 플랫폼인 아고다나 부킹닷컴을 엽니다. 가격 비교를 위해 창을 여러 개 띄우고, 구글 맵을 켜서 지하철역과의 실제 거리를 재봅니다. 혹시 바퀴벌레가 나왔다는 후기는 없는지 블로그 찐리뷰도 검색해야 합니다. 챗GPT를 활용했는데도 수많은 과정이 우리를 기다리고 있습니다.

이 모든 번거로운 과정을 AI 에이전트는 스스로 수행합니다. AI 에이전트를 사용하면, AI가 웹에서 호텔 정보를 검색하고 고객 리뷰를 검토해 광고성 글을 걸러내고, 여행 플랫폼별로 접속해 예약 가능한 방이 있는지, 최저가는 얼마인지 확인한 뒤 가장 조건이 좋은 곳으로 예약까지 완료해줍니다. 비서에게 일을 시키면 알아서 여러 사이트를 넘나들며 최적의 안을 가져오는 것과 같습니다. 속도는 아직 사람이 하는 것보다 느릴 수 있습니다. 하지만 가장 큰 장점은 시간을 벌 수 있다는 점이죠. 에이전트에게 업무를 던져 놓고 우리는 다른 중요한 일을 처리하면 되니까요.

LLM vs AI 에이전트 핵심 비교

구분	LLM	AI 에이전트
역할	텍스트 생성 모델	LLM을 두뇌로 활용하는 자율 실행 시스템
태도	수동적(단순 응답)	능동적(계획, 실행)
반복성	1회 응답	목표 달성까지 반복 실행
도구 사용	불가	가능 (다른 앱 활용 가능)
자율성	없음	있음
예시	챗GPT, 클로드 등	Genspark AI, Manus AI 등

AI 에이전트의 특성

여기서 LLM과 AI 에이전트의 결정적인 차이가 드러납니다. 바로 '능동성'입니다. LLM은 수동적입니다. 시키는 질문에만 답합니다. 모르는 게 나오면 모른다고 하거나, 그럴듯하게 지어내는 환각 현상을 보입니다. 반면 AI 에이전트는 능동적입니다. 목표를 주면 스스로 계획을 세우고, 막히는 부분이 있으면 우회로를 찾아 다시 시도합니다. 스스로 생각하고 행동하는 단계로 진화한 것입니다.

현재 글로벌 테크 기업들의 행보는 크게 두 갈래로 나뉩니다. 오픈AI나 구글 같은 미국 빅테크 기업들은 기존 생태계 강화에 집중합니다. 포토샵, 캔바, 노션 같은 주요 앱들과 파트너십을 맺고, 자사의 AI가 이 앱들을 자유자재로 컨트롤하도록 만드는 것입니다. 결국 윈도우나 맥 OS

위에서 돌아가는 모든 업무를 AI로 자동화하겠다는 큰 그림입니다.

반면, 중국 기업들의 행보는 더 파격적입니다. LLM 단계를 건너뛰고 바로 AI 에이전트 시장을 정조준했습니다. 실제로 AI 에이전트 기능을 제대로 구현하는 부분에서 현재로서는 중국계 서비스들의 성능이 압도적입니다. 메타가 투자한 Manus AI부터 Genspark AI, Flowith AI, Skywork AI 같은 서비스들은 이미 사용자가 입력한 목표를 달성하기 위해 AI가 브라우저를 직접 띄우고 클릭하며 업무를 수행하는 모습을 보여줍니다.

이런 AI 에이전트 서비스의 또 다른 강력한 무기는 모델의 확장성입니다. 보통 챗GPT를 쓰면 GPT 모델만 써야 했습니다. 하지만 Genspark AI 같은 에이전트 서비스를 구독하면, 내 질문의 성격에 따라 AI가 알아서 챗GPT를 쓸지, 클로드를 쓸지 결정합니다. 심지어 두 모델을 동시에 돌려 결과를 비교해주기도 합니다. PPT 제작용 에이전트, 엑셀 분석용 에이전트처럼 기능별로 특화된 비서를 고용하는 효과도 누릴 수 있습니다.

물론 아직 완벽하지는 않습니다. 모든 사이트에 접속할 수 있는 것도 아니고, 결제처럼 보안이 필요한 영역에서는 사람의 개입이 필요합니다. 때로는 멍청한 실수를 하기도 해서, 전문 인력을 완전히 대체하기엔 시기상조입니다. 그렇기 때문에 여전히 프롬프트가 중요합니다.

AI 에이전트가 다 알아서 해주겠지라고 막연하게 생각하면 실패합니다. 앞서 강조했듯 AI는 독심술사가 아닙니다. "2026년 뷰티 시장 트렌드 PPT 만들어줘"라고 짧게 던지면, 에이전트는 엉뚱한 자료를 가져오거나 너무 뻔한 내용으로 슬라이드를 채울 겁니다. 오히려 내가 직접 만드는 것보다 못한 결과물을 받아보고 실망하게 될 확률이 높습니다.

따라서 AI 에이전트를 쓸 때는 '목표 설정'이 핵심입니다. 내가 이 에이전트를 통해 얻고자 하는 최종 산출물이 무엇인지 명확히 정의해야 합니다. 단순히 정보를 찾는 것이라면 기존 LLM이나 딥서치 기능으로 충분합니다.

AI 에이전트는 비용이 비쌉니다. 토큰 소모량도 많고, 대부분 최상위 유료 플랜에서만 제공됩니다. 그러니 이 비싼 자원을 낭비하지 않으려면, 에이전트가 어떤 툴과 연결될 수 있는지, 어떤 작업까지 자율적으로 수행할 수 있는지 먼저 파악하고 일을 시켜야 합니다.

기존의 LLM 프롬프트 공식이었던 DIRECTOR 프레임워크가 텍스트 생성에 초점을 맞췄다면, 이제는 행동을 설계하는 새로운 접근 방식이 필요합니다. AI 에이전트에게 일을 제대로 시키고, 내 업무의 실행까지 자동화하는 'GPS 프레임워크'가 여러분의 강력한 무기가 되어줄 것입니다.

GPS 프레임워크

혹시 AI에게 일을 시키면서 내가 일일이 하나부터 열까지 다 설명하느라 오히려 더 피곤했던 적 없으신가요? 마치 신입 직원에게 마우스 클릭하는 법까지 알려주는 기분 말입니다.

우리가 앞서 배운 DIRECTOR 프레임워크는 AI가 내 마음을 못 읽는다는 가정하에 아주 촘촘하게 디테일을 챙기는 방식이었습니다. 하지만 최근 등장하는 에이전트 기능은 조금 다릅니다. 일반적인 LLM이 묻는 말에 답하는 똑똑한 비서라면, 에이전트는 스스로 계획을 세우고 도구를 사용해 결과물을 만들어내는 일잘러 비서에 가깝습니다.

실무자에게 너무 시시콜콜한 것까지 지시하면 오히려 효율이 떨어질 때가 있습니다. 에이전트에게도 이에 맞는 지시법이 필요합니다. 무조건 긴 디테일보다는, AI가 스스로 판단하고 도구를 활용할 수 있도록 길을 잡아주는 것이 핵심입니다.

그렇다고 해서 "향후 외식 시장 전망 알려줘"라고 툭 던지면, 에이전트도 멍해질 수밖에 없습니다. 이럴 때 제가 사용하는 것이 바로 GPS 프레임워크입니다. 운전할 때 우리가 내비게이션에 목적지를 찍듯, AI 에이전트에게 명확한 방향을 제시하는 방법입니다.

GPS 프레임워크 = AI 에이전트에게 최단 경로를 안내해주는 프롬프트 구조

Goal(목표 및 의도) → Process(과정 및 도구) → Structure(결과물 형태 및 스타일)

이 3단계만 기억하면 복잡한 업무도 에이전트에게 믿고 맡길 수 있습니다.

1. Goal(목표 및 의도): AI 에이전트로 이루고자 하는 목표와 의도를 설정합니다.

예) 역할, 목표, 배경

- 너는 10년 차 F&B 브랜드 마케팅 전문가야. 이번에 출시할 제로 슈거 소다 제품 '퓨어팝'의 성공적인 시장 안착을 위해서 시장 침투 전략 발표 PPT 자료를 만들어야 해. 이 PPT의 주요 타깃은 보수적인 경영진 임원들이야. 구체적인 수치와 확실한 차별점, 그리고 수익성을 중요하게 생각해. 이들을 설득해서 마케팅 예산을 승인받는 것이 최종 목표야.

2. Process(과정 및 도구): AI 에이전트가 어떤 툴을 활용해서 어떤 워크플로우로 진행해야 되는지 설정합니다.

예) 웹 브라우징, PPT, 엑셀, 노션, 지메일 등 활용할 툴 정의

- 웹 브라우징 기능을 이용해서 딥서치를 진행해줘.
- 노션 페이지를 하나 만들어서 내용 정리하고 이메일 초안 작성해줘.

예) 워크플로우

- 아래 워크플로우를 따라서 업무를 차근차근 진행해. 첫 번째, 2026 제로 슈거 시장의 성장 추이와 트렌드를 분석해줘. 두 번째, STP 전략과 4P를 정의해줘. 세 번째, 초기 3개월 내에 시장 점유율을 확보할 수 있는 구체적인 온오프라인 마케팅 전략을 제안해줘. (팝업 스토어, 인플루언서 시딩 등)

3. Structure(결과물 형태 및 스타일): 최종 결과물의 형태를 정의합니다.

예) PPT 5장, 모던하고 심플한 랜딩 페이지 등

- 포맷은 임원 보고용 PPT 슬라이드 10장 분량으로 만들어줘. 키 색상은 우리 브랜드 색상 (#511730)을 참고해서 어울리게 만들어줘.

GPS 프레임워크 프롬프트 예시 ①

너는 10년 차 F&B 브랜드 마케팅 전문가야. 이번에 출시할 제로 슈거 소다 제품 '퓨어팝'의 성공적인 시장 안착을 위해서 시장 침투 전략 발표 PPT 자료를 만들어야 해. 이 PPT의 주요 타깃은 보수적인 경영진 임원들이야. 구체적인 수치와 확실한 차별점, 그리고 수익성을 중요하게 생각해. 이들을 설득해서 마케팅 예산을 승인받는 것이 최종 목표야.

웹 브라우징 기능을 이용해서 딥서치를 진행해줘. 아래 워크플로우를 따라서 업무를 차근차근 진행해. 첫 번째, 2026 제로 슈거 시장의 성장 추이와 트렌드를 분석해줘. 두 번째, STP 전략과 4P를 정의해줘. 세 번째, 초기 3개월 내에 시장 점유율을 확보할 수 있는 구체적인 온오프라인 마케팅 전략을 제안해줘. (팝업 스토어, 인플루언서 시딩 등)

포맷은 임원 보고용 PPT 슬라이드 10장 분량으로 만들어줘. 키 색상은 우리 브랜드 색상 (#511730)을 참고해서 어울리게 만들어줘.

AI 에이전트 : Genspark AI

❶ Genspark AI(https://www.genspark.ai/)*의 AI 슬라이드 에이전트에 [프롬프트 예시 ①]을 입력했습니다.

- Genspark AI는 내가 해야 할 검색과 업무를 알아서 대신 처리해주는 똑똑한 'AI 에이전트'입니다. 그냥 채팅하듯 일을 시키면, AI가 스스로 방대한 자료를 조사하고 정리해서 깔끔한 보고서, 랜딩 페이지, 이미지, PPT 슬라이드를 뚝딱 만들어줍니다. 복잡한 툴을 따로 배울 필요 없이, 마치 유능한 비서에게 일을 맡기듯 리서치부터 코딩, 글쓰기까지 한 번에 해결할 수 있습니다. 특히 여러 AI 모델을 동시에 활용해 정보를 교차 검증하고, 출처가 확실한 내용만 골라주기 때문에 일일이 검색 결과를 확인하느라 시간 낭비할 필요가 없습니다. 단순 검색을 넘어, 생각만 했던 아이디어를 바로 결과물로 만들어주는 든든한 AI 에이전트입니다.

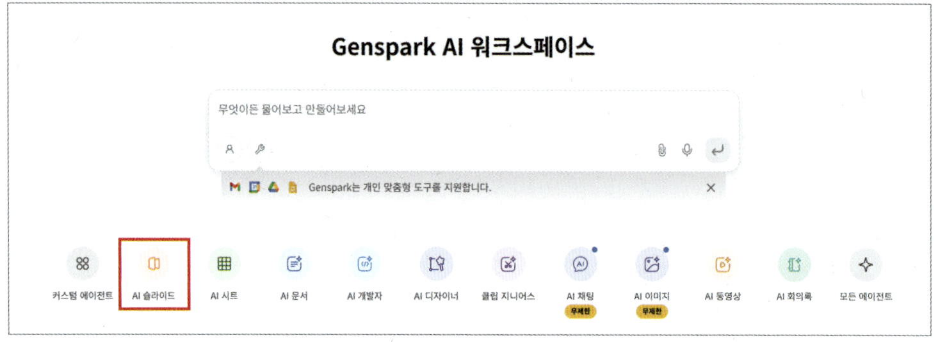

❷ AI 에이전트가 알아서 9개의 워크플로우를 생성하고 순차적으로 업무를 수행해줍니다.

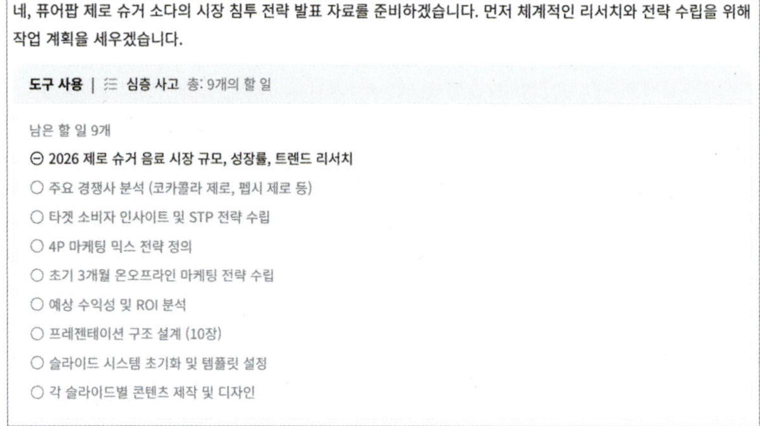

❸ PPT가 완성되었습니다. 모든 내용은 프롬프트를 이용하거나 편집기를 활용해서 자유롭게 편집 수정이 가능합니다. 완성된 결과물은 PPT 파일이나 PDF 파일로 다운로드 가능합니다.

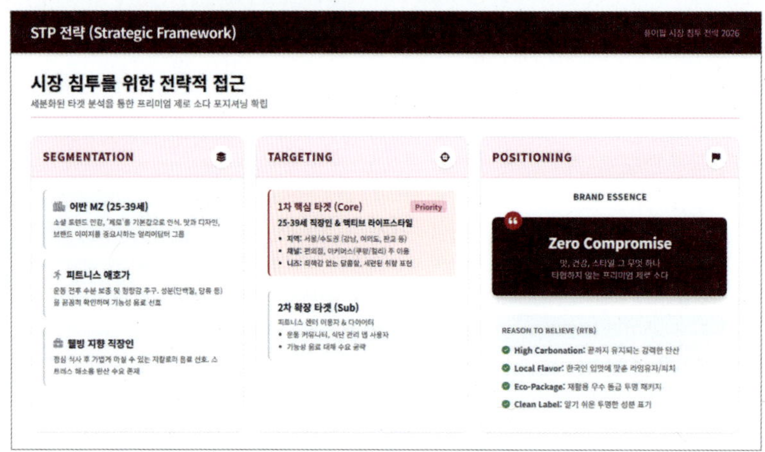

GPS 프레임워크 프롬프트 예시 ②

너는 7년 차 이커머스 퍼포먼스 마케팅 전문가야. 지난달 집행한 '정기 세일' 캠페인의 매체별 광고 성과를 분석해서 팀장님께 보고해야 해. 목표는 성과가 저조한 매체의 예산을 줄이고, 고효율 매체에 집중하는 '예산 최적화' 제안을 하는 거야. 내가 첨부한 엑셀 시트 Raw Data를 분석해줘. 이를 위해 엑셀(Excel) 기능을 활용해서 아래 워크플로우대로 데이터를 생성하고 정리해줘.

1. 지표 계산:

   각 행마다 CTR(클릭률), CPC(클릭당 비용), CVR(전환율), CPA(전환당 비용), ROAS(광고비 대비 매출액)를 계산하는 수식 컬럼을 추가해줘.

2. 데이터 정리:

   매체별로 성과를 한눈에 비교할 수 있는 '요약 피벗 테이블' 형태의 시트도 별도로 구성해줘.

3. 전략 제안:

   데이터를 기반으로 예산 최적화 전략을 제안해줘. 결과물은 바로 다운로드 가능한 .csv 또는 .xlsx 파일 형태로 만들어줘. 특히 ROAS가 300% 이상인 셀은 초록색, 100% 미만인 셀은 빨간색으로 조건부 서식을 적용해서 가독성을 높여줘. 전략 내용은 별도 시트에 간략하게 함께 작성해줘.

챗GPT '에이전트' 모드

❶ 챗GPT에서 '에이전트' 모드를 클릭해주세요. (※ 유료 사용자만 사용 가능)

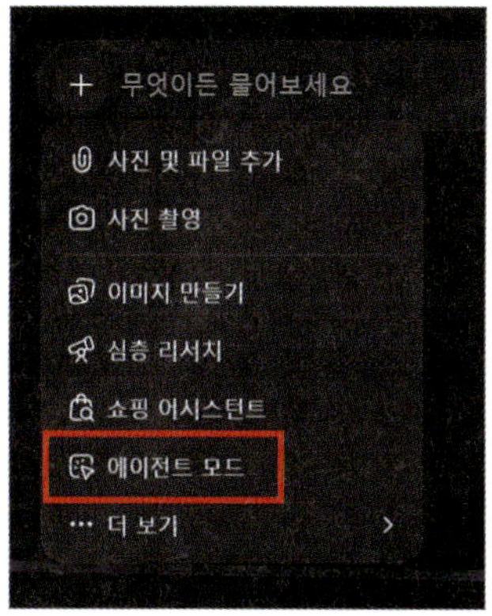

❷ [프롬프트 예시 ②]와 함께 데이터가 담긴 엑셀 시트를 첨부했습니다.

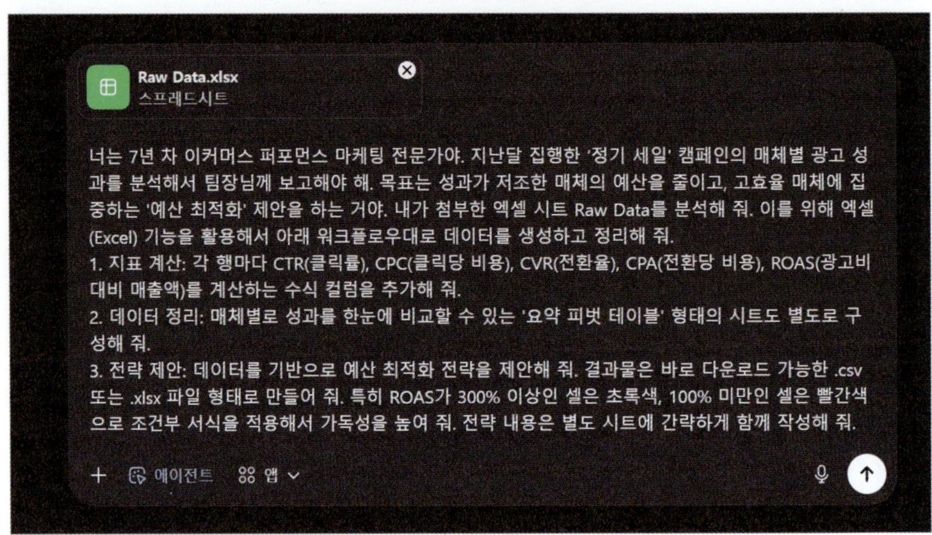

❸ 챗GPT 에이전트가 엑셀 파일을 분석해서 수식을 채워줍니다. 추가로 분석한 내용을 바탕으로 마케팅 전문가의 의견을 덧붙여줬습니다.

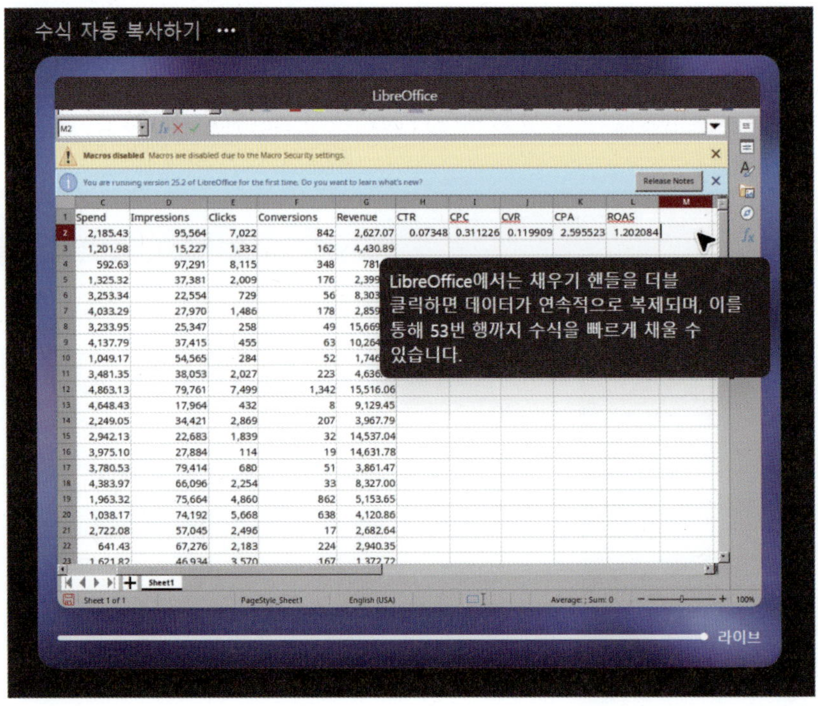

Spend	Impressions	Clicks	Conversions	Revenue	CTR	CPC	CVR	CPA	ROAS
2,185.43	95,564	7,022	842	2,627.07	0.07348	0.311226	0.119909	2.595523	1.202084
1,201.98	15,227	1,332	162	4,430.89					
592.63	97,291	8,115	348	781					
1,325.32	37,381	2,009	176	2,399					
3,253.34	22,554	729	56	8,303					
4,033.29	27,970	1,486	178	2,859					
3,233.95	25,347	258	49	15,669					
4,137.79	37,415	455	63	10,264					
1,049.17	54,565	284	52	1,746					
3,481.35	38,053	2,027	223	4,636					
4,863.13	79,761	7,499	1,342	15,516.06					
4,648.43	17,964	432	8	9,129.45					
2,249.05	34,421	2,869	207	3,967.79					
2,942.13	22,683	1,839	32	14,537.04					
3,975.10	27,884	114	19	14,631.78					
3,780.53	79,414	680	51	3,861.47					
4,383.97	66,096	2,254	33	8,327.00					
1,963.32	75,664	4,860	862	5,153.65					
1,038.17	74,192	5,668	638	4,120.86					
2,722.08	57,045	2,496	17	2,682.64					
641.43	67,276	2,183	224	2,940.35					
1,621.82	46,934	3,570	167	1,372.72					

❹ 결과물이 완성됐습니다. 챗GPT가 알아서 엑셀 파일에 수식을 걸어 데이터를 분석했고, 웹 서치를 통해 전문가 수준의 의견을 도출했습니다.

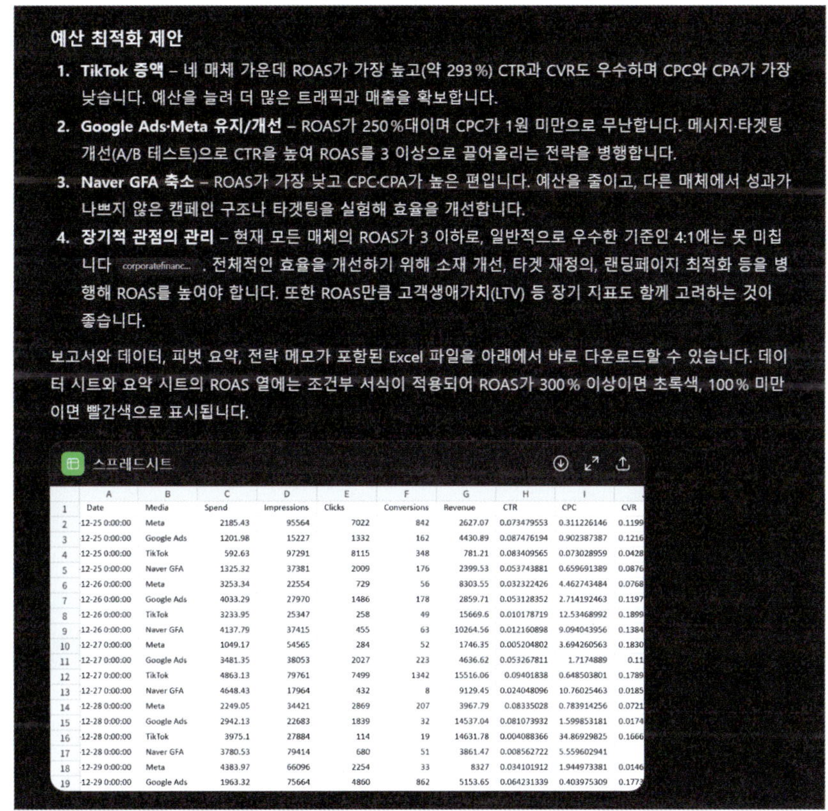

	A	B	C	D	E	F	G	H	I	
1	Date	Media	Spend	Impressions	Clicks	Conversions	Revenue	CTR	CPC	CVR
2	-12-25 0:00:00	Meta	2185.43	95564	7022	842	2627.07	0.073479553	0.311226146	0.1199
3	-12-25 0:00:00	Google Ads	1201.98	15227	1332	162	4430.89	0.087476194	0.902387387	0.1216
4	-12-25 0:00:00	TikTok	592.63	97291	8115	348	781.21	0.083409565	0.073028959	0.0428
5	-12-25 0:00:00	Naver GFA	1325.32	37381	2009	176	2399.53	0.053743881	0.659691389	0.0876
6	-12-26 0:00:00	Meta	3253.34	22554	729	56	8303.55	0.032322426	4.462743484	0.0768
7	-12-26 0:00:00	Google Ads	4033.29	27970	1486	178	2859.71	0.053128352	2.714192463	0.1197
8	-12-26 0:00:00	TikTok	3233.95	25347	258	49	15669.6	0.010178719	12.53468992	0.1899
9	-12-26 0:00:00	Naver GFA	4137.79	37415	455	63	10264.56	0.012160898	9.094043956	0.1384
10	-12-27 0:00:00	Meta	1049.17	54565	284	52	1746.35	0.005204802	3.694260563	0.1830
11	-12-27 0:00:00	Google Ads	3481.35	38053	2027	223	4636.62	0.053267811	1.7174889	0.11
12	-12-27 0:00:00	TikTok	4863.13	79761	7499	1342	15516.06	0.09401838	0.648503801	0.1789
13	-12-27 0:00:00	Naver GFA	4648.43	17964	432	8	9129.45	0.024048096	10.76025463	0.0185
14	-12-28 0:00:00	Meta	2249.05	34421	2869	207	3967.79	0.08335028	0.783914256	0.0721
15	-12-28 0:00:00	Google Ads	2942.13	22683	1839	32	14537.04	0.081073932	1.599853181	0.0174
16	-12-28 0:00:00	TikTok	3975.1	27884	114	19	14631.78	0.004088366	34.86929825	0.1666
17	-12-28 0:00:00	Naver GFA	3780.53	79414	680	51	3861.47	0.008562722	5.559602941	
18	-12-29 0:00:00	Meta	4383.97	66096	2254	33	8327	0.034101912	1.944973381	0.0146
19	-12-29 0:00:00	Google Ads	1963.32	75664	4860	862	5153.65	0.064231339	0.403975309	0.1773

GPS 프레임워크 프롬프트 예시 ③

너는 노션(Notion) 활용 능력이 뛰어나고 꼼꼼하기로 소문난 뷰티 브랜드 PM이야.
이번에 2030 여성을 타겟으로 한 '비건 수분 앰플' 신제품 론칭(D-30)을 앞두고 있어. 디자인팀, 마케팅팀, 대행사 등 여러 유관 부서와의 소통 오류를 없애고 일정을 완벽히 관리하기 위한 [신제품 론칭 프로젝트 노션 대시보드]를 만들어줘.

[Process: 아래 단계에 맞춰 작성해줘]
1. 트렌드 조사:
    먼저 웹 브라우징 기능을 활용해 2024~2025년 최신 비건 뷰티 트렌드 키워드를 조사해줘.

2. 프로젝트 개요:

조사한 트렌드를 반영해서 우리 제품의 USP(Unique Selling Point) 3가지와 타깃 페르소나를
매력적으로 정리해줘.

3. 일정 관리(Timeline):

론칭 D-30부터 D-Day까지의 핵심 마일스톤(패키지 확정, 상세페이지 제작, 티징 오픈, 론칭 등)
을 주차별 체크리스트 형태로 정리해줘.

4. 인플루언서 관리 (Database): 협업 현황을 한눈에 볼 수 있는 칸반 보드 구조를 설계해줘.

* 상태 값: [리스트업 → 섭외중 → 제품발송 → 업로드 완료 → 정산 완료]
* 필수 속성: 채널명, 팔로워 수, 예상 비용, 담당자, 링크

[Structure: 결과물 형태]

* 노션에 새 페이지를 만들어줘.
* 가독성을 위해 각 섹션 제목과 주요 항목에는 적절한 이모지(✏️, 📄, 📢 등)를 배치해줘.

AI 에이전트 : Manus AI

AI가 단순히 글을 써주고, 그림 그려주는 시대를 넘어 이제는 직접 업무를 수행하는 단계로 진
화했습니다. AI 에이전트와 MCP(Model Context Protocol)▪ 기술 덕분입니다.

이 기술들이 왜 중요할까요? 답은 간단합니다. AI가 내 손발이 되어 주기 때문입니다. 우리가
흔히 쓰는 챗GPT나 클로드 같은 LLM은 그동안 똑똑한 말동무였습니다. 기획안을 써달라고
하면 기가 막히게 써주지만, 그 기획안을 이메일로 보내거나 노션에 저장하는 건 결국 사람인
우리의 몫이었습니다. 하지만 AI 에이전트와 MCP를 활용하면 이야기가 완전히 달라집니다.

AI 에이전트는 생각만 하는 것이 아니라 행동하는 AI입니다. 그리고 MCP는 이 AI가 다양한
서비스와 대화할 수 있게 만들어주는 통역사이자 연결 고리라고 보시면 됩니다.

▪ MCP: AI 모델이 외부 데이터나 도구와 원활하게 연결되도록 돕는 개방형 표준 규약. 다양한 시스템을 AI에 쉽게 연
동시킬 수 있는 유니버설 어댑터 역할을 한다.

마케터인 제가 다음 주에 뉴스레터를 보내야 한다고 가정해보겠습니다. 저는 예전에 이렇게 일했습니다.

1. 챗GPT에게 뉴스레터 초안 작성을 요청한다.
2. 작성된 내용을 복사해서 노션에 백업한다.
3. 다시 내용을 복사해서 지메일이나 뉴스레터 발송 툴에 붙여넣기 한다.
4. 이미지가 필요하면 미드저니에서 따로 생성해서 다운로드 후 첨부한다.

단순 반복 작업의 연속입니다. 하지만 AI 에이전트와 MCP가 적용된 환경에서는 이렇게 변합니다. "이번 주 뉴스레터 주제는 2026년 AI 트렌드야. 초안 작성해서 노션 마케팅 페이지에 저장해주고, 관련된 이미지는 캔바로 썸네일 만들어서 지메일 임시 보관함에 넣어줘." 이 한마디면 AI가 스스로 생각하고 판단해서 노션, 캔바, 지메일을 오가며 업무를 완수합니다.

실제로 구글이나 마이크로소프트 같은 빅테크 기업들은 Gmail, Notion, Canva 같은 글로벌 서비스들과 파트너십을 맺고, 사용자가 AI를 통해 이 툴들을 자유자재로 제어할 수 있도록 돕고 있습니다. 내가 일일이 툴을 켜고 끌 필요 없이, AI에게 지시만 하면 되는 세상이 온 겁니다.

특히 최근 주목받고 있는 Manus AI(http://manus.im/)[*] 같은 서비스는 이러한 연동이 아주 강력하게 구현되어 있습니다. Manus AI는 노션이나 지메일 같은 서비스와 유기적으로 연결되어 있어서, 복잡한 설정 없이도 AI 에이전트에게 내 업무를 믿고 맡길 수 있습니다.

저도 많은 툴을 써봤지만, 결국 생산성의 끝은 자동화에 있습니다. AI가 내 의도를 읽고, 도구를 직접 사용해서, 결과까지 만들어내는 흐름을 경험해보세요. 업무의 질이 확실히 달라집니다. 단순히 AI와 대화하는 것을 넘어, AI에게 업무를 위임하는 일잘러가 되세요.

---

[*] Manus AI는 메타가 2025년 12월 20억 달러 이상에 인수한 싱가포르 기반의 AI 에이전트 스타트업입니다. 사용자가 지시만 하면 AI 에이전트가 스스로 시장 조사, 코딩, 데이터 분석, 이력서 검토까지 처음부터 끝까지 알아서 처리해 완성된 결과물을 만들어냅니다. 샌드박스 가상 환경에서 인터넷 검색, 소프트웨어 설치, 파일 관리를 직접 수행하며, 단순 챗봇이 아닌 실제로 일을 실행하는 자율 에이전트로 작동합니다. 출시 8개월 만에 연간 수익 1억 달러를 돌파하며 전 세계에서 가장 빠르게 성장한 AI 에이전트로 주목받았습니다.

❶ Manus AI에 접속해서 커넥터 추가를 클릭해주세요.

❷ 자주 활용하는 앱을 검색해서 연결해주세요. 이번 활용 사례에서는 Notion을 활용해보기 위해 노션을 설치했습니다.

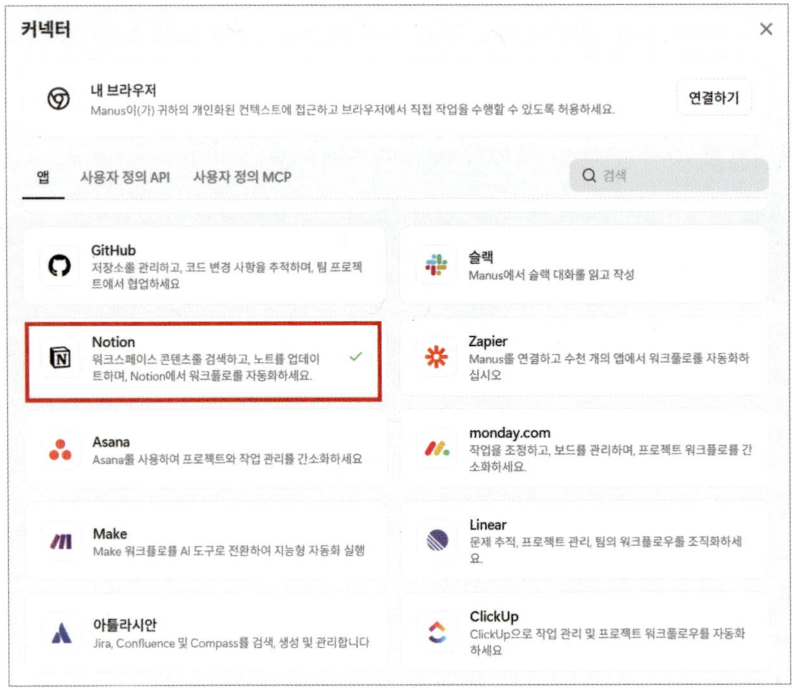

❸ [프롬프트 예시 ③]을 입력해주세요.

> 너는 '노션(Notion) 활용 능력이 뛰어나고 꼼꼼하기로 소문난 뷰티 브랜드 PM'이야. 이번에 2030 여성을 타겟으로 한 '비건 수분 앰플' 신제품 런칭(D-30)을 앞두고 있어. 디자인팀, 마케팅팀, 대행사 등 여러 유관 부서와의 소통 오류를 없애고 일정을 완벽히 관리하기 위한 [신제품 런칭 프로젝트 노션 대시보드]를 만들어 줘. [Process: 아래 단계에 맞춰 작성해 줘]
> 1. 트렌드 조사: 먼저 웹 브라우징 기능을 활용해 2024-2025년 최신 비건 뷰티 트렌드 키워드를 조사해 줘. 2. 프로젝트 개요: 조사한 트렌드를 반영하여 우리 제품의 USP(Unique Selling Point) 3가지와 타겟 페르소나를 매력적으로 정리해 줘.
> 3. 일정 관리 (Timeline): 런칭 D-30부터 D-Day까지의 핵심 마일스톤(패키지 확정, 상세페이지 제작, 티징 오픈, 런칭 등)을 주차별 체크리스트 형태로 정리해 줘. 4. 인플루언서 관리 (Database): 협업 현황을 한눈에 볼 수 있는 칸반 보드 구조를 설계해 줘. * 상태 값: [리스트업 → 섭외중 → 제품발송 → 업로드 완료 → 정산 완료] * 필수 속성: 채널명, 팔로워 수, 예상 비용, 담당자, 링크 [Structure: 결과물 형태] * 노션에 새 페이지를 만들어 줘. * 가독성을 위해 각 섹션 제목과 주

❹ 에이전트가 알아서 웹에서 트렌드를 조사하고, 내 노션에 접속해서 노션 페이지까지 생성해줍니다.

> 안녕하세요! 꼼꼼한 뷰티 브랜드 PM으로서, 2030 여성을 위한 '비건 수분 앰플' 런칭을 완벽하게 관리할 수 있는 노션 대시보드를 제작해 드리겠습니다. 먼저 최신 비건 뷰티 트렌드를 조사한 후 프로젝트를 설계하겠습니다.
>
> ✅ **2024-2025 최신 비건 뷰티 트렌드 조사** ∧
> 최신 비건 뷰티 트렌드를 조사 중이며, 이를 바탕으로 USP와 타겟 페르소나 설계, 일정 관리, 인플루언서 데이터베이스 구축이 다음 단계입니다.
>
> Q 검색 중 2024 2025 비건 뷰티 트렌드 키워드, 2024 2025 vegan beauty trends keywords, 2030 여성 비...
>
> 🔗 검색 중 https://business.hwahae.co.kr/insight/beauty-trend-2025-kbeauty-strategy/
>
> 🖋 파일을 생성 중 vegan_beauty_trends.md
>
> ✅ **트렌드 기반 USP 및 타겟 페르소나 설계** ∧
> 2025년 뷰티 트렌드 분석 결과를 저장했으며, 친환경, 비건 인증, 지속가능성, 맞춤형 솔루션이 핵심입니다. 2030 여성 비건 시장 성장 가능성을 파악했습니다.
>
> 🖋 파일을 생성 중 notion_dashboard_content.md
>
> ✅ **런칭 일정 및 마일스톤 구조화** ∧
> 2024-2025 비건 뷰티 트렌드 조사 중이며, 친환경과 맞춤형 솔루션이 핵심임을 확인했습니다. 노션 대시보드 콘텐츠를 작성하고 있습니다.
>
> ⚡ 지식이 회수됨(1) ∨
>
> ✅ **인플루언서 관리 데이터베이스 설계** ∧
> ⚡ 지식이 회수됨(1) ∨
>
> ✅ **노션 페이지 생성 및 대시보드 구축** ∧
> 🖋 파일을 읽는 중 notion_dashboard_content.md
>
> 2024-2025 비건 트렌드 요약과 USP, 페르소나, 일정, 인플루언서 데이터베이스 내용을 확인; 핵심은 투명성, 지속가능성, 고기능성 강조. 다음 단계는 트렌드 분석 정리.
>
> N Notion 사용 중 tool list
>
> N Notion 사용 중 resource read notion://docs/enhanced-markdown-spec

❺ 노션 페이지가 완성됐습니다. 대시보드도 별도 페이지로 작성해주었습니다.

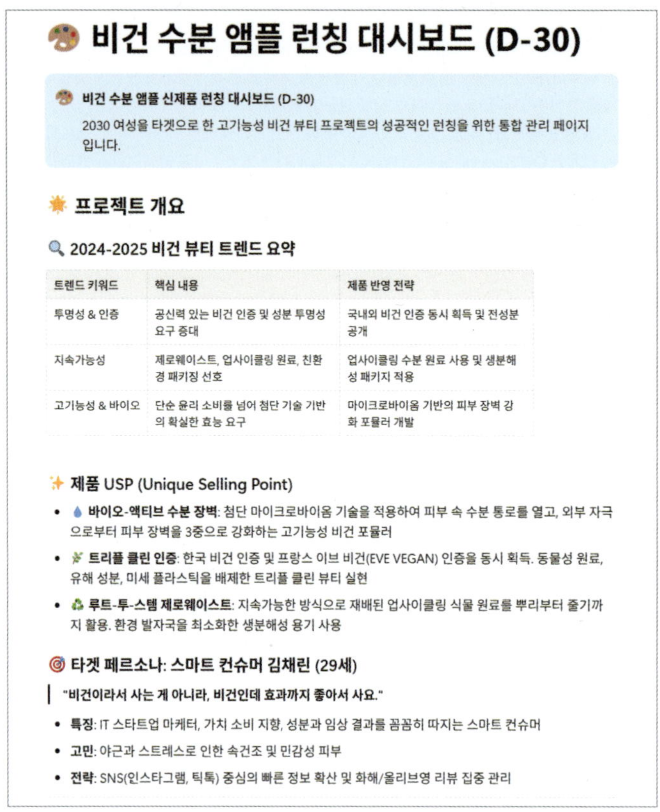

트렌드 키워드	핵심 내용	제품 반영 전략
투명성 & 인증	공신력 있는 비건 인증 및 성분 투명성 요구 증대	국내외 비건 인증 동시 획득 및 전성분 공개
지속가능성	제로웨이스트, 업사이클링 원료, 친환경 패키징 선호	업사이클링 수분 원료 사용 및 생분해성 패키지 적용
고기능성 & 바이오	단순 윤리 소비를 넘어 첨단 기술 기반의 확실한 효능 요구	마이크로바이옴 기반의 피부 장벽 강화 포뮬러 개발

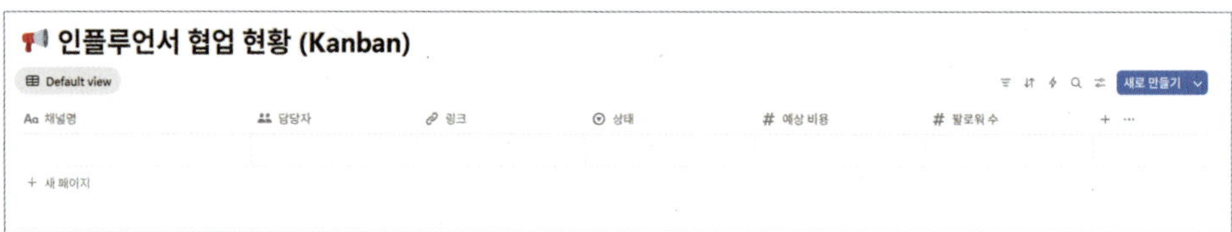

AI 에이전트 : Flowith AI

또 다른 AI 에이전트 강자는 Flowith AI ▪입니다. 에이전트 모드를 켜고 프롬프트를 입력하면 AI 에이전트가 자율적으로 업무를 수행해줍니다. 다른 AI 에이전트보다 UX가 시각적으로 돋보이며 병렬로 수많은 업무를 동시에 처리해줍니다.

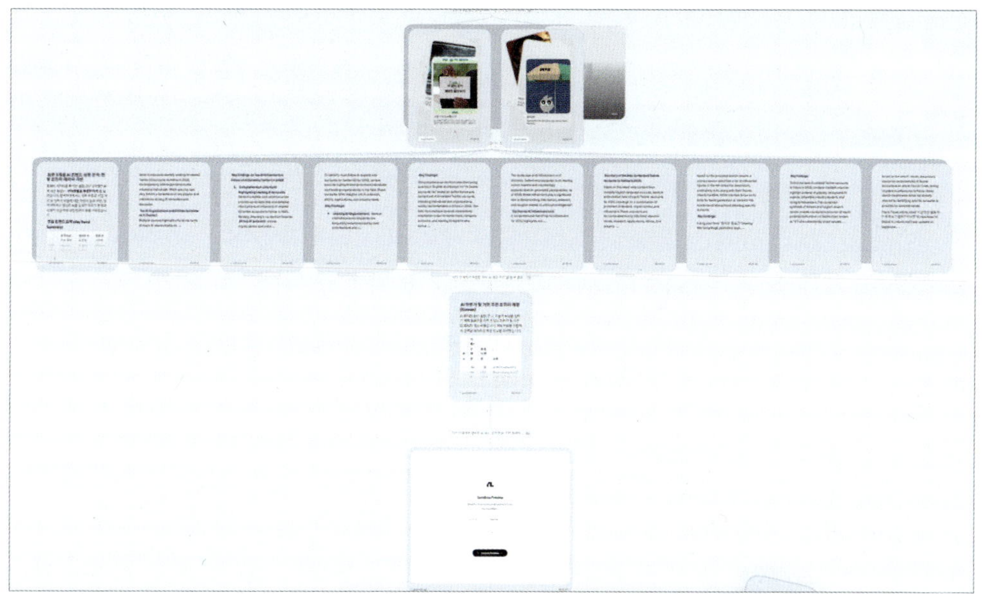

Flowith(https://flowith.io/)에 접속한 후 프롬프트 창에서 AGENT 모드를 활성화하면 됩니다.

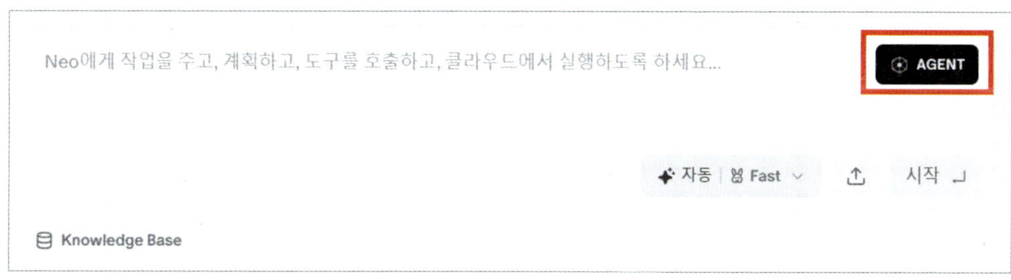

- Flowith AI는 기존 채팅 방식을 넘어선 차세대 AI 에이전트 워크스페이스입니다. 사용자가 복잡한 작업을 지시하면 AI 에이전트가 자율적으로 시장 조사, 코딩, 데이터 분석, 콘텐츠 제작을 처리해 완성된 결과물을 만들어냅니다. 무한 캔버스 인터페이스에서 여러 AI 모델(챗GPT, 클로드, DeepSeek 등)을 동시에 활용하며, 아이디어를 시각화하고 비교하며 협업할 수 있습니다. 장기 프로젝트도 백그라운드에서 지속적으로 실행되며, 사람의 개입 없이 단계별로 작업을 수행합니다. 단순 대화형 AI를 넘어, 실제로 업무를 실행하고 결과물을 만들어내는 자율형 AI 에이전트 플랫폼입니다.

AI 에이전트 시대의 승패는 어디에서 갈릴까요? 바로 AI 브라우저입니다. AI 회사들이 브라우저 시장에 사활을 거는 이유도 여기에 있습니다. AI 시대의 주도권을 잡기 위해 우리가 가장 오랜 시간을 보내는 공간, 즉 웹 브라우저를 장악하려고 하기 때문입니다.

생각해보세요. 여러분은 아침에 출근해서 컴퓨터를 켜면 무엇을 제일 먼저 실행하시나요? 십중팔구 인터넷 브라우저일 겁니다. 대부분은 크롬을 쓰실 겁니다. 지금까지 우리가 AI를 사용하는 방식은 다소 번거로웠습니다. 크롬을 켜고, 챗GPT나 클로드 같은 웹 사이트 주소를 입력해서 들어가야만 했으니까요. 구글이라는 거대한 관문을 거쳐야만 AI를 만날 수 있었던 셈입니다.

그래서 최근 챗GPT와 퍼플렉시티 같은 선두 기업들은 이 관문을 없애기로 했습니다. 크롬을 거치지 않고 바로 자사 서비스를 이용할 수 있는 전용 AI 브라우저를 내놓기 시작한 겁니다. 이건 사실상 구글 크롬에 대한 정면 승부이자 전쟁 선포나 다름없습니다.

퍼플렉시티가 선보인 AI 브라우저 코멧(Comet)을 예로 들어볼까요? 이 브라우저를 실행하면 우리에게 익숙한 검색창 대신 퍼플렉시티의 프롬프트 창이 가장 먼저 반겨줍니다. 검색의 패러다임이 바뀌는 순간입니다. 더 놀라운 건 어시스턴스(Assistant) 기능입니다. 웹 서핑을 하다가 긴 글을 만나면 즉각 요약을 시킬 수도 있고, 복잡한 리서치 업무를 AI에게 위임할 수도 있습니다.

하지만 이게 끝이 아닙니다. 진정한 AI 에이전트가 되려면 단순히 검색만 잘해서는 안 됩니다. 사용자의 일상 속으로, 더 정확히는 사용자가 보고 있는 화면 속으로 파고들어야 합니다.

우리가 업무 볼 때를 떠올려봅시다. 이메일을 쓰다가 문장이 막히면 어떻게 하나요? 작성하던 창을 내리고, 챗GPT 창을 띄워 물어보고, 답변을 복사해서 다시 이메일 창으로 돌아와 붙여넣기를 합니다. 저도 매번 이렇게 작업하면서 참 비효율적이라고 느꼈습니다. 이건 진정한 의미의 에이전트가 아닙니다. 그저 똑똑한 챗봇일 뿐이죠.

진정한 AI 에이전트는 내가 보고 있는 화면을 AI도 똑같이 볼 수 있어야 합니다. 내가 이메일 작성 화면을 보고 있다면, AI가 그 맥락을 이해하고 화면 전환 없이 그 자리에서 즉각적으로 문장을 고쳐주고 제안해줘야 합니다.

여행 계획도 마찬가지입니다. 우리가 여름휴가 계획을 짜달라고 했을 때, 텍스트로 된 일정표만 던져주는 건 반쪽짜리 서비스입니다. 그건 그냥 조언자일 뿐이죠. 우리가 원하는, 그리고 앞으로 다가올 진짜 AI 에이전트는 계획 짜는 것을 넘어 항공권 예매 버튼을 누르고, 호텔 결제 페이지까지 넘어가서 예약을 마쳐주는 AI입니다.

결국 AI가 말만 하는 것이 아니라 행동까지 마쳐 주어야 한다는 뜻입니다. 이 모든 행동이 이루어지는 공간이 바로 웹 브라우저입니다. 그래서 AI 회사들은 브라우저를 단순한 인터넷 접속 도구가 아니라, AI가 활동하는 운영체제처럼 만들고 싶어 합니다.

이 디지털 공간을 누가 먼저 선점하느냐에 따라 AI 시장의 판도가 완전히 뒤바뀔 것입니다. 여러분도 단순히 검색만 하는 브라우저가 아니라, 내 일을 대신해주는 에이전트형 AI 브라우저에 주목해보길 바랍니다. 생산성의 차원이 달라질 겁니다.

Perplexity Comet

퍼플렉시티 코멧이 현재 AI 브라우저 시장에서 가장 앞서가고 있는 것 같습니다. 전통적인 검색 강자 구글을 넘어서겠다는 포부를 가진 퍼플렉시티가, 이제는 구글의 안방인 크롬 브라우저까지 겨냥해서 코멧이라는 야심 찬 서비스를 내놓았습니다.

코멧이 무엇이고, 우리 업무를 어떻게 바꿔줄 수 있는지 몇 가지 구체적인 활용 사례를 통해 소개해보겠습니다.

우리가 기존의 AI 툴을 쓸 때 가장 불편했던 점이 무엇이었나요? 정보를 떠먹여줘야 한다는 점이었습니다. 웹 서핑을 하다가 좋은 아티클을 발견해 요약하고 싶으면 URL 주소를 복사하고, 챗GPT를 켜고, 링크를 붙여넣고, 요약해달라고 명령해야 했습니다. 이 과정이 은근히 귀찮고 번거롭습니다.

하지만 AI 브라우저인 코멧은 링크를 따로 주지 않아도 됩니다. 엄청난 강점이지요. 그냥 브라우저 위에서 "이 페이지를 분석해줘" 이야기하면 끝입니다. 내가 보고 있는 현재 페이지를 AI가 함께 보고 있기 때문입니다.

언뜻 사소해 보이지만 이게 업무 생산성 차원에서는 엄청난 차이를 만듭니다. 마치 일 잘하는 비서가 내 모니터를 옆에서 같이 보고 있는데 "김 대리, 이 기사 핵심만 3줄로 요약해봐"라고 지시했을 때 즉시 답을 주는 것과 같습니다.

예를 들어, 복잡한 재무제표가 담긴 투자 리포트를 보고 있다고 가정해봅시다. 예전 같으면 엑셀로 데이터를 옮기거나 숫자를 하나하나 확인해야 했지만, 코멧을 활용하면 "이 페이지에 있는 표 데이터를 CSV 파일로 정리해줘"라고 말 한마디면 됩니다. 긴 논문이나 뉴스 기사도 스크롤을 내릴 필요 없이 바로 핵심 내용을 파악할 수 있습니다.

단순 검색을 넘어 내가 보고 있는 화면의 맥락을 이해하고 바로 업무에 적용할 수 있게 도와주는 것, 이것이 코멧이 보여주는 웹 브라우징의 미래입니다.

지금 당장 설치해서 인터넷 서핑의 경험을 업그레이드해보세요. 정보 습득의 속도가 달라질 겁니다.

활용 사례 ① 페이지 분석

❶ 오른쪽 상단의 '어시스턴트' 버튼을 클릭하고 프롬프트만 입력하면 됩니다.

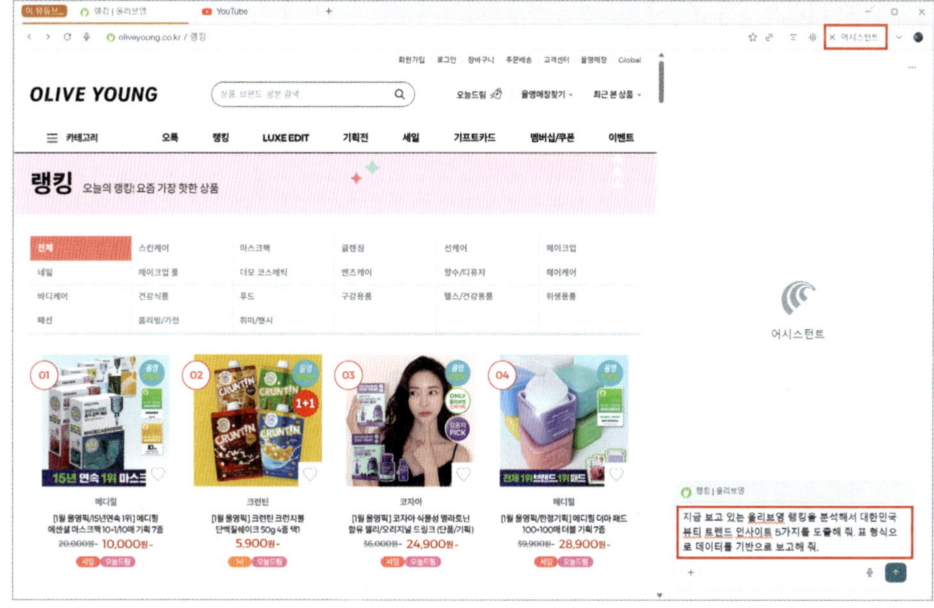

| 프롬프트

지금 보고 있는 올리브영 랭킹을 분석해서 대한민국 뷰티 트렌드 인사이트 5가지를 도출해 줘. 표 형식으로 데이터를 기반으로 보고해줘.

❷ 표 형식으로 고퀄리티의 인사이트를 뽑아 줬습니다. 시간을 대폭 아낄 수 있습니다. 마케터라면 꼭 시도해보세요.

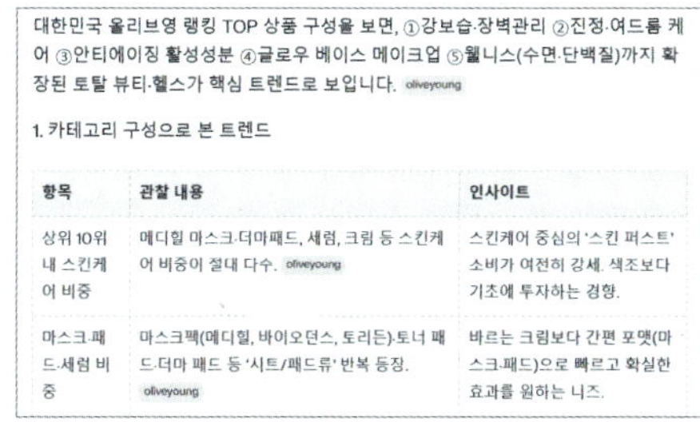

대한민국 올리브영 랭킹 TOP 상품 구성을 보면, ①강보습·장벽관리 ②진정·여드름 케어 ③안티에이징 활성성분 ④글로우 베이스 메이크업 ⑤웰니스(수면·단백질)까지 확장된 토탈 뷰티·헬스가 핵심 트렌드로 보입니다. oliveyoung

1. 카테고리 구성으로 본 트렌드

항목	관찰 내용	인사이트
상위 10위 내 스킨케어 비중	메디힐 마스크·더마패드, 세럼, 크림 등 스킨케어 비중이 절대 다수. oliveyoung	스킨케어 중심의 '스킨 퍼스트' 소비가 여전히 강세. 색조보다 기초에 투자하는 경향.
마스크·패드·세럼 비중	마스크팩(메디힐, 바이오던스, 토리든)·토너 패드·더마 패드 등 '시트/패드류' 반복 등장. oliveyoung	바르는 크림보다 간편 포맷(마스크·패드)으로 빠르고 확실한 효과를 원하는 니즈.

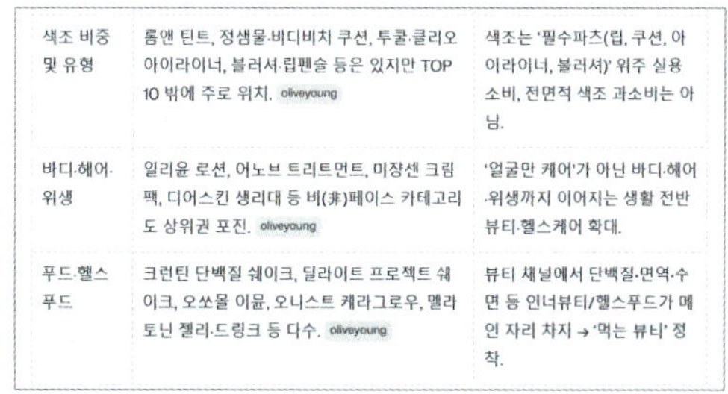

색조 비중 및 유형	롬앤 틴트, 정샘물·비디비치 쿠션, 투쿨·클리오 아이라이너, 블러셔·립펜슬 등은 있지만 TOP 10 밖에 주로 위치. oliveyoung	색조는 '필수파츠(립, 쿠션, 아이라이너, 블러셔)' 위주 실용 소비, 전면적 색조 과소비는 아님.
바디·헤어·위생	일리윤 로션, 어노브 트리트먼트, 미장센 크림팩, 디어스킨 생리대 등 비(非)페이스 카테고리도 상위권 포진. oliveyoung	'얼굴만 케어'가 아닌 바디·헤어·위생까지 이어지는 생활 전반 뷰티·헬스케어 확대.
푸드·헬스 푸드	크런틴 단백질 쉐이크, 딜라이트 프로젝트 쉐이크, 오쏘몰 이뮨, 오니스트 케라그로우, 멜라토닌 젤리·드링크 등 다수. oliveyoung	뷰티 채널에서 단백질·면역·수면 등 인너뷰티/헬스푸드가 메인 자리 차지 → '먹는 뷰티' 정착.

활용 사례 ② 상세페이지 분석

❶ 이미지도 잘 분석해줍니다. 오른쪽 상단의 '어시스턴트' 버튼을 클릭하고 프롬프트만 입력하면 됩니다.

| 프롬프트

10년 차 D2C 이커머스 전문가로서 이 상세페이지를 분석해줘. 이 상세페이지는 이미 성과를 낸 성공 사례임을 전제로 소비자 행동 유도 관점에서 핵심 심리 트리거를 도출해. 그리고 각 트리거가 구매 결정을 어떻게 유도했는지 분석하고 이를 다른 상품에도 재현할 수 있도록 일반화해줘. 각 항목마다 심리학 원리, 상세페이지 구성 방법, 즉시 적용 가능한 액션 아이템을 정리해줘.

❷ 상세페이지 이미지를 분석해서 인사이트를 뽑아 줬습니다. 시간을 많이 아꼈네요. 이 또한 마케터에게 유용한 기능입니다.

5. 선택 구조와 옵션 설계(7종, 기획 구성)

- 심리학 원리

    - 선택 설계(Choice Architecture): 선택지를 구조화해 소비자가 덜 고민하고 결정을 내리도록 돕는 기법.
    - 다양성 탐색 욕구: 여러 옵션이 있어도, 구조화된 제안(베스트 조합, 기획세트)이 있으면 그쪽으로 쏠림.

- 상세페이지 구성 포인트

    - "에센셜 마스크팩 10+1/10매 기획 7종"으로 기본 구조(에센셜·10매)를 고정하고, 세부 옵션(7종)으로 변주만 주는 방식. *oliveyoung*
    - 상세 이미지에서 각 조합(7종 묶음, 1, 3, 5, 10 등)을 시각적으로 반복 노출해 "어떤 구성을 사도 안전하다"는 인상을 강화. *oliveyoung*

으로 반복 노출해 "어떤 구성을 사도 안전하다"는 인상을 강화. *oliveyoung*

- "옵션을 선택해 주세요" 영역으로 자연스럽게 스크롤 유도 후, 수량·옵션 선택 뒤 바로 구매 버튼으로 이어지도록 동선 최소화. *oliveyoung*

- 즉시 적용 액션 아이템

    - 옵션이 많을수록 "추천 세트(기본/가성비/프리미엄)" 2~3개를 먼저 제안해 디폴트 선택지를 만들어 주기.
    - 옵션 이름을 기능·효과 중심으로 정리(예: "수분 집중케어 10매", "잡티 관리 10매")해 고민 포인트를 줄이기.
    - 옵션 선택 영역 바로 아래에 "이 구성, 이런 분께 추천" 한 줄을 넣어 각 옵션의 사용 시나리오를 구체화.

활용 사례 ③ 유튜브 데이터 분석

❶ 데이터도 분석해줍니다. 오른쪽 상단의 '어시스턴트' 버튼을 클릭하고 프롬프트만 입력하면 됩니다.

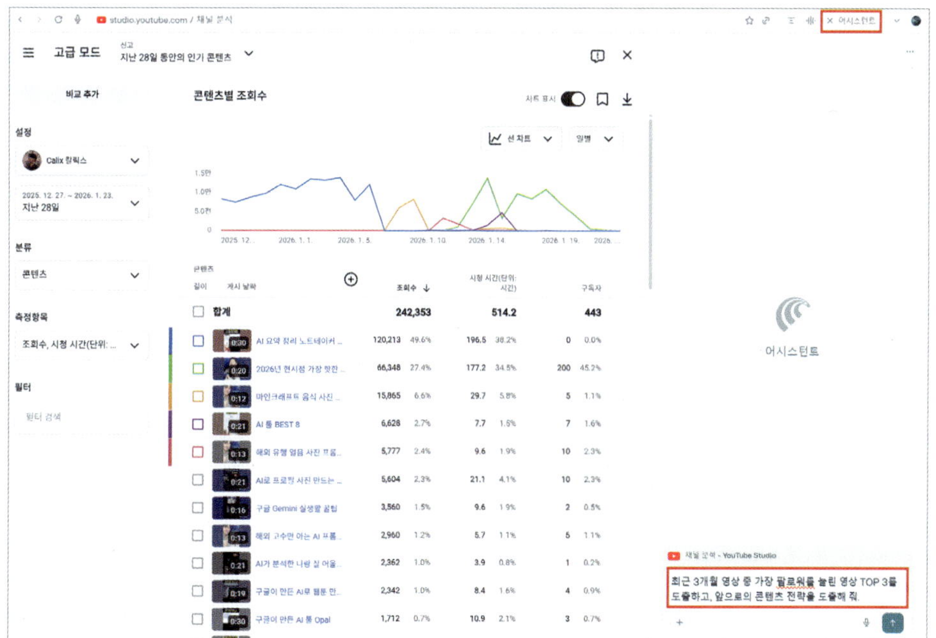

| 프롬프트

최근 3개월 영상 중 가장 팔로워를 늘린 영상 TOP 3를 도출하고, 앞으로의 콘텐츠 전략을 도출해줘.

❷ AI 에이전트가 8단계를 계획해서 업무를 수행해줍니다. 화면을 읽고, 자율적으로 클릭해서 원하는 데이터를 찾습니다.

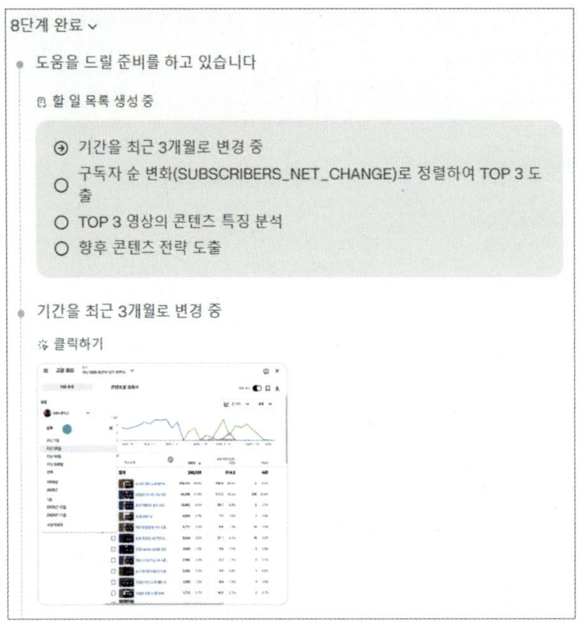

❸ 유튜브 전문가가 필요 없을 정도로 인사이트를 잘 뽑아줬습니다.

🔍 콘텐츠 특징 분석

✅ 성공 요인

1. 초단편 영상 포맷 (숏폼)

   - TOP 3 영상 모두 30초 이하 (0:30, 0:20, 0:19)
   - 빠른 정보 전달과 높은 완주율이 구독 전환에 효과적

2. 구글 AI 도구 중심

   - 3개 영상 중 2개가 "구글이 만든" 키워드 포함
   - 신뢰도 높은 대기업 제품에 대한 관심 반영

3. 실용적이고 구체적인 주제

   - "Opal 툴", "웹툰 만들기" 등 명확한 활용 사례 제시
   - "현시점 가장 핫한" 등 시의성 강조

4. 높은 구독 전환율

   - 1위 영상: 조회수 대비 17.3%의 구독자 증가율
   - 조회수는 상대적으로 적어도 구독 전환이 높음

이러한 활용 사례를 보고도 아직 유튜브 영상을 보면서 일일이 내용을 받아 적거나, 블로그에 글을 올리기 위해 창을 여러 개 띄워두고 복사 붙여넣기를 반복하고 계신가요?

이제 그런 단순 반복 업무는 과감하게 AI 에이전트에게 위임하셔도 됩니다. 유튜브 영상 요약부터 콘텐츠 업로드, 복잡해 보이는 웹사이트 SEO 분석까지 AI가 알아서 처리해주는 세상이 왔기 때문입니다. 이제 브라우저 자체에 AI라는 두뇌가 탑재되었습니다.

제가 평소에 자주 강조하는 부분이 있는데요. AI는 우리의 시간을 아껴주는 최고의 도구라는 점입니다. 예전에는 유튜브 영상을 요약하려면 스크립트를 추출해서, 챗GPT에 붙여넣고, 프롬프트를 입력해야 했습니다. 번거롭고 시간이 꽤 걸렸습니다.

하지만 AI 브라우저 환경에서는 다릅니다. 브라우저가 현재 내가 보고 있는 화면을 인식하고 이해합니다. 그냥 "이 영상 요약해서 내 블로그 톤으로 임시 저장해줘"라고 명령만 내리면 AI가 영상을 보고, 내용을 파악하고, 글을 쓰고, 업로드 버튼까지 눌러줍니다. 내 옆에 손 빠른 비서가 앉아 있는 것과 같습니다.

이 흐름을 이해하는 것이 정말 중요합니다. 단순히 AI에게 질문하고 답을 얻는 챗봇 단계를 넘어, 이제는 AI가 웹 브라우저라는 환경 안에서 실질적인 행동을 수행하는 에이전트 단계에 진입했습니다. 이 변화를 가장 빠르게 체감하고 싶으시다면, 앞에서 소개한 퍼플렉시티의 코멧, 챗GPT의 Atlas나 Flowith의 FlowithOS 같은 서비스를 눈여겨보세요.

이런 서비스들은 기존의 검색 패턴을 완전히 바꿀 겁니다. 우리가 일일이 클릭하고 타이핑하던 수고를 덜어주고, 업무의 시작과 끝을 AI가 주도적으로 처리할 겁니다. 생산성이 미친듯이 높아질 수밖에 없죠. 남들보다 한 발 앞서 AI 브라우저 시대를 준비하고, 내 업무에 어떻게 적용할지 고민해보길 바랍니다.

1. 프롬프트 없는 세상이 온다

AI 에이전트가 고도화된 미래, 우리의 일상은 어떻게 바뀔까요? 아마도 이런 모습일 겁니다. 퇴근길에 스마트폰에 대고 툭 한마디 던집니다. "10월 16일에 도쿄 시부야로 출장 가는데, 근처 호텔 좀 예약해줘. 내 스타일 알지?" 이 짧은 한마디면 충분합니다.

지금의 챗봇이라면 "어떤 가격대를 원하시나요?" "몇 성급을 찾으시나요?" 되물었겠지만, 진화된 AI 에이전트는 다릅니다. 이 친구는 이미 저에 대한 모든 데이터를 학습해서 기억하고 있습니다. 제가 평소 출장 때 1박에 20만 원 대의 깔끔한 비즈니스 호텔을 선호한다는 점, 잠귀가 밝아 대로변보다는 조용한 골목 안쪽 방을 좋아한다는 점, 아침에는 꼭 피트니스 센터를 이용한다는 사실까지 기억하고 있습니다.

AI는 제 취향과 과거 데이터를 분석해 최적의 호텔을 찾아내고, 미리 연동해둔 법인 카드로 결제까지 단 30초 만에 끝냅니다. 여기서 끝이 아닙니다. 출장 중 짬을 내어 가볼 만한 현지인 라멘 맛집 리스트와 이번 미팅 때 꼭 챙겨야 할 거래처 이슈까지 요약해서 깔끔하게 이메일로 보내줍니다.

우리가 그토록 공부했던 프롬프트 엔지니어링이 더 이상 필요 없는 세상이 오는 겁니다. 복잡한 지시어를 입력하지 않아도, 개떡같이 말해도 찰떡같이 알아듣고 행동까지 완료하는 진짜 비서가 생기는 셈입니다.

2. AI 로봇과 웨어러블 디바이스

AI 에이전트는 좁은 스마트폰이나 컴퓨터 화면 안에만 머물지 않을 겁니다. AI는 이제 '신체'를 갖게 됩니다. 휴머노이드 로봇에 고도화된 AI 모델이 탑재되는 순간, 그 로봇은 단순한 기계가 아니라 나의 손발이 되어주는 물리적 에이전트가 됩니다. 집안일을 대신하고, 무거운 짐을 옮겨주는 영화 속 장면이 현실이 됩니다.

글로벌 빅테크 기업들의 움직임도 심상치 않습니다. 챗GPT를 만든 오픈AI는 물론이고, 메타와 구글도 AI 시대에 걸맞은 새로운 디바이스 개발에 사활을 걸고 있습니다. 그중 가장 주목받는 것이 바로 '스마트 글래스'입니다.

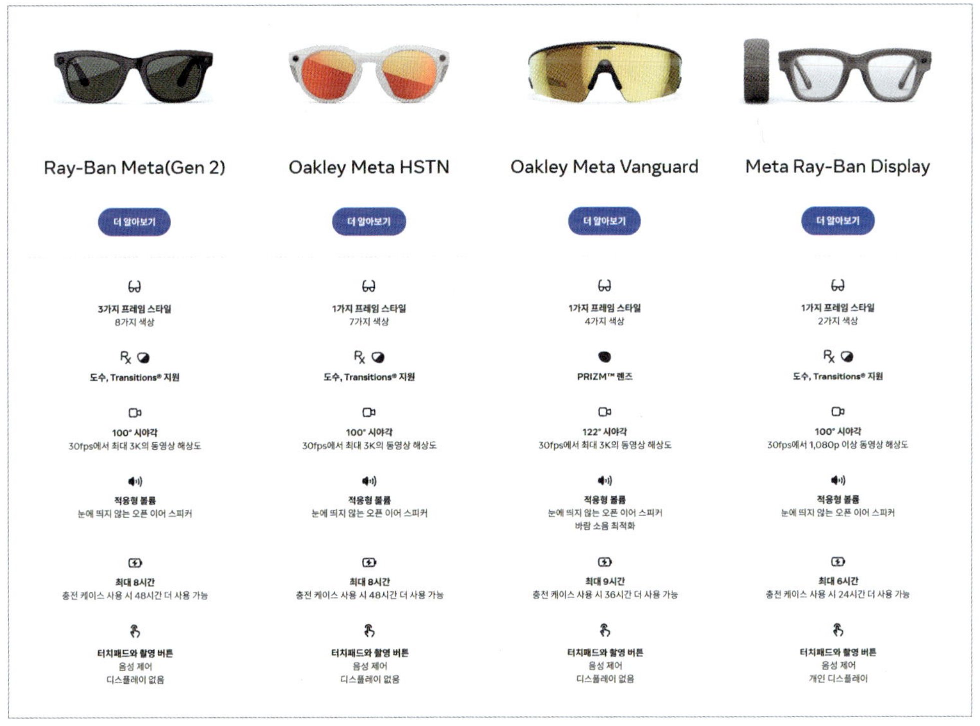

출처: https://www.meta.com/kr/ai-glasses/

생각해보세요. 궁금한 게 생길 때마다 주머니에서 폰을 꺼내 검색하는 건 꽤 번거로운 일입니다. 하지만 안경을 쓰고 있다면 어떨까요? 내가 보는 세상을 AI도 똑같이 바라봅니다. 길을 걷다 마주친 예쁜 간판을 보고 "저기 평점은 어때?"라고 물으면, 안경 속 화면에 즉시 정보가 뜹니다.

최근 구글이나 메타 같은 기업들이 젠틀몬스터(Gentle Monster), 레이밴(Ray-Ban) 같은 아이웨어 브랜드에 관심을 보이거나 협업을 추진하는 이유도 여기에 있습니다. 스마트폰 다음 세상은 'AI 스마트 글래스'가 될 가능성이 매우 높기 때문입니다.

3. 텍스트의 종말, 대화의 시작

지금 우리는 열심히 키보드를 두드려 AI에게 말을 겁니다. 하지만 AI 에이전트 시대의 인터페이스는 '텍스트'에서 '음성'으로 완전히 넘어갈 겁니다. 친구와 카톡을 하다가 급하면 전화를 거는 것처럼, 말은 글보다 훨씬 빠르고 직관적입니다.

영화 〈그녀(Her)〉의 주인공처럼, 우리는 AI와 자연스럽게 대화하며 업무를 처리하고 감정을 나누게 될 겁니다. 실제로 최근 업데이트된 챗GPT나 제미나이의 음성 대화 기능을 써보셨나요? 사람보다 더 사람 같은 억양과 반응 속도에 깜짝 놀랄 겁니다.

영화 〈그녀〉 스틸컷

AI 에이전트 시대는 미래의 이야기가 아닙니다. 이미 시작됐습니다. 지금부터 AI에게 말을 걸어보고, 내 취향을 학습시키며, 이 도구를 내 손발처럼 부리는 연습을 시작해보세요. **남보다 한 발 앞서 AI 에이전트라는 강력한 무기를 손에 쥔 사람만이 미래의 기회를 잡을 수 있습니다.**

요약

- LLM은 '답'만 주지만, AI 에이전트는 계획-수행-완료까지 '알아서' 해결한다.
- GPS 프레임워크로 에이전트에게 명확한 방향을 제시하자.
- AI 에이전트로 리서치, PPT, 노션, 이메일 작성까지 자동화할 수 있다.
- AI 브라우저는 현재 화면을 실시간으로 인식하여 즉각적인 업무 지원을 제공한다.
- 지금부터 AI를 '나만의 비서'로 훈련시키자.

☑ GPS 프레임워크 체크리스트

1. Goal(목표 및 의도)

☐ 작업을 통해 달성하고자 하는 최종 목표는 무엇인가?

☐ 작업의 배경과 핵심 의도를 명확히 파악했는가?

2. Process(과정 및 도구)

☐ 작업에 필요한 툴(이메일, 웹 브라우징, 엑셀, 노션 등)은 무엇인가?

☐ 업무의 흐름을 단계별 순서로 구체화했는가?

3. Structure(결과물 형태 및 스타일)

☐ 최종 결과물의 규격(포맷)과 구체적인 분량은 무엇인가?

☐ 반드시 준수해야 할 스타일 가이드나 벤치마킹 사례가 있는가?

Define ◇ Intend ⟡ Rule ⊞ Elaborate ⬚ Construct ⟡ Test ⊕ Optimize ▭ Reinforce

7장
바이브코딩

최근 실리콘밸리와 테크 업계에서 가장 뜨거운 화두를 하나만 꼽자면 단연 '바이브코딩(Vibe Coding)'입니다. 쉽게 말해, 복잡한 프로그래밍 언어와 문법을 한 줄 한 줄 외워서 타이핑하는 것이 아니라, 우리가 평소에 쓰는 자연어(사람의 말)로 AI에게 지시해서 프로그램을 개발하는 방식을 말합니다.

불과 1년 전만 해도 개발은 철저히 개발자들의 성역이었습니다. 일반인이 넘볼 수 없는 그들만의 리그였습니다. 하지만 그 견고했던 벽이 완전히 무너져 내렸습니다. 실제로 현장에서는 신입 개발자 직군의 채용이 중단되거나 대폭 축소되는 등 심각한 위협을 받고 있습니다.

이는 단순히 신입에게만 국한된 이야기가 아닙니다. 현업에서 시니어급으로 일하는 개발자들에게도 거대한 파도가 덮치고 있습니다. 단순한 도구의 변화 수준이 아닙니다. 직업의 본질 자체가 뿌리째 바뀌고 있습니다.

AI 분야의 레전드 개발자인 안드레이 카파시(Andrej Karpathy)조차 2025년 12월, 충격적인 고백을 했습니다. "프로그래머로서 이렇게 뒤처진다는 느낌은 생전 처음이다"라고 말입니다. 그는 개발자라는 직업이 극적으로 리팩토링(Refactoring, 재설계)되고 있으며, 이제 인간이 직접 코드를 작성하는 비중은 점점 희미해지고 있다고 털어놓았습니다.

이 거대한 흐름은 실리콘밸리 전체를 관통하고 있습니다. 앤트로픽(Anthropic)의 CEO 다리오 아모데이는 2026년 다보스 포럼에서 이렇게 선언했습니다. "우리 엔지니어들은 더 이상 코드를 직접 쓰지 않습니다. AI 모델이 코드를 쓰고, 인간은 그것을 편집하고 검수할 뿐입니다".

바이브코딩의 시대가 도래하면서 개발자의 정의가 바뀌고 있습니다. 이제 개발자는 밤새워 코드를 타이핑하는 사람이 아닙니다. AI라는 압도적인 실력을 갖춘 팀원에게 업무를 지시하고, 그 결과물을 조율하는 디렉터이자 관리자로 진화하고 있습니다. **제가 앞서 프롬프트 엔지니어링 파트에서 강조했던 것처럼, AI를 리드하는 능력이 곧 개발 능력이 되는 시대가 된 것입니다.**

개발자들에게는 위기일지 모르지만 저 같은 비개발자, 마케터, 기획자, 디자이너에게는 단군 이래 최대의 기회가 열렸습니다. 이제 나만의 웹사이트, 우리 제품을 알릴 랜딩 페이지, 반복 업무를 줄여줄 자동화 툴을 남의 손을 빌리지 않고 직접 만들 수 있습니다.

예전 상황을 한번 떠올려볼까요? 신제품 론칭을 위해 간단한 이벤트 페이지 하나를 만들려고 해도 절차가 복잡했습니다. 개발팀에 티켓을 끊어 요청하고, 디자인팀에 시안을 넘기고, 피드백을 주고받으며 수정하는 데 꼬박 2~3일, 길게는 일주일이 걸렸습니다. 그마저도 개발팀 일정이 바쁘면 하염없이 기다려야 했습니다. 외주를 맡기자니 비용은 최소 수백만 원에서 수천만 원이 깨집니다. 아이디어는 있는데 실행할 손발이 묶여 있었습니다.

하지만 이제 Lovable, Cursor, Replit 같은 바이브코딩 툴을 활용하면 이야기가 달라집니다. 제가 직접 해보니 정말 놀라웠습니다. 자, 여러분 AI에게 이렇게 말만 하면 됩니다.

30대 직장인을 타깃으로 한 깔끔하고 신뢰감 있는 모던 스타일의 영양제 판매 랜딩 페이지를 만들어줘. 상단에는 강력한 헤드라인과 구매 전환을 유도하는 버튼을 배치하고, 스크롤을 내리면 실제 고객들의 베스트 후기 3개가 카드 뉴스 형태로 보이게 해줘.

이렇게 구체적으로 지시하면 단 3분 만에 복잡한 코드가 만들어지고, 내 눈앞의 화면에 실제 작동하는 웹 사이트가 마법처럼 나타납니다. 수정하고 싶은 부분이 있나요? 예전처럼 개발자 눈치를 볼 필요가 없습니다. 그냥 말하면 됩니다. "구매 버튼 색깔이 너무 묻히는 것 같아. 우리 브랜드 컬러인 딥 그린으로 바꿔 주고, 버튼 크기를 1.2배 키워서 눈에 띄게 해줘"라고 하면 1분도 안 되어 수정 사항이 반영됩니다.

이것이야말로 진정한 생산성의 혁신입니다. 몇 시간 걸리던 일이 몇 분으로 단축됐고, 며칠 걸리던 프로젝트가 반나절이면 끝납니다. 이제 코딩을 못 해서, 개발자가 없어서 아이디어를 실현 못 한다는 핑계는 더 이상 통하지 않는 시대가 됐습니다.

물론 처음부터 전문가 수준의 완벽한 보안과 아키텍처를 갖춘 서비스를 만들기는 어려울 수 있습니다. 하지만 내 아이디어를 시장에 빠르게 내놓고 검증하는 MVP(Minimum Viable

Product)▪ 수준은 누구나 훌쩍 뛰어넘을 수 있습니다. 굳이 배포까지 하지 않더라도, 내 머릿속 아이디어를 시각적으로 구현해보는 것만으로도 기획의 퀄리티가 높아지고 커뮤니케이션 비용을 획기적으로 줄일 수 있습니다.

사실 욕심을 조금만 더 내서 공부한다면 비개발자도 화면을 구성하는 프론트엔드뿐만 아니라, 데이터를 저장하는 백엔드 DB를 구축하고, 회원가입 로그인 기능을 넣고, 결제 시스템을 연동하고, 심지어 광고 수익을 낼 수 있는 애드센스까지 붙일 수 있습니다. 사실상 웹 서비스의 A to Z를 개발자 없이 혼자서 만들어낼 수 있는 1인 유니콘 기업의 시대가 온 것입니다.

이 책에서 기술적 방법을 모두 다루지는 못하지만, 관심 있는 분들은 꼭 이 흐름에 올라타 보시면 좋겠습니다.

바이브코딩을 잘하는 사람의 특징

반면 이런 불만을 토로하는 분들도 계십니다. "AI가 다 해준다면서요? 제가 해보니까 에러만 계속 나고, 엉뚱한 결과물만 나오던데요. 바이브코딩 아직 멀었어요." 바이브코딩을 처음 접한 분들이 가장 많이 하는 하소연입니다. 왜 그럴까요? AI가 아직 부족해서일까요? 아닙니다. 이유는 간단합니다. AI에게 모든 것을 알아서 해달라고 의존했기 때문입니다.

AI는 여러분의 마음을 읽는 독심술사가 아닙니다. 우리가 인테리어 업자에게 "그냥 알아서 예쁜 집 지어주세요"라고 하면 어떻게 될까요? 십중팔구 엉망진창인 집이 나오거나, 내가 원하던 것과는 전혀 다른 결과물을 받고 잔금 치르며 후회하게 될 겁니다.

AI도 똑같습니다. AI는 엄청난 속도와 기술을 가진 코딩 기술자일 뿐입니다. 무엇을 만들지, 어떤 기능을 넣을지, 디자인 컨셉은 어때야 하는지 결정하는 설계자는 여전히 사람, 바로 여러분이어야 합니다.

▪ MVP: 최소 기능 제품. 고객의 피드백을 반영해 제품을 발전시키기 위한 용도로, 핵심 기능만 구현해서 출시한 초기 모델.

바이브코딩의 핵심은 AI가 알아서 코딩을 해주는 것이 아니라, 내가 원하는 것을 명확하고 디테일하게 지시해서 AI를 내 손발처럼 부리는 데 있습니다. **결국 바이브코딩을 잘하는 사람도 프롬프트를 잘 설계하는 사람, 즉 디테일에 강한 사람입니다.**

안 좋은 프롬프트 예시

"에어비앤비 같은 숙소 예약 사이트 만들어줘. 기능은 알아서 넣어주고 예쁘게 해줘."

이 프롬프트를 받은 AI는 혼란에 빠집니다. '예쁘게'의 기준이 무엇인지, 예약 기능은 어떤 프로세스로 돌아가는지, 결제는 어떻게 할지 아무 가이드가 없기 때문입니다. 결국 겉모습만 그럴듯한 껍데기를 만들어줄 뿐입니다.

바이브코딩 시대의 핵심 역량은 '코딩 실력'이 아니라 '디테일한 기획력'입니다. 내가 만들고 싶은 결과물의 기능을 명확히 정의하고, 구조를 설계해서 AI에게 하나씩 던져줄 수 있어야 합니다.

막막하신가요? 걱정하지 마세요. 코딩을 위한 기획도 공식이 있습니다. 여러분이 바이브코딩을 더 쉽고 효과적이게 할 수 있도록 'CRAFT 프레임워크'를 소개합니다. 이 프레임워크만 있으면 개발자 없이도 상상하는 모든 것을 구현할 수 있습니다.

CRAFT 프레임워크

많은 분들이 '코딩'이라고 하면 복잡한 영어 단어와 수학적인 논리를 먼저 떠올립니다. 하지만 AI 시대의 코딩에서 기술적인 부분보다 훨씬 더 중요한 것이 있습니다. 바로 '디테일'입니다.

제가 늘 강조하는 말이지만, AI는 우리의 생각을 읽지 못합니다. AI에게 "그냥 앱 하나 만들어 줘"라고 말하는 건, 옷가게에 가서 "그냥 아무거나 주세요"라고 말하는 것과 똑같습니다. 멋진 옷이 나올 수도 있지만, 여러분이 선호하지 않는 스타일의 옷이 나올 확률이 더 큽니다. 어떤 기능을 원하고, 버튼은 어디에 있어야 하며, 색감은 어때야 하는지 디테일을 담아야 합니다. 디테일이 실력입니다.

물론 이 CRAFT 프레임워크를 사용한다고 해서 단 한 번에 에러 하나 없는 완벽한 결과물이 나오는 건 아닙니다. 저도 수많은 툴을 다뤄봤지만, 프롬프트를 아무리 잘 써도 수정할 부분은 반드시 생깁니다. 무조건 고쳐 나가야 합니다.

그럼에도 불구하고 왜 굳이 귀찮게 이런 설계서를 써야 할까요? 이유는 명확합니다.

첫 번째, 설계서를 써야 내가 진짜 원하는 게 무엇인지 명확하게 정의할 수 있습니다. 머릿속에 둥둥 떠다니는 추상적인 아이디어를 구체적인 글로 끄집어내는 과정입니다. 내가 무엇을 만들고 싶은지 나조차 모르면, AI는 더더욱 모릅니다. CRAFT를 채우다 보면 스스로 기획이 정리되는 경험을 하게 됩니다.

두 번째, 내 피 같은 돈을 아낄 수 있습니다. 우리가 사용하는 고성능 AI 모델들은 공짜가 아닙니다. 질문을 한 번 할 때마다, 코드를 수정해달라고 할 때마다 크레딧이 차감됩니다. 한 번에 끝낼 수 있는 일을 모호하게 지시해서 네 번, 다섯 번 다시 질문하게 되면? 내 크레딧, 즉 돈이 순식간에 사라집니다.

세 번째, 무엇보다 소중한 시간을 아껴줍니다. AI가 질문을 분석하고, 코드를 짜고, 답변을 출력하기까지 꽤 많은 시간이 걸립니다. 엉뚱한 결과물을 받고 다시 수정 요청을 하고, 또 기다리는 그 지루한 과정을 획기적으로 줄여줍니다. 질문 횟수를 줄이는 것이 곧 퇴근 시간을 앞당기는 길입니다.

CRAFT 프레임워크

Context(맥락 & 목표) → Reference(레퍼런스) → Audience(타깃 오디언스) → Function(핵심 기능) → Tone & Manner(톤앤매너)

AI에게 일을 시키기 전 CRAFT 프레임워크를 통해 가볍게 설계서를 먼저 만들어보세요. 이 설계서 한 장이 여러분의 바이브코딩 라이프를 완전히 바꿔놓을 겁니다.

1. Context(맥락 & 목표): 프로젝트의 비즈니스 목표와 배경을 설명합니다.

- 예시 1) LIXX라는 모자 브랜드의 팝업 스토어 오픈을 알리는 랜딩페이지를 제작해줘. 브랜드의 시크하고 트렌디한 이미지를 온라인에서 선보이며, 방문 예정 고객들에게 기대감을 조성하는 것이 목표야.
- 예시 2) 신규 출시하는 프리미엄 핸드메이드 가죽 지갑 브랜드 'VERSO'의 제품 소개 페이지를 만들어줘. 장인정신과 미니멀한 디자인 철학을 강조하면서, 30~40대 남성 타깃층에게 브랜드 스토리를 효과적으로 전달하고 싶어.

2. Reference(레퍼런스): 원하는 디자인 스타일이나 참고할 만한 사례를 제시합니다.

- 예시 1) 애플의 리퀴드 글래스(Liquid Glass) 디자인 언어를 참고해줘. 반투명한 유리 질감, 부드러운 블러 효과, 미니멀하면서도 깊이감 있는 레이어링 같은 요소를 활용해. (스크린샷을 첨부하고) 이런 스타일로 만들어줘!
- 예시 2) Awwwards[*] 수상작 같은 느낌으로, 에르메스나 발렌시아가 같은 럭셔리 브랜드 웹사이트의 세련된 타이포그래피와 여백 사용을 레퍼런스 삼아줘. 내가 첨부한 레퍼런스 이미지 이 느낌으로 디자인해줘!

3. Audience(타깃 오디언스): 이 서비스를 사용할 주요 사용자층을 명확히 정의합니다.

- 예시 1) 30대 초반 여성으로, 패션에 관심이 많고 트렌드에 민감해. 시크하고 세련된 감각을 추구하며, 브랜드의 철학과 디테일을 중요하게 생각하는 사람들이야.
- 예시 2) 25~35세 직장인 남녀로, 일상에서 실용성과 디자인을 모두 중요하게 여기는 얼리어답터 층. 온라인 쇼핑에 익숙하고 모바일 사용 비중이 높아.

4. Function(핵심 기능): 반드시 포함되어야 할 주요 기능을 나열합니다.

- 예시 1) 팝업 스토어 오픈까지의 실시간 카운트다운 타이머, 위치를 보여주는 인터랙티브 지도, 브랜드 철학을 담은 헤드라인, 반응형 디자인, 부드러운 스크롤 애니메이션이 필요해.
- 예시 2) 제품 이미지 갤러리 슬라이더, 장인 인터뷰 영상 섹션, 소재와 제작 과정 설명 아코디언, 뉴스레터 구독 폼, SNS 링크 연결 기능을 넣어줘.

5. Tone & Manner(톤앤매너): 전체적인 분위기와 표현 방식을 정의합니다.

- 예시 1) 시각적으로는 차갑고 세련된 뉴트럴 컬러 팔레트에 미묘한 그라데이션을 사용하고, 얇고 우아한 폰트로 넉넉한 자간을 줘. 분위기는 럭셔리하지만 접근 가능하게, 인터랙션은 부드럽고 우아한 모션으로 표현해.
- 예시 2) 따뜻하고 자연스러운 어스 톤 컬러(베이지, 브라운, 크림)를 베이스로, 클래식한 세리프 폰트와 모던 산세리프를 믹스해. 카피는 진정성 있고 스토리텔링 중심으로, 전체적인 무드는 장인정신을 느낄 수 있게 절제되고 품격 있게 만들어줘.

■ Awwwards: 전 세계의 혁신적인 웹사이트를 선정해 시상하는 글로벌 플랫폼. 웹 디자인 및 개발 분야의 최신 트렌드를 파악하고 영감을 얻을 수 있는 대표적인 곳.

1. Context(맥락 & 목표)

LIXX라는 모자 브랜드의 팝업 스토어 오픈을 알리는 랜딩페이지를 제작합니다. 브랜드의 시크하고 트렌디한 이미지를 온라인에서 선보이며, 방문 예정 고객들에게 기대감을 조성하는 것이 목표입니다.

2. Reference(레퍼런스)

- 애플의 리퀴드 글래스(Liquid Glass) 디자인 언어: 반투명한 유리 질감, 부드러운 블러 효과, 미니멀하면서도 깊이감 있는 레이어링
- 글래스모피즘(Glassmorphism) 스타일의 UI 요소
- 우아하고 절제된 애니메이션과 트랜지션

3. Audience(타깃 오디언스)

30대 초반 여성으로, 패션에 관심이 많고 트렌드에 민감합니다. 시크하고 세련된 감각을 추구하며, 브랜드의 철학과 디테일을 중요하게 생각합니다. 모바일과 데스크톱 모두에서 자연스럽게 웹을 탐색합니다.

4. Function(핵심 기능)

1. 팝업 스토어 오픈까지의 실시간 카운트다운 타이머(일/시/분/초)
2. 팝업 스토어 위치를 표시하는 인터랙티브 지도(구글맵 또는 카카오맵 임베드)
3. 헤더 영역에 브랜드 철학을 담은 임팩트 있는 헤드라인 카피
4. 반응형 디자인으로 모든 디바이스 대응
5. 부드러운 스크롤 애니메이션과 페이드인 효과

5. Tone & Manner(톤앤매너)

- 시각적 톤: 차갑고 세련된 뉴트럴 컬러(아이보리, 그레이, 베이지, 화이트) + 미묘한 그라데이션
- 타이포그래피: 얇고 우아한 세리프 또는 모던한 산세리프 폰트, 넉넉한 자간과 행간
- 분위기: 럭셔리하지만 접근 가능한, 미니멀하지만 따뜻한, 정적이면서도 역동적인
- 카피 톤: 짧고 강렬하게, 감성적이면서도 자신감 있는 언어 사용
- 인터랙션: 부드럽고 우아한 모션, 과하지 않은 호버 효과, 사용자를 배려하는 UX

구글 AI Studio

구글 AI Studio는 구글의 최신 생성형 AI 모델 제미나이를 브라우저에서 바로 실험하고 활용할 수 있는 개발, 프로토타이핑 도구입니다. 프롬프트 테스트, 텍스트나 이미지 같은 멀티모달 입력 실험, API 연동까지 한 번에 가능합니다. 빠르게 MVP를 만들고, 실제 서비스에 적용할 AI 사용 방식을 검증하는 데 최적화되어 있습니다.

❶ Google AI Studio(https://aistudio.google.com/)에 접속해서 [프롬프트 예시 ①]을 입력했습니다.

❷ 결과물이 완성됐습니다!

단 몇 분만에 메인 이미지와 문구만 수정하면 될 정도로 고퀄리티의 결과물을 만들어줬습니다. 프롬프트를 완벽하게 반영해줬네요. 수정이 필요한 부분이 있으면 다시 프롬프트만 입력하면 됩니다.

CRAFT 프레임워크를 적용한 프롬프트 예시 ❷

1. Context(맥락 & 목표)

GOOD RUN이라는 운동화 브랜드의 신제품 출시를 알리는 랜딩페이지를 제작해줘. 스트리트 컬처와 러닝 문화를 결합한 대담하고 젊은 브랜드 이미지를 표현하며, 2030세대 스니커헤드들에게 강렬한 첫인상을 남기는 것이 목표야.

2. Reference(레퍼런스)

맥시멀리즘 콜라주 스타일로 만들어줘. 순수 블랙 배경에 초대형 화이트 볼드 타이포그래피 "GOOD RUN"을 중심으로 배치하고, 3D 렌더링된 운동화, 트로피, 스톱워치, 메달, 번개 같은 러닝 관련 오브젝트들을 자유롭게 콜라주처럼 배치해. 비대칭 레이아웃과 과감한 오버랩을 활용하고, 힙합/스트리트 컬처의 날것 같은 에너지를 담아줘.(레퍼런스 이미지를 첨부하고) 이 느낌으로 디자인해줘!

3. Audience(타깃 오디언스)

20~35세 젊은 남녀로, 스니커즈 컬처에 관심이 많고 스트리트 패션을 즐기는 사람들이야. 러닝
과 피트니스를 라이프스타일로 받아들이며, SNS에서 자신의 운동 기록과 스타일을 공유하는 것
을 즐기는 얼리어답터층이야.

4. Function(핵심 기능)

신제품 출시 카운트다운 타이머, 운동화 3D 뷰어(360도 회전 기능), "RUN WITH US" CTA 버튼,
브랜드 매니페스토 섹션, 인스타그램/틱톡 피드 연동, 이메일 구독 폼, 스크롤 시 패럴랙스 효과
로 오브젝트들이 역동적으로 움직이는 애니메이션이 필요해.

5. Tone & Manner(톤앤매너)

다크 블랙 배경에 순백의 초대형 임팩트 볼드 타이포그래피를 메인으로, 네온 그린이나 일렉트
릭 블루를 포인트 컬러로 사용해. "GOOD RUN", "MOVE FAST", "NO LIMITS" 같은 직설적이
고 강렬한 카피를 쓰고, 스트리트 컬처와 힙합 감성이 느껴지는 반항적이고 자유로운 에너지를
표현해. 인터랙션은 스크롤 시 오브젝트들이 패럴랙스로 움직이고, 호버 시 3D 운동화가 회전하
는 등 역동적이고 파워풀한 모션으로 만들어줘.

클로드 AI 아티팩트

클로드 AI 아티팩트(Claude Artifacts)는 앤트로픽의 클로드에서 만든 결과물을 별도의 작업
화면으로 정리해주는 기능입니다. HTML, CSS, JS를 바로 보여주고 수정할 수 있어 웹 페이지
나 랜딩 같은 프로토타입을 만들기에 특히 좋습니다. 아이디어를 대화에서 끝내지 않고 바로
쓰이는 화면 형태로 빠르게 구현할 수 있습니다.

❶ 클로드 AI에 접속해서 [아티팩트]를 클릭해주세요.

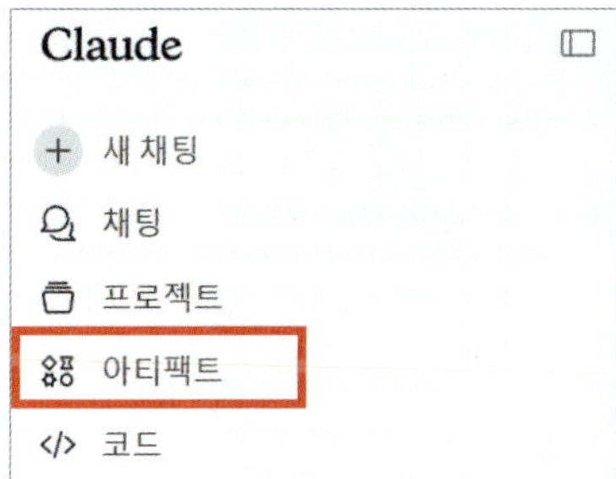

❷ [앱 및 웹사이트]를 클릭하고 [프롬프트 예시 ②]를 입력했습니다.

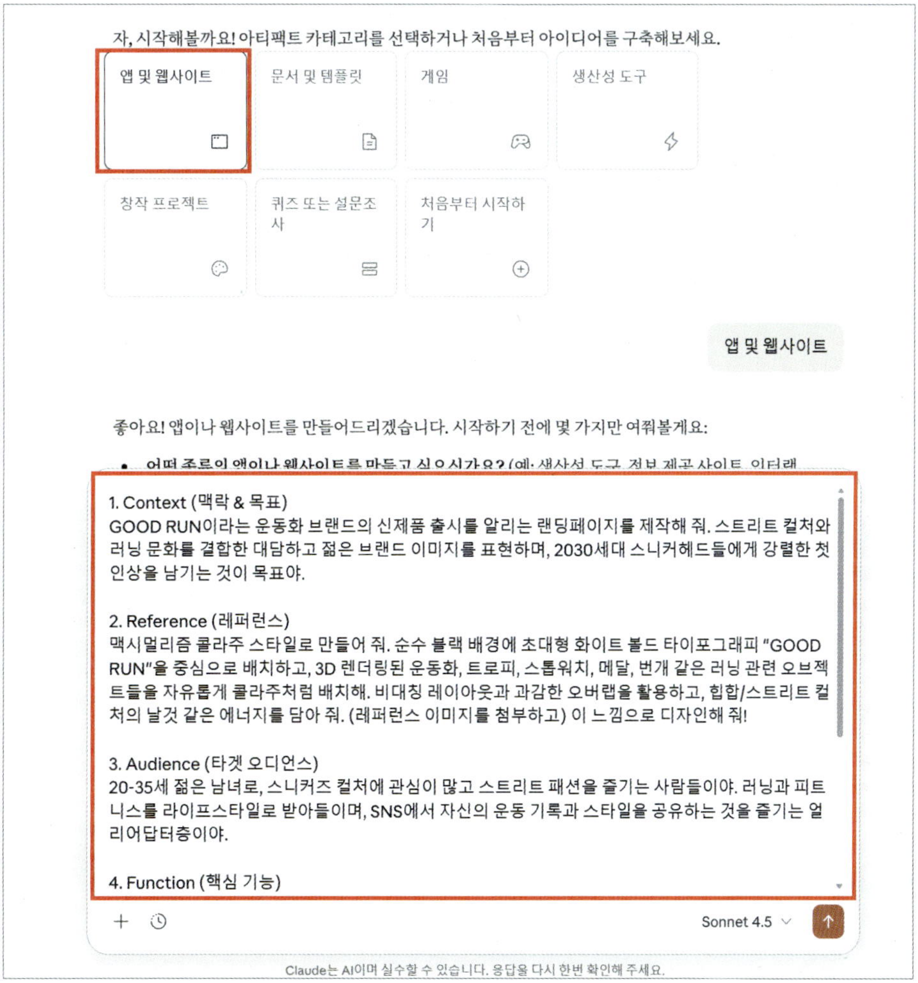

자, 시작해볼까요! 아티팩트 카테고리를 선택하거나 처음부터 아이디어를 구축해보세요.

| 앱 및 웹사이트 | 문서 및 템플릿 | 게임 | 생산성 도구 |
| 창작 프로젝트 | 퀴즈 또는 설문조사 | 처음부터 시작하기 | |

앱 및 웹사이트

좋아요! 앱이나 웹사이트를 만들어드리겠습니다. 시작하기 전에 몇 가지만 여쭤볼게요:

• 어떤 종류의 앱이나 웹사이트를 만들고 싶으신가요? (예: 생산성 도구, 정보 제공 사이트, 인터랙

1. Context (맥락 & 목표)
GOOD RUN이라는 운동화 브랜드의 신제품 출시를 알리는 랜딩페이지를 제작해 줘. 스트리트 컬처와 러닝 문화를 결합한 대담하고 젊은 브랜드 이미지를 표현하며, 2030세대 스니커헤드들에게 강렬한 첫인상을 남기는 것이 목표야.

2. Reference (레퍼런스)
맥시멀리즘 콜라주 스타일로 만들어 줘. 순수 블랙 배경에 초대형 화이트 볼드 타이포그래피 "GOOD RUN"을 중심으로 배치하고, 3D 렌더링된 운동화, 트로피, 스톱워치, 메달, 번개 같은 러닝 관련 오브젝트들을 자유롭게 콜라주처럼 배치해. 비대칭 레이아웃과 과감한 오버랩을 활용하고, 힙합/스트리트 컬처의 날것 같은 에너지를 담아 줘. (레퍼런스 이미지를 첨부하고) 이 느낌으로 디자인해 줘!

3. Audience (타겟 오디언스)
20-35세 젊은 남녀로, 스니커즈 컬처에 관심이 많고 스트리트 패션을 즐기는 사람들이야. 러닝과 피트니스를 라이프스타일로 받아들이며, SNS에서 자신의 운동 기록과 스타일을 공유하는 것을 즐기는 얼리어답터층이야.

4. Function (핵심 기능)

Sonnet 4.5

Claude는 AI이며 실수할 수 있습니다. 응답을 다시 한번 확인해 주세요.

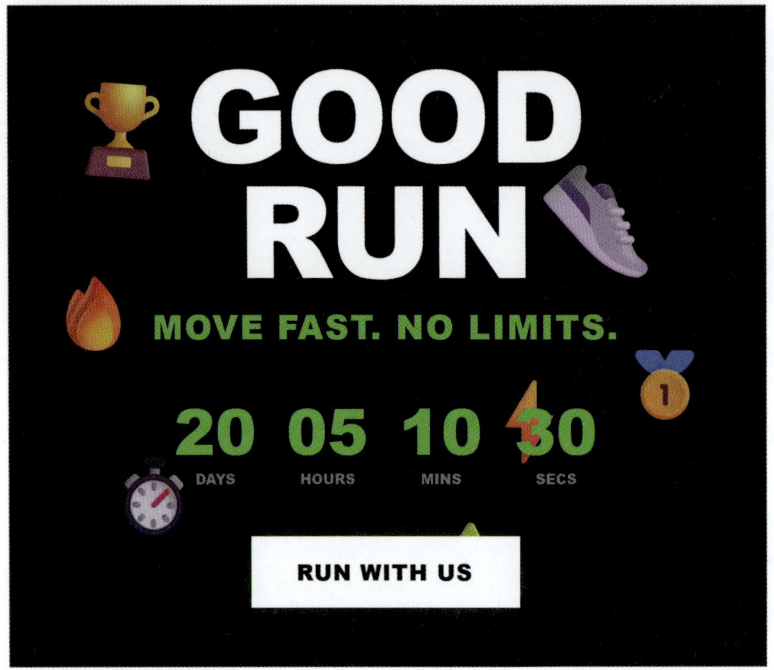

지면 관계상 완성된 모든 페이지를 다 보여드릴 수는 없지만, 결과물은 놀라웠습니다. 제가 입력한 프롬프트의 의도를 완벽하게 파악해서 디자인과 기능이 살아있는 랜딩페이지를 순식간에 만들어줬습니다.

수정하는 방법도 정말 간단합니다. 복잡한 코드를 몰라도 됩니다. 마치 옆에 앉은 동료에게 말하듯, 수정이 필요한 부분을 채팅창에 입력만 하세요. 그럼 클로드가 알아서 코드를 고치고 결과를 보여줍니다.

바이브 코딩을 제대로 즐기기 위해 클로드는 선택이 아닌 필수입니다. 현재 나와 있는 AI 모델 중 코딩 성능만큼은 단연 압도적이라고 평가받고 있기 때문입니다. 현업에서 바이브 코딩을 하는 전문가들에게 지금 당장 딱 하나의 툴만 골라야 한다면 무엇을 선택하겠냐고 물어보세요. 열에 아홉은 주저 없이 클로드를 꼽을 겁니다. 그만큼 코딩 분야에서 클로드가 보여주는 퍼포먼스는 독보적입니다.

1. Context(맥락 & 목표)

"AdCraft AI"라는 AI 기반 제품 광고 이미지 생성 웹 서비스를 만들어줘. 사용자가 제품 사진을 업로드하면 AI가 자동으로 전문가 수준의 광고 비주얼을 생성해주는 서비스야. 1인 창업자, 스몰 비즈니스, 마케터들이 빠르고 저렴하게 퀄리티 높은 광고 이미지를 만들 수 있도록 돕는 것이 목표야.

2. Reference(레퍼런스)

- 히어로 섹션: 미니멀하면서도 임팩트 있는 그라데이션 배경(보라-파랑-핑크 홀로그래픽 그라데이션)에 대형 타이포그래피를 중앙 배치.
- Before/After 비교 슬라이더를 메인 비주얼로 배치해 변화를 즉각적으로 보여줘.
- 애니메이션으로 실시간 이미지 생성 과정이 보이도록 하고, 떠다니는 파티클과 글로우 이펙트를 추가해 미래적인 느낌을 강조해.
- 전체 스타일: 클린하고 모던한 SaaS 스타일.
- 화이트/라이트 그레이 베이스에 그라데이션 악센트.
- 글래스모피즘(frosted glass) 효과를 카드와 UI 요소에 적용해.

3. Audience(타깃 오디언스)

- 25~45세 스몰 비즈니스 오너, 마케터, 1인 창업자, 인플루언서들.
- 디자인 전문 지식은 없지만 퀄리티 높은 비주얼이 필요한 사람들.
- 빠른 결과물과 사용 편의성을 중시하며, 합리적인 가격대의 SaaS 솔루션을 선호하는 실용주의자들.

4. Function(핵심 기능)

- 드래그 앤 드롭 업로드: 이미지 업로드 영역(Before 이미지)
- AI 스타일 선택기: "Minimal Luxury", "Bold Street", "Vintage Film", "Modern Tech" 등 사전 정의된 광고 스타일 템플릿 선택
- 실시간 프리뷰: 생성 진행 과정을 프로그레스 바로 표시
- Before/After 비교 슬라이더: 원본과 생성된 이미지 즉시 비교
- 다운로드 버튼: 고해상도 이미지 다운로드
- 가격 플랜: 무료 체험, 프로, 비즈니스 플랜 비교 테이블

- 샘플 갤러리: 실제 생성 예시 쇼케이스

5. Tone & Manner(톤앤매너)
- 컬러: 화이트 베이스 + 홀로그래픽 그라데이션 악센트(보라-파랑-핑크), 소프트한 그림자와 글로우 이펙트
- 타이포그래피: 클린한 산세리프(예: Clash Display, Satoshi, DM Sans) - 메인 헤드라인은 대담하고 굵게, 바디는 가독성 좋게
- 카피: "Transform Your Product Photos into Stunning Ads in Seconds", "AI-Powered. Professional-Grade. Effortless." 같은 명확하고 혜택 중심적인 메시지
- 인터랙션: 호버 시 카드가 살짝 떠오르며 글로우 효과 스크롤 시 페이드인 애니메이션 이미지 업로드 시 파티클 효과와 함께 AI 생성 애니메이션 Before/After 슬라이더는 부드러운 드래그 인터랙션 버튼에 은은한 펄스 애니메이션
- 무드: 전문적이면서도 친근하고 접근하기 쉬운 느낌. 기술적인 복잡함은 숨기고 결과물의 퀄리티를 강조. 신뢰감과 혁신성을 동시에 전달.

Lovable AI

러버블 AI(Lovable AI)는 말로 설명하면 제품을 만드는 바이브 코딩 AI 툴로, 디자인 감각이 뛰어난 UI를 자동으로 구현하는 것이 강점입니다. 초기 결과물부터 완성도가 높아 디자이너 없이도 바로 써먹을 수 있습니다. 앤트로픽의 클로드나 구글 AI Studio가 주로 실험, 프로토타이핑 중심이라면, Lovable은 바로 서비스화에 가깝습니다. Supabase 연동을 기본으로 지원해 인증, DB, 배포까지 연결이 매우 쉽습니다. 이미 유니콘 기업으로 평가받고 있으며, Lovable로 만든 MVP들이 다수의 실제 투자 사례로 이어졌습니다. 이와 유사한 서비스로는 Replit(https://replit.com/)과 Cursor(https://cursor.com/)가 있습니다.

❶ Lovable AI(https://lovable.dev/)에 접속해서 [프롬프트 예시 ③]을 입력했습니다.

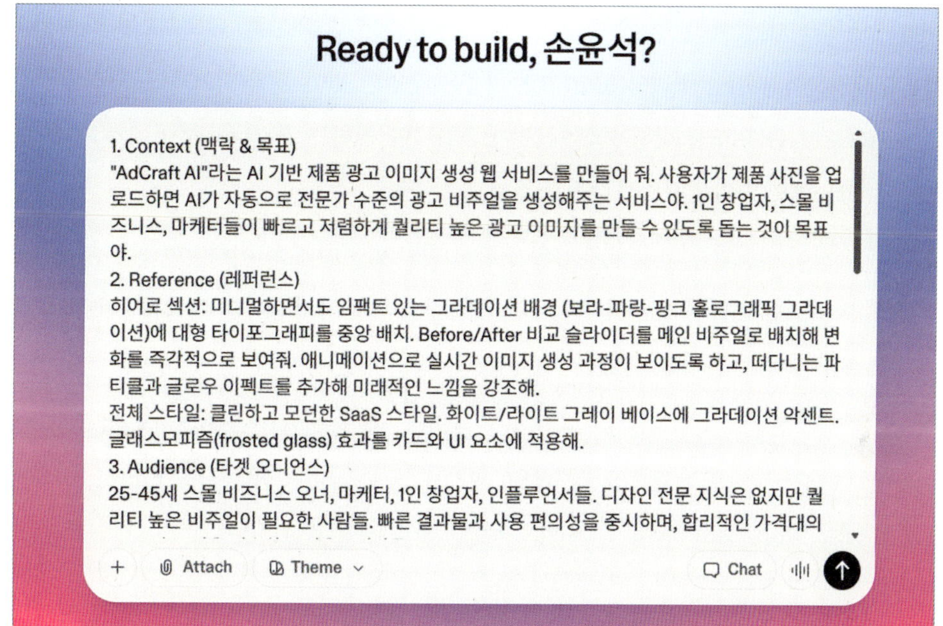

❷ 결과물이 완성됐습니다.

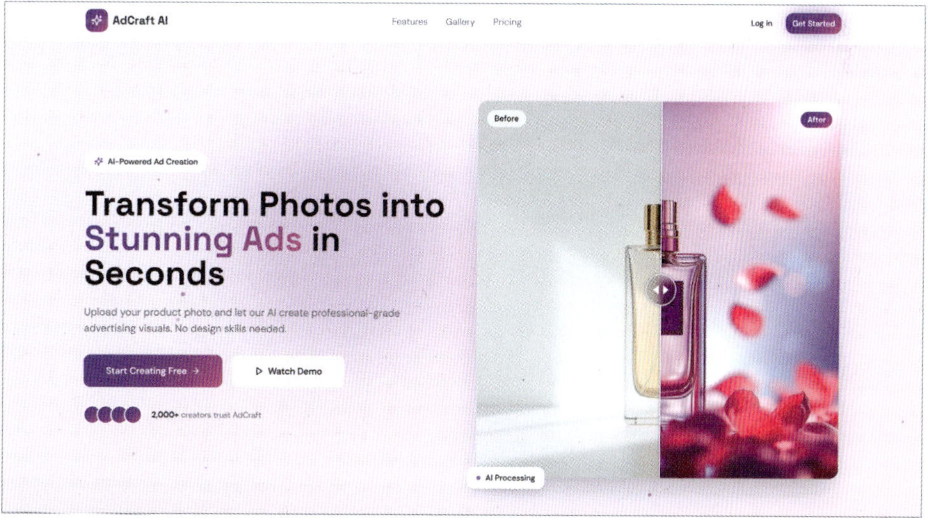

수정할 필요가 없을 정도로 고퀄리티의 웹 서비스가 순식간에 만들어졌습니다. 결과물을 보고 정말 놀랐습니다. 불과 몇 년 전까지만 해도 이런 수준의 웹사이트를 구축하려면 기획자, 디자이너, 개발자까지 팀을 꾸려야 했습니다. 비용은 수천만 원이 훌쩍 넘어가고, 기간도 최소 몇 달은 걸렸습니다. 외주를 맡겨 보신 분은 아실 겁니다. 원하는 퀄리티를 뽑아내기 위해 얼마나 많은 커뮤니케이션 비용과 스트레스가 들어가는지를요.

하지만 세상이 바뀌었습니다. 이제는 월 구독료 몇만 원, 그리고 아이디어만 있으면 됩니다. AI 기술의 발전으로 개발의 문턱이 바닥까지 낮아졌습니다. 아이디어만 확실하다면 방구석에서도 글로벌 서비스를 론칭할 수 있는 시대가 된 것입니다.

물론, 냉정한 현실도 짚고 넘어가야 합니다. 화려한 겉모습만으로는 비즈니스가 굴러가지 않습니다. 실제로 고객이 결제하고, 데이터가 쌓이는 '진짜 서비스'가 되려면 도메인 연결, PG사(결제) 연동, 데이터베이스(DB) 구축 같은 백엔드 지식이 필요합니다.

여기서 많은 분들이 막막함을 느끼실 수 있습니다. 그렇다면 Lovable 같은 노코드 AI 툴을 어떻게 활용해야 할까요? 스마트한 유저들은 이렇게 움직입니다.

머릿속에만 있던 아이디어를 실제로 작동하는 듯한 고퀄리티 비주얼로 구현합니다. 백 마디 말보다 눈앞에서 돌아가는 화면 하나가 훨씬 강력합니다. 이 완성된 비주얼을 들고 투자자를 만납니다. 혹은 이 프로젝트를 실제로 구현해줄 개발자를 찾아가 보여줍니다. "우리가 만들려는 게 바로 이겁니다"라고 말입니다. 기획서 100장보다 명확한 프로토타입이 상대방을 설득하는 데 훨씬 효과적입니다.

이제는 코딩 실력 싸움이 아닙니다. 아이디어 싸움이고, 실행력 싸움입니다. 기술적인 장벽 때문에 포기했던 아이디어가 있다면 지금 당장 꺼내보세요. 완벽하지 않아도 괜찮습니다. 일단 시각화하고, 사람들에게 보여주고, 반응을 얻으세요. 여러분의 아이디어가 현실이 되는 그 과정을 응원합니다.

바이브코딩 잘하는 사람들의 특징

바이브 코딩으로 무언가를 만들기 위해 이제 깊은 코딩 지식은 필수가 아닙니다. 물론 개발 지식이 있다면 AI가 작성한 코드를 검수하거나 디테일을 잡는 데 훨씬 유리합니다.

하지만 이제는 개발 능력보다 훨씬 더 중요한 역량이 있습니다. 바로 "제품 기획"입니다. 그래서 우리는 감독이 되어야 합니다. "그냥 멋진 웹사이트 하나 만들어줘"라고 하면 AI는 엉뚱한 결과물을 내놓습니다.

우리가 원하는 것을 정확하게 뽑아내려면, 개발자와 소통할 수 있는 최소한의 '공통 언어'를 알아야 합니다. 웹사이트 제작을 예로 들어보겠습니다. 적어도 아래 개념들은 이해하고 있어야 Lovable이나 챗GPT 같은 툴에게 '디테일'한 지시를 내릴 수 있습니다.

1. 레이아웃 & 구조

1	헤더(Header)	로고, 메뉴 등이 포함된 최상단 영역
2	네비게이션(Navigation)	다른 페이지로 이동하기 위한 메뉴 시스템
3	히어로 섹션(Hero Section)	메인 화면에서 가장 먼저 보이는 대형 홍보 영역
4	사이드바(Sidebar)	화면 좌우측의 보조 정보나 메뉴 공간
5	푸터(Footer)	저작권 및 연락처 정보가 담긴 최하단 영역

2. UI 컴포넌트

1	카드(Card)	이미지와 정보를 묶어 보여주는 박스 형태의 단위
2	모달(Modal)	화면 위에 겹쳐서 나타나는 중요한 알림 창
3	드롭다운(Dropdown)	클릭 시 아래로 목록이 펼쳐지는 선택 메뉴
4	캐러셀(Carousel)	여러 이미지를 좌우로 넘겨보는 슬라이드 방식
5	배지(Badge)	새로운 소식이나 상태를 숫자로 알리는 작은 라벨

3. 인터랙션 & 반응형

1	클릭/탭(Click/Tap)	마우스나 손가락으로 누르는 가장 기본적 행위
2	호버(Hover)	마우스 커서를 올렸을 때 나타나는 시각적 반응
3	스크롤(Scroll)	화면을 위아래로 밀어 위치를 옮기는 동작
4	스와이프(Swipe)	화면을 옆으로 밀어 넘기는 모바일 전용 동작
5	툴팁(Tooltip)	마우스를 올리면 나타나는 작은 도움말 창
6	반응형(Responsive)	기기 화면 크기에 맞춰 모습이 변하는 디자인 방식
7	모바일 퍼스트(Mobile First)	스마트폰 화면을 기준으로 먼저 설계하는 전략

4. 디자인 트렌드

1	벤토 박스 UI (Bento Box UI)	화면을 다양한 크기의 직사각형 그리드로 나누어 정보를 배치하는 레이아웃
2	마이크로 인터랙션 (Micro-interactions)	클릭, 호버 등 사용자 동작에 반응하는 미세하고 부드러운 효과
3	글래스모피즘 (Glassmorphism)	반투명성과 배경 흐림을 통해 유리판을 덧댄 듯한 입체감을 주는 디자인 기법
4	로티 애니메이션 (Lottie Animations)	용량이 매우 작으면서도 화질 저하가 없는 벡터 기반의 애니메이션 기술
5	스크롤리텔링 (Scrollytelling)	스크롤 동작에 따라 콘텐츠를 동적으로 노출하여 몰입감을 주는 연출 방식

이런 용어들을 알고 있으면 "히어로 섹션에 CTA 버튼 넣고, 그 아래 3열 그리드로 카드 배치해줘. 모바일에선 1열로 바뀌게 반응형으로" 같은 구체적인 수정 지시가 가능해집니다. 이런 개념 없이 AI에게 던지는 프롬프트는 대부분 실패합니다. 영상을 만들 때 촬영 관련 키워드를 아는 것이 중요하듯이 웹 개발에서도 웹 개발자들이 쓰는 용어를 알고 있어야 AI에게 명확하게 지시할 수 있습니다.

바로 시작하세요. 완벽한 기획서가 필요한 게 아닙니다. 머릿속 아이디어를 위 용어들로 대화하듯 설명하면 됩니다. "로그인 폼 만들어줘"보다 "헤더 아래 중앙에 카드 형태로 로그인 폼 배치하고, 입력 필드는 이메일이랑 비밀번호. 아래 CTA 버튼은 파란색으로"라고 말하는 것. 이 정도만 해도 AI는 당신이 원하는 걸 만들어냅니다. 첫 결과물이 마음에 안 들면? 다시 말하면 됩니다. 코드를 모르는 건 문제가 아닙니다. 내가 뭘 만들고 싶은지 아는 게 전부입니다.

주말에 딱 2시간만 내서 한번 체험해보세요. 완성하지 못해도 괜찮습니다. 중요한 건 "아, 기술이 여기까지 왔구나"를 몸으로 느끼는 것입니다. 그 경험 하나가 마인드를 완전히 바꿔놓습니다. 가능성의 범위가 넓어지고, 대화의 수준이 달라집니다.

바이브 코딩은 개발자가 되라는 이야기가 아닙니다. 기술이 어디까지 왔는지 체감하고, 그 도구를 내 일에 어떻게 활용할지 상상력을 키우라는 것입니다. 그 시작은 주말 2시간이면 충분합니다.

요약

- 바이브코딩은 자연어로 AI에게 지시하여 프로그램과 서비스를 즉시 구현하는 방식이다.
- 단순 코딩 실력보다 내가 원하는 결과물을 정교하게 설계하는 '디테일한 기획력'이 핵심이다.
- CRAFT 프레임워크를 활용해 체계적으로 지시함으로써 시행착오를 줄이고 완성도를 극대화할 수 있다.
- Lovable, 클로드, Cursor 같은 바이브 코딩 툴로 누구나 자신이 상상한 웹사이트와 서비스를 직접 완성할 수 있다.

☑ CRAFT 프레임워크 체크리스트

1. Context(맥락 & 목표)

☐ 프로젝트의 핵심 목표와 달성하고자 하는 성과는 무엇인가?

☐ 프로젝트의 추진 배경과 현재 상황을 명확히 기술했는가?

2. Reference(레퍼런스)

☐ 지향하는 디자인 스타일과 벤치마킹 사례를 구체적으로 제시했는가?

□ 컨셉 이해를 도울 시각적 자료(이미지, URL 등)를 첨부했는가?

3. Audience(타깃 오디언스)

□ 핵심 타깃의 인구통계학적 특성(연령, 성별 등)과 주요 관심사를 정의했는가?

□ 사용자의 주요 니즈(Needs)와 행동 패턴(Behavior)을 분석했는가?

4. Function(핵심 기능)

□ 필수적으로 구현해야 할 기능의 우선순위를 정립했는가?

□ 각 기능의 작동 원리와 프로세스를 구체적으로 명시했는가?

5. Tone & Manner(톤앤매너)

□ 브랜드 아이덴티티를 반영한 컬러, 타이포그래피, 무드를 설정했는가?

□ 사용자에게 전달할 시각적 분위기와 커뮤니케이션 톤을 규정했는가?

칼릭스가 추천하는 AI 툴 5가지

이 책의 원고를 마무리하며 사실 아쉬운 마음이 꽤 컸습니다. 지금 이 순간에도 세상에는 정말 놀랍고 유용한 AI 툴이 쏟아져 나오고 있거든요. 그 모든 것을 이 책 한 권에 다 담고 싶었지만, 물리적인 한계가 있었습니다.

무엇보다 AI 툴의 인터페이스와 기능은 정말 빠르게 업데이트됩니다. 오늘 설명해드린 버튼 위치가 내일은 바뀔 수도 있습니다. 수영을 글로만 배울 수 없는 것처럼, 툴의 구체적인 조작법이나 디테일한 활용 팁은 텍스트보다 생생한 영상을 통해 눈으로 직접 보고 따라 하는 게 훨씬 효율적입니다.

그래서 저는 이 책의 방향을 '변하지 않는 본질'에 맞췄습니다. 툴이 업데이트되더라도 흔들리지 않을 탄탄한 기준, 바로 DIRECTOR와 CREATOR 같은 '프레임워크'를 전달하는 데 집중했습니다.

하지만 프레임워크라는 뼈대를 세웠다면, 이제 그 위에 살을 붙여줄 강력한 무기가 필요합니다. 이론만으로는 야근을 없앨 수 없으니까요. 그래서 마지막 장에는 실무 현장에서 마케터와 기획자들이 당장 써먹을 수 있는 AI 툴 5가지를 엄선해봤습니다.

이 툴들은 여러분의 업무 시간을 획기적으로 줄여주는 것은 물론 "이거 혼자 다 한 거야?"라는 소리를 듣게 해줄 비장의 무기가 될 겁니다. 마케팅, 콘텐츠 기획, 브랜딩 업무를 하고 있다면 놓치지 말고 꼭 한번 활용해보세요.

회의하면서 메모하느라 대화에 집중을 못한 적 있으실 겁니다. 티로(TIRO)는 그 문제를 해결 해줍니다. 국내 스타트업에서 만든 툴이라 한국어 인식 정확도가 특히 뛰어납니다.

주요 기능

- 실시간으로 대화를 텍스트로 변환하고 자동 요약

- 15개 언어 실시간 번역(영어 회의도 문제 없음)

- 템플릿 선택만으로 회의록 자동 완성

- 슬랙, 노션 같은 툴에 바로 연동 가능

실제 사용 예시

예시 ❶ 팀 회의

매주 월요일 오전 10시, 마케팅 팀 주간회의가 있습니다. 보통 1시간 정도 진행되는데, 예전엔 회의하면서 열심히 메모했지만 막상 끝나고 보면 놓친 내용도 많고, 회의록 정리하는 데도 시간이 걸렸습니다.

티로를 쓰기 시작하면서는 회의 시작할 때 녹음 버튼만 누르면 됩니다. 회의 중에 누가 뭐라고 했는지 실시간으로 텍스트가 쌓이고, 회의가 끝나자마자 템플릿 하나 클릭하면 주요 안건, 결정 사항, 담당자별 할 일이 정리된 회의록이 3초 만에 나옵니다. 팀원들한테는 링크로 간편하게 공유할 수 있어서 생산성이 크게 증가했습니다.

특히 해외 본사나 글로벌 팀과 줌 미팅할 때 더 유용합니다. 영어로 진행되는 회의도 실시간으로 한국어로 번역되어 기록되니까 듣다가 놓친 부분도 바로 확인할 수 있고, 회의 후에는 한국어로 정리된 회의록을 받아볼 수 있습니다.

예시 ❷ 컨퍼런스 & 강의

업계 컨퍼런스나 온라인 강의를 들을 때 유용합니다. 발표 내용을 실시간으로 기록해두면 나중에 핵심 내용을 빠르게 찾아볼 수 있고, 영어 강의도 한국어로 번역되어 저장되니까 복습할 때 훨씬 편합니다.

인스타그램에서 일일이 댓글을 확인하고 DM 보내느라 시간을 보내시나요? 매니챗(Manychat)이 자동으로 처리해줍니다. 제가 인스타그램을 10만까지 성장시키는 데 가장 큰 역할을 한 AI 자동화 툴입니다.

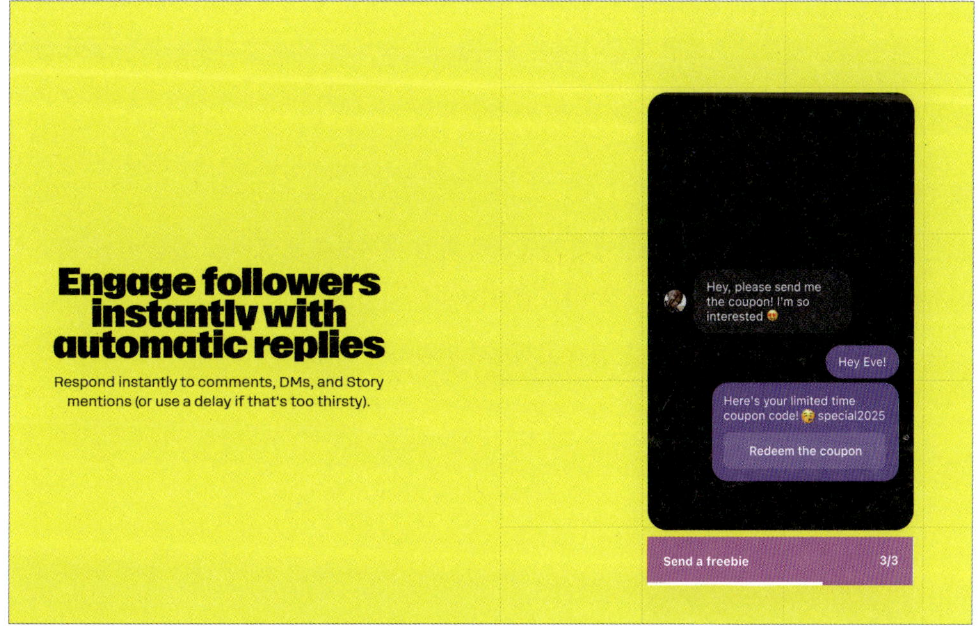

주요 기능

- 특정 키워드 댓글에 자동으로 DM 발송
- 새로운 팔로워에게 환영 메시지 자동 전송
- 인스타그램 스토리, 릴스 반응 자동화
- 챗봇 시나리오 설정으로 고객 응대 자동화

실제 사용 예시

예시 ❶ 릴스 댓글 자동화

마케팅 담당자로 일하면서 인스타그램 릴스에 신제품 소개 영상을 올렸습니다. 영상 마지막에 "더 자세한 정보가 궁금하시면 댓글에 '가이드'라고 남겨주세요. DM으로 링크 공유해드리겠습니다"라고 멘트를 넣었습니다.

예전 같았으면 댓글을 하나하나 확인하면서 수동으로 DM을 보내야 했는데, Manychat을 설정해두니 "가이드"라고 댓글을 남긴 사람에게 자동으로 제품 구매 링크가 DM으로 전송됩니다. 밤에 올라온 댓글이든 주말 댓글이든 즉시 자동 응답되니까 잠재 고객을 놓치는 일이 없어졌습니다.

예시 ❷ 신규 팔로워 환영 메시지

브랜드 계정을 새로 팔로우한 사람에게 자동으로 환영 메시지를 보낼 수도 있습니다. "팔로우 감사합니다! 첫 구매 시 사용 가능한 10% 할인 쿠폰을 드릴게요"라는 메시지와 함께 쿠폰 코드를 자동으로 전송하면, 팔로워를 실제 고객으로 전환하는 데 효과적입니다.

실제 사용 예시

프롬프트만 입력하면 AI가 음악을 만들어줍니다. 더 이상 저작권 걱정하지 마세요.

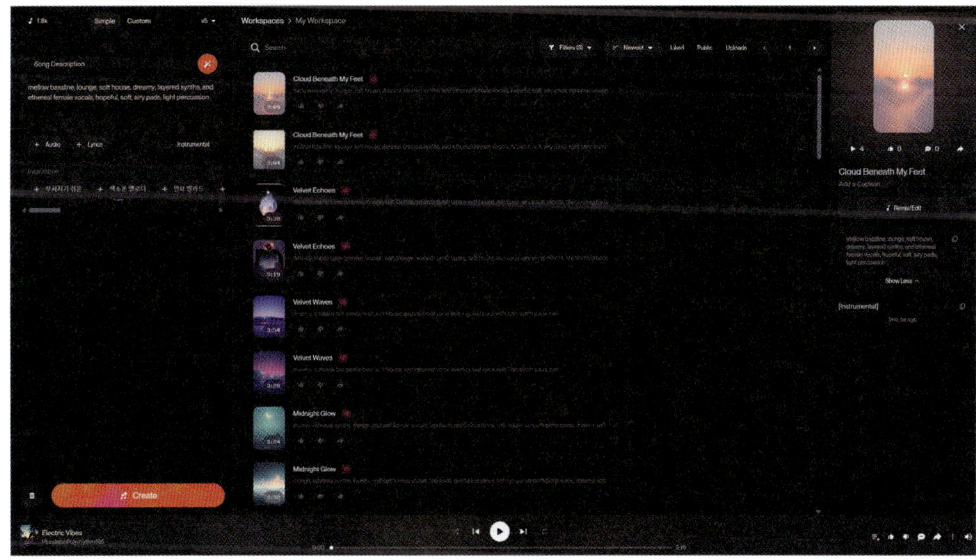

주요 기능

- 텍스트 프롬프트로 음악 자동 생성
- 장르, 분위기, 템포 등 세부 설정 가능
- 보컬 포함/미포함 선택 가능
- 생성된 음악은 상업적 이용 가능

실제 사용 예시

예시 ❶ 유튜브 콘텐츠 제작

유튜브 채널을 운영하면서 매번 영상 엔딩곡이 고민이었습니다. 무료 음원 사이트를 뒤져봐도 채널 분위기에 딱 맞는 음악을 찾기 어려웠고, 매번 비슷한 음악만 쓰다 보니 채널 정체성도 약해지는 느낌이었습니다. 수노(Suno)를 사용하면서는 "밝고 경쾌한 신스팝, 15초 인트로, 업 비트 템포"처럼 원하는 느낌을 입력하면 몇 초 만에 음악이 생성됩니다. 마음에 드는 버전이 나올 때까지 여러 번 생성해볼 수 있고, 내 채널만의 시그니처 사운드를 만들 수 있게 됐습니다.

예시 ❷ 소셜미디어 홍보 영상

인스타그램 릴스나 광고 영상을 만들 때도 유용합니다. "긴장감 있는 일렉트로닉, 30초, 드럼 강조"라고 입력하면 제품의 특성에 맞는 배경음악이 만들어집니다. 저작권 걱정 없이 상업적으로도 사용할 수 있어서, 저작권 문제 없는 음원이 필요할 때 스톡 사이트를 쓰는 것보다 더 효과적입니다.

예시 ❸ 개인 플레이리스트

업무할 때 듣는 플레이리스트를 직접 만들기도 합니다. "집중력을 높이는 로파이 힙합, 보컬 없음"이라고 입력하면 내 취향에 딱 맞는 음악이 생성됩니다. 기존 음악 스트리밍 서비스에서는 찾기 힘든, 나만의 음악을 만들 수 있습니다.

구글이 만든 AI 리서치, 학습 AI 툴입니다. 무료로 사용할 수 있습니다. 방대한 자료 속에서 필요한 정보만 쏙쏙 뽑아내고, 심지어 팟캐스트로도 만들어줍니다.

주요 기능

- 여러 문서(PDF, PPT, 메모 등)를 한 번에 업로드하고 요약

- 업로드한 자료 기반으로만 답변(환각 현상 최소화)

- 문서 내용을 AI 팟캐스트로 자동 변환

- 자료 간 연결고리 파악 및 인사이트 도출

실제 사용 예시

예시 ❶ 프로젝트 리서치

신규 프로젝트를 시작하면서 참고해야 할 자료가 산더미처럼 쌓였습니다. 경쟁사 분석 PDF 10개, 내부 기획서 PPT 5개, 시장 조사 보고서 문서 등 총 30개가 넘는 파일을 다 읽으려면 며칠은 걸릴 것 같았습니다. 노트북LM(NotebookLM)에 모든 파일을 업로드하고 "경쟁사들의 주요 전략과 우리가 차별화할 수 있는 포인트를 정리해줘"라고 지시했습니다. 몇 초 만에 핵심 내용이 정리되어 나왔고, "A사의 가격 전략에 대해 더 자세히 알려줘" 같은 후속 질문을 통해 필요한 인사이트를 빠르게 얻을 수 있었습니다.

예시 ❷ 개인 지식 관리

몇 년 동안 쌓아둔 업무 노트와 메모가 수백 개 됩니다. 예전에 정리해둔 내용이 분명 있는데 어디에 저장했는지 찾느라 시간을 낭비할 때가 많았습니다. NotebookLM에 내 노트들을 업로드해두면 "작년에 정리했던 마케팅 캠페인 성과 분석 내용 찾아줘"라고 물어보기만 하면 됩니다. 여러 문서에 흩어져 있던 정보를 한 번에 모아서 보여주니, 내 두뇌의 외장 하드처럼 활용할 수 있습니다.

예시 ❸ 이동 중 학습

읽어야 할 논문이나 보고서가 있는데 텍스트로 읽기엔 너무 어렵고 지루할 때가 있습니다. NotebookLM의 팟캐스트 기능을 사용하면 문서 내용을 두 명의 진행자가 대화하는 형식의 오디오로 변환해줍니다. 출퇴근길이나 운동할 때 이어폰을 끼고 듣기만 하면 되니까, 따로 시간을 내지 않아도 자연스럽게 학습할 수 있습니다. 딱딱한 학술 논문도 대화 형식으로 들으니 훨씬 이해하기 쉬워졌습니다.

국내 스타트업에서 만든 서비스로, 전 세계 많은 연구자들이 사용하고 있습니다. 논문 기반으로만 답변하니 할루시네이션 걱정이 없습니다.

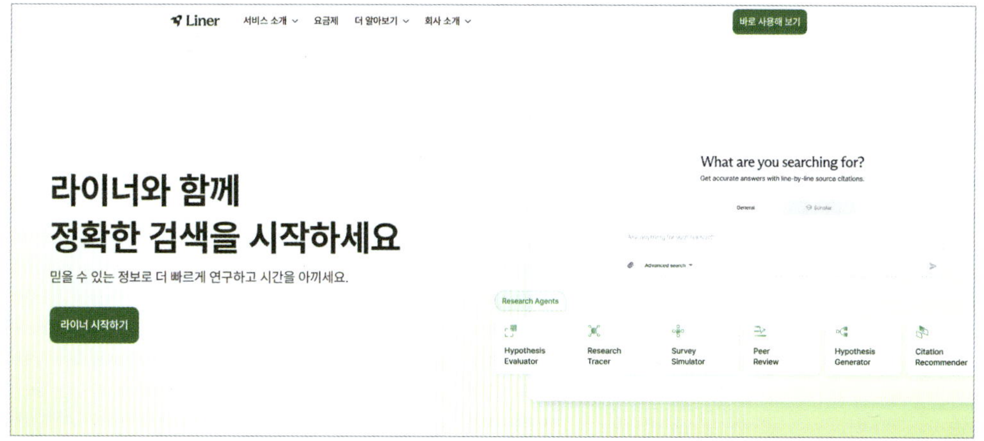

주요 기능

- 방대한 학술 논문 데이터 기반 답변
- 모든 답변에 정확한 출처와 인용 횟수 표시
- 클릭 한 번으로 인용 형식 자동 생성
- PDF 논문 업로드 및 분석 가능

실제 사용 예시

예시 ❶ 문헌 조사

석사 논문을 쓰면서 관련 선행 연구를 찾아야 했습니다. 구글 스칼라에서 키워드를 검색하면 수천 개의 논문이 나오는데, 어떤 논문이 정말 중요한지 판단하기 어려웠습니다. 라이너(Liner)에 "딥러닝을 활용한 의료 영상 진단의 최신 연구 동향"이라고 질문했더니, 관련 핵심 논문들을 정리해서 보여주고 각 논문의 인용 횟수와 주요 기여도를 함께 알려줬습니다. 논문 간의 연결고리와 연구 흐름까지 설명해줘서 문헌 조사 시간이 크게 단축됐습니다.

예시 ❷ 정확한 출처 및 인용

보고서를 작성하면서 특정 통계나 주장의 출처가 필요했습니다. 챗GPT에 물어보면 그럴듯한 답변은 나오지만 출처가 불명확하거나 틀린 경우도 있었습니다. Liner는 모든 답변에 출처 논문을 명확히 표시해주고, 클릭 한 번으로 원하는 인용 형식(APA, MLA 등)을 자동 생성해줍니다. 할루시네이션 걱정 없이 신뢰할 수 있는 자료로 작업할 수 있습니다.

◆ ◆ ◆

지금까지 AI 고수들이 현업에서 실제로 사용하는 툴, 그리고 제가 수많은 시행착오를 겪으며 직접 활용하고 검증한 툴 중에서도 가장 성능이 확실한 것들만 엄선해서 소개해드렸습니다. 아무리 좋은 최신 AI 툴을 안다고 해도, 여러분이 직접 로그인하고 프롬프트를 입력해보지 않으면 아무 의미가 없습니다. 요리책을 백 번 읽어도 직접 칼을 잡고 불을 켜지 않으면 요리사가 될 수 없는 것과 같습니다. 좋은 툴을 아는 것보다 더 중요한 건, 그 툴을 내 손으로 직접 활용해 보는 '실행력'입니다.

지금 이 순간에도 매일매일 새로운 AI 툴이 쏟아져 나오고 있습니다. 어제 배운 것이 오늘 구형이 될까 봐 두려우신가요? 완벽한 툴, 완벽한 타이밍을 찾으려고 기다리지 마세요. 단 한 번에 완벽한 것은 없습니다. 일단 시작하고 고객의 반응을 보며 수정해나가는 게 정답인 것처럼 AI 활용도 마찬가지입니다. 이 책에서 다룬 수많은 AI 툴 중 딱 하나라도 좋습니다. 지금 당장 컴퓨터를 켜고, 혹은 스마트폰을 열어 단 1개라도 꼭 실행해보길 바랍니다. 블로그를 쓰든, 사진을 만들든, 리서치를 하든 일단 부딪혀보세요.

AI를 실제 활용해본 사람과 관망만 했던 사람의 격차는 우리가 상상하는 것보다 훨씬 더 빠르게, 그리고 거대하게 벌어질 겁니다. AI는 선택이 아니라 필수 생존 스킬입니다. AI로 여러분의 한계를 뛰어넘고 더 넓은 세상으로 나아가길 진심으로 응원합니다.

나가며

요즘 뉴스를 보면 휴머노이드 로봇이 사람처럼 능숙하게 업무를 처리하는 장면이 자주 등장합니다. 그 모습을 보며 단순히 신기하다는 감정을 넘어, 섬뜩함을 느끼는 분도 계실 겁니다. 인간의 일자리가 위협받고 있다는 신호이기 때문입니다. 대기업들은 이미 로봇을 도입해 인건비를 절감하고 생산성을 극대화하는 작업을 진행하고 있습니다.

단순 육체 노동자들의 일자리만 위험한 것이 아닙니다. 지식 노동자도 마찬가지입니다. 이제 AI로 코딩, 사진, 영상, 글, 음성, 음악 등 크리에이티브의 모든 영역을 만들어낼 수 있습니다. 심지어 갓 입사한 신입 사원보다 AI가 훨씬 더 빠르고 정확하게 결과물을 내놓습니다. 기업들이 신입 사원 채용을 줄이는 이유가 여기에 있습니다. 특히 개발자 시장에서는 이미 AI를 활용하지 못하는 사람을 찾는 것이 더 어려울 정도가 됐습니다.

전문직이라고 해서 안전지대는 아닙니다. 테크 기업들은 헬스케어 데이터에 집중하며 AI가 진단하고, 수술까지 집도하는 기술을 개발하고 있습니다. 의사도, 변호사도, 회계사도 이제 AI와 경쟁해야 하는 시대입니다.

"어떻게 하면 이 거대한 AI의 파도 속에서 살아남을 수 있을까? 어떻게 하면 대체 불가능한 존재가 될 수 있을까?" 이 책을 읽는 여러분도 이런 고민을 하고 계실 겁니다. 솔직히 말씀드리면, 저도 가끔은 무섭습니다. "지금 내가 하고 있는 이 일을 AI가 전부 대체해버리면 난 뭘 하지?" 고민이 밤잠을 설치게 만들 때도 있습니다.

하지만 결론은 명확합니다. 답은 'AI를 리드하는 능력'에 있습니다. 우리는 이제 내 옆자리 동료와 경쟁하지 않습니다. AI와 경쟁하거나 혹은 AI를 압도적으로 잘 다루는 사람과 경쟁해야 합니다. 이제는 AI를 활용해 남들보다 10배, 100배 더 임팩트 있는 결과를 내는 생산성이 중요합니다. AI로 어떻게 생산성을 끌어올릴지 지속적으로 고민하고 연구해야 합니다.

우리는 시장의 흐름을 거스를 수 없습니다. 마치 15년 전, 세상이 스마트폰으로 넘어가고 있는데 나는 끝까지 폴더폰을 고집하겠다고 버티는 것과 같습니다. 남들은 카카오톡으로 실시간 소통을 하는데, 나만 문자를 쓰겠다고 고집하는 것과 다를 바가 없습니다. AI 기술 발전에는 분명 부작용이 따르고, 누군가의 노동은 종말을 고할 수도 있습니다. 하지만 피할 수 없다면 철저하게 대비해야 합니다.

제가 이 책을 통해 AI의 작동 원리와 프롬프트 공식을 알려드리고, AI를 리드하는 방법을 디테일하게 설명해드린 이유가 바로 이것입니다. AI를 막연한 두려움의 대상이 아니라, 내 업무와 삶을 더 풍성하게 만들어주는 강력한 무기로 바라보셨으면 좋겠습니다.

아직 AI를 제대로 활용해보지 못한 분이 있다면 이 책에서 제시한 여러 프레임워크를 꼭 실무에 적용해보길 권합니다. AI 기술은 지금 이 순간에도 발전하고 있고, 오늘 소개해드린 툴이 내일 구식이 될 수도 있습니다.

하지만 걱정하지 마세요. 툴은 변하지만, 본질인 구조와 프레임워크는 쉽게 변하지 않습니다.

일 잘하는 김 부장님이 어떤 툴을 쓰든 일을 잘하는 것처럼, 여러분이 AI를 다루는 핵심 원리만 파악하고 있다면 어떤 AI가 또 새로 나와도 금방 적응할 수 있을 겁니다.

마지막으로 가장 중요한 사실 하나를 말씀드립니다. 항간에는 AI의 성능이 예전만 못하다는 소리가 들립니다. 데이터센터의 부하를 줄이기 위해 의도적으로 성능을 낮췄다는 루머도 있습니다. 하지만 저는 이렇게 생각합니다. AI도 의도적으로 사용자를 가리기 시작한 겁니다.

사용자가 맥락도 없이 "기획안 하나 짜줘"라고 툭 던지면, AI도 그저 그런 뻔한 답변을 내놓을 겁니다. 반면, 여러분이 이 책에서 배운 대로 디테일한 페르소나를 부여하고, 맥락을 설명하고, 출력 형식을 지정해서 질문한다면 AI는 여러분을 전문가로 인식하고 그에 걸맞은 고퀄리티 답변을 내놓을 겁니다.

이렇게 앞으로 AI가 사람을 가릴 수도 있습니다. AI 활용 능력의 빈부 격차는 더 심해질 겁니다. 잘 쓰는 사람은 더 적은 시간과 비용으로 엄청난 결과물을 만들어내고, 그렇지 못한 사람은 AI를 심리 상담 챗봇 정도로 여기게 될 테니까요. 여러분은 부디 전자, 즉 AI를 이끄는 리더가 되기를 바랍니다.

마지막으로 당부드립니다. 눈으로만 보지 마시고 꼭 직접 써보세요. 유튜브 영상으로 '푸쉬업 하는 법'을 아무리 봐도 내 근육이 생기지 않습니다. 땀을 흘려야 됩니다. 이 책을 덮는 즉시 제가 소개한 툴을 직접 사용해보고, 필요하다면 유료 구독도 해보세요. 무료 버전과 유료 버전은 초등학교와 대학교 수준만큼 차이가 큽니다. 작은 투자가 여러분의 업무 생산성을 폭발적으로 높여줄 수 있습니다.

앞으로도 저는 급변하는 AI 트렌드와 활용 방법을 지속적으로 소개하겠습니다. 궁금한 점이 있거나 막히는 부분이 있으면 언제든 소셜미디어나 이메일로 연락해주세요.

'AI를 리드하는 사람'이 되세요. 감사합니다.